新时代小学科学教师成长共同体探索

——株洲市小学科学教师队伍10年发展历程

孙江波 ◎ 主编

云南美术出版社

图书在版编目（CIP）数据

新时代小学科学教师成长共同体探索：株洲市小学科学教师队伍10年发展历程 / 孙江波主编. -- 昆明：云南美术出版社, 2025. 3. -- ISBN 978-7-5489-6048-5

Ⅰ．G623.62

中国国家版本馆CIP数据核字第2025CW5006号

责任编辑：方　帆
责任校对：金　伟　赵昇宝
封面设计：陈慕颖

新时代小学科学教师成长共同体探索：株洲市小学科学教师队伍10年发展历程
孙江波　主编

出版发行：云南美术出版社（昆明市环城西路609号）
印　　刷：武汉市籍缘印刷厂
开　　本：880mm×1230mm　　1/32
印　　张：11.75
字　　数：220千
版　　次：2025年3月第1版
印　　次：2025年3月第1次印刷
书　　号：ISBN 978-7-5489-6048-5
定　　价：78.00元

本书系湖南省教育科学"十四五"规划 2021 年度立项课题"新时代小学科学教师成长共同体研究"(课题批准号 XJK21BJC011)研究成果。

编委会

主　　任：袁　辉
副 主 任：杨　旭　　蔡建平　　孙江波　　宾　雨
编写人员：洪献珍　　何　利　　欧阳海晏　尹　冰
　　　　　周海兵　　卢淼鸿　　刘新平　　杨　琪
　　　　　陈　双　　吴小源　　黄战东　　邱　狄
　　　　　邹瑶遥　　田　菁　　孙江波　　杨　旭
　　　　　宾　雨　　彭佳宁　　宋　莹　　皮高波
　　　　　宫小丽　　黄　珊　　程帅淳子　周　柳
　　　　　邓　琳　　陈碧玉　　刘术恒　　宾　浩
　　　　　刘婷婷　　张英慧

序（一）

在桂馨科学课项目区县中，湖南省株洲市是一个比较突出的区域，该市科学教育的成长规律对我国广大乡村科学教育的发展均有一定的示范、引领和辐射作用。这是我对株洲科学教师队伍和当地科学教育的看法，也是十余年来我对株洲科学教育发展的一个见证。当然，细读这本书，相信你也会获得同感。

记得在我担任浙江省小学科学教研员期间，株洲市教育科学研究院小学科学教研员袁辉老师便和我联系，邀请我到株洲为老师们做培训。我对株洲科学教师的第一印象便是"好学"。在袁辉老师的带领下，这些老师对科学课的教学理念、教学方法的学习有着不同于一般地区老师的分外渴求，他们很想上好科学课。老师们经常三五个聚在一起，研课、上课、争论教学中的得失。有这样的氛围，是很难得的。优秀教师也就是这么磨砺出来的。这些年，我也认识了一批株洲优秀的科学教师，如孙江波、宾雨、何利、欧阳海晏、洪献珍等，他们是"好学"的典范，带动了一批株洲的科学教师跟着学习。书中这些教师的成长故事，很值得一读。

退休后，我自己成为了北京桂馨慈善基金会的志愿者，向株洲推荐了桂馨科学课项目，他们非常希望进入到项目之中，花了整整三年的时间准备和申报，在2016年终于落地。也就是从那时起，株洲的科学教师队伍成长走到了一个快速发展的阶段。从书中数据可以看到：专职科学教师从几十人，到现在的几百人；科学教师中特级教师、正高级教师从2人，到现在的6人；市区级学科带头人、骨干教师从十几个，到现在的百余个……这些数据的增长，对于科学这门相对于语文、数学等大学科来说的小学科，是了不起的变化。可喜的是，在桂馨的支持下，株洲成立了"桂馨·株洲科学教育工作室"和各个项目县区科学教育工作室，将株洲的一批热爱科学、致力于科学教育的老师紧紧地团结在一起，用他们自己的话说，是"科学教师成长共同体"。在我眼里，他们更是"好学"的"共同体"。

株洲的科学教师除了"好学"之外，他们的可贵之处还在于"研究"。这本《新时代小学科学教师成长共同体探索——株洲市小学科学教师队伍10年发展历程》一书就是他们的研究成果。这项研究由湖南省特级教师、正高级教师、桂馨名师志愿者、桂馨·株洲科学教育工作室主持人孙江波老师领衔，核心研究人员有株洲市教育科学研究院小学科学教研员袁辉、荷塘区小学科学教研员蔡建平和部分区县小学科学教研员、株洲市小学科学名师等。该课题立项为湖南省教育科学"十四五"规划2021年度一般资助课题，这是一个含金量很高的课题。书中上篇以《十年磨

序（一）

一剑，走进科学教育新时代》为题，以课题研究报告的形式梳理、总结了成长共同体之所以取得如此醒目成就背后的原因，归纳出株洲市小学科学教师成长共同体的专业成长要素、职业道德修养、心理健康素养等，探索出株洲市科学教师成长共同体的"情感归属、个人成长、团队发展、区域辐射"成长路径与"情怀涵育、素质锤炼、素养拓展、气质养成"策略，提炼出"塔链—螺旋"成长模式，发现"理想引航、榜样示范、团队共进、塔式发展、整体成长"成长规律，形成求真、理性、实践、创新的共同体文化等，取得了丰硕的研究成果，顺利结题，并入选北京桂馨基金会首届科学教育支持计划。细读书中文字，既有来自于株洲科学教师实践层面的理论提升，又有一个个团队和个人鲜活的成长故事。字里行间，映射出这些老师一步步的成长足迹。

确实，到如今，株洲市小学科学教师真正形成了一个整体团队，在大团队之下，各区县科学教师也自发组成小的自组织团队。这些科学教师们人人追求专业上的发展，人人为科学团队奉献力量，人人享受团队带来的幸福。"十年磨一剑"，十年的时间，说长不长，说短也不短。株洲的科学教师团队坚持下来了，他们做到了，无论是个人，还是团队，均得到了快速的、优质的成长。我也欣喜地看到，他们从桂馨科学课项目的输入完成了能够支持、培训其他项目区的输出的蝶变。

相信株洲科学教师的成长现象及规律，对于我们国家那些与他们有着类似起点、现象的地区能够带来一些启发和触动。相信我们的努力，能够更多地改善我国的科学教育现状，提升整个国家的科学教育水平。

2024 年 10 月

序（二）

出差途中，接到湖南株洲孙江波老师的电话，邀请我为他主编的《新时代小学科学教师成长共同体探索——株洲市小学科学教师队伍10年发展历程》一书写序。我欣然接受了邀请。孙江波老师是湖南省小学科学特级教师，也是桂馨科学课公益项目的受益人，同时还是桂馨公益项目的专家志愿者和公益合作伙伴。最近十年，因为工作关系，跟孙江波老师的接触很多，比较了解他和他带领的优秀团队。清楚地知道他们在小学科学教育实践中是如何充满理想和热忱，拥抱困难与挑战，坚定务实地探索，走过了从无到有，从小到大，从简到精，从平凡到卓越的历程。眼前这本书，记录的正是株洲市小学科学教师队伍10年的发展历程和一线科学老师的思考。

株洲位于湖南省东部，下辖五区三县，代管一个县级市，是中国近现代工业基地，也是中国历史和文化留下璀璨印记的地方。这里安葬着中华民族的始祖炎帝神农氏；有6000年前新石器时代早期的大溪文化遗址和4000多年前新石器时代晚期的龙山文化遗址。这里人杰地灵，教育发展总体水平较高。但作为基础教育学科的小学科学教育，与中西部绝大多数地区一样，发展相对滞后。

2013年前后,株洲市教育科学研究院向桂馨基金会提出科学教育支持项目的申报。2016年,株洲下辖的攸县、茶陵县、炎陵县、株洲县(后更名为渌口区)、荷塘区正式成为桂馨科学课项目区。从申报、立项到现在,已逾十年。这十年,我们欣喜地见证了株洲科学教育的发展历程,从最初的探索与尝试,到如今的成熟与繁荣,每一个进步都凝聚着株洲科学教师和桂馨公益项目支持专家的汗水与智慧;每一个成果都显示出株洲小学科学教育与株洲科学老师的改变与创新。

阅读这部书稿的过程,相当于重新目睹了株洲小学科学教育从埋下一颗种子到长出一棵大树的过程。我们欣喜地看到越来越多的一线老师和教育行政部门主管被激发。他们开始重视并喜爱科学教育,以自己的力量推动科学教育的发展,让孩子们在学习和探究中培育科学精神、独立人格和创新思维,获得真正的成长。于此同时,我们亦看到公益组织和公益资源在推动基础科学教育,激活教师和学生,还原教育的核心本质,并形成自下而上机制构建的能力。

正如书中所说,在桂馨基金会公益项目的支持下,株洲科学教师团队实现了从量变到质变的提升,从培训输入到输出的转变。2016年,著名小学科学教育专家、桂馨基金会公益专家章鼎儿老师率桂馨科学课名师团队到株洲,正式开启了株洲科学课项目的教师培训。从全员培训,到

序（二）

骨干教师培训，从西部行，到东部跟岗。株洲的科学教师们不仅积极吸收先进的教育理念和方法，更将其内化为自己的教学实践，形成了具有地方特色的科学教育模式。

在这个过程中，株洲科学教师团队展现出了很高的专业素养和教育热情，涌现出一批德艺双馨的科学教师。他们通过参与桂馨科学课项目，不断提升自身的教学能力和科研水平，从而为乡村孩子提供了更优质的科学教育。在桂馨的持续支持和老师们的不懈努力下，在孩子们心中播下了科学的种子，激发了孩子们对科学探索的兴趣和热情，他们学会了探索、学会了创新，更学会了如何用科学的眼光看待世界。孩子们的成长，无疑是对株洲科学教师团队最好的回报，也是整个地区的科学教育质量提升的有力证明。

株洲科学教育的发展，不仅提升了本地的教育水平，更在桂馨科学课公益项目县域中发挥了引领和辐射作用。在株洲，我们成立了"桂馨·株洲科学教育工作室"，将一群热爱科学、致力于科学教育的老师们紧紧地团结在一起，形成了一个"科学教师成长共同体"。这个共同体不仅是教师专业成长的摇篮，更是科学教育创新的孵化器。老师们通过开展课题研究、组织教学研讨、举办科学夏令营等活动，不断探索科学教育的新路径，为乡村科学教育的发展提供了新的思路和方法。这些成果不仅惠及株洲本地，更通过各种形式的交流与合作，辐射到桂馨科学课的诸多项目县，推动了整个桂馨科学课项目的发展。也因此，株洲科学教师成长共同体获得了首届桂馨科学教育支持计划的支持。

  书中的教师成长故事特别打动人。每一位教师的成长都与桂馨关联，他们受益于桂馨的公益，而公益的桂馨又何尝不是受益于这些可爱的值得尊敬的老师们。我们见证了教师个人、团队的快速成长，也欣喜于他们的无私奉献。他们不仅在专业上追求卓越，更在团队建设上倾注心血。株洲的科学教师们在追求个人成长的同时，也为团队的发展贡献着自己的力量。他们不仅是株洲地区的优秀科学教育专业团队，也是桂馨公益基金会和中国科学教育公益项目的优秀志愿团队。我们为这样的团队而自豪！

  最后，让我们期待株洲科学教师团队在未来持续发扬好学研究之精神，不断探索科学教育的新境界，为提升整个国家的科学教育水平做出更大的贡献。

  愿更多的科学教育工作者携手并进，共同开创中国基础科学教育的美好未来。

北京桂馨慈善基金会副理事长兼秘书长 樊英

2024 年 10 月 15 日于北京

目 录

上篇 研究报告 /001

十年磨一剑，走进科学教育新时代
——湖南省教育科学"十四五"规划2021年度一般资助课题"新时代小学科学教师成长共同体研究"研究报告.................................... 003

中篇 理论观点 /051

教师成长共同体 共享共赢共成长
——株洲市小学科学教师个人成长和成长共同体问卷调查报告.................................... 053

小学科学教师成长共同体组建与发展研究
——以湖南省株洲市为例.................... 083

"从有作为到有地位"：株洲市荷塘区科学教师共同体建设与运行机制.................................... 092

小学科学教师成长共同体道德修养分析
——以湖南省株洲市为例.................... 104

科学教师专业发展策略研究.................... 113

新时代小学科学教师成长共同体心理健康素养研究.... 122

新时代小学科学教师成长共同体文化研究........... 129

下篇 实践之行 /141

区域实践行动案例 142

"草鞋无样，边打边像"
——例谈《新时代小学科学教师成长共同体研究》.... 143

网络成长共同体，促科学教师发展
——株洲科学教师网络成长共同体的成长历程.... 151

心有所向，行以致远
——荷塘区科学教师"抱团成长"，踏上成长"快车道"...... 158

梦想有光 成长有伴
——攸县"小蚂蚁"科学共同体成长案例....... 167

凝心聚力 共建"绿森林"
——茶陵县小学科学教师共同体成长案例....... 174

仰望星空，脚踏实地
——渌口区北极星小学科学工作室成长掠影..... 188

炎陵科学教师成长共同体发展侧记
——教师自组织建设........ 197

遇见光，追逐光，成为光
——文化路小学科学教研组成长路径分析....... 204

个人成长案例 ... 211

做最好的自己 ... 212

汲取智慧，历练成长　顿悟真谛，收获辉煌
　　——我的专业成长轨迹 ... 218

"小学科"透出大成长
　　——株洲市天元区隆兴小学洪献珍老师成长案例 ... 226

热爱、坚持与奉献 ... 235

教学是一场修炼 ... 239

趁年轻，做一名勇敢的青年教师 ... 244

一分耕耘，一分收获 ... 251

薪火相传　创新成长 ... 256

做有科学情怀的乡村教师 ... 262

提升专业素养，树立科研自信
　　——我的专业成长之路 ... 269

组团成长，提升素养
　　——攸县小蚂蚁科学自组织个人成长案例 ... 277

团队力量，助我前行
　　——攸县小蚂蚁科学自组织个人成长案例 ... 282

组织指导，飞跃成长
　　——攸县小蚂蚁科学自组织个人成长案例...... 286

感恩遇见　相伴成长................................ 290

一路成长　一路绽放................................ 296

感恩遇见，感谢成长................................ 301

用心教育　坚守初心................................ 305

守住心中的光.. 311

感恩遇见　不负遇见
　　——小学科学教师成长故事.................... 315

汗水与热情铸就成长之路............................ 321

人生在勤　不索何获................................ 326

结缘"科学课"...................................... 332

感谢桂馨　感恩有你
　　——一位乡村教师的成长之路.................. 336

与桂馨结缘　享专业幸福............................ 342

"非专业"科学教师的"专业"之路.................. 348

不忘初心　砥砺前行................................ 353

上篇 研究报告

十年磨一剑，走进科学教育新时代

——湖南省教育科学"十四五"规划 2021 年度一般资助课题"新时代小学科学教师成长共同体研究"研究报告

引言

2017 年，习近平总书记在党的十九大报告中作出"中国特色社会主义进入了新时代"重大判断。教育进入新时代，教师进入新时代。"新时代"对教师队伍建设提出了新要求、新期望。在此大背景下，我国的小学科学教育迎来了新的发展期，小学科学教师队伍的素养提升与成长显得尤为迫切。在湖南省株洲市，小学科学学科有较高的声誉，教育教学质量显著，一批特级教师、正高级教师、学科带头人，以及"四名两基地"主持人等脱颖而出，引进了专注于科学教育的北京桂馨慈善基金会的支持，在全国著名小学科学特级教师章鼎儿老师所带领团队的指导下，先后投入 500 余万元培训株洲科学教师，为株洲乡村学校捐建实验室和实验器材，进一步地改善了株洲小学科学教育的环境，提升了株洲小学科学教育的品质，培养了一大批优秀小学科学骨干教师。以至于出现了这样的局面：株洲市小学科学教师形成一个整体团队，在大团队之下，各区县科学教师也自发组成小的团队，所有科学教师心往一处想，劲往一处使，人人追求专业上的发展，人人为科学团队奉献力量，人人享受团队带来的幸福，无论是个人，还是团队，均得到了快速的、优质的成长。我们把株洲所特有的这些团队称为"小学科学教师成长共同体"，并探寻、梳理、总结成长共同体之所以取得如此醒目成就背后的原因，由株洲市荷塘区文化路小学科学教师、湖南省特级教师、正高级教师、芙蓉教学名师、省市级名师工作室主持人孙江波领衔，株洲市教育科学研究院小学科学教研员袁辉，以及部分区县小学科学教研员、株洲市小学科学名师等组成核心研究团队，开展了"新时代小学科学教师成长共同体研究"课题研究，该课题立项为湖南省教育科学"十四五"规划2021年度一般资助课题（课题批准号 XJK21BJC011）。根据课题研究方案与实施计划，该课题研究圆满完成了研究任务，达到了研究目标，取得了丰硕的研究成果，顺利结题。

一、课题提出

2018年1月，中共中央、国务院颁布了《关于全面深化新时代教师队伍建设改革的意见》。同年9月10日，全国教育大会在北京召开，习近平总书记要求坚持把教师队伍建设作为基础工作。推进新时代教师队伍改革是当前和今后一个时期的重大政治任务。2017年，教育部正式印发《义务教育小学科学课程标准》，规定小学科学课程起始年级从三年级调整为一年级，从而在全国范围内小学科学教师需求量大幅增加，队伍急剧扩大，同时缺口也很大。近三年的国内相关调研报告显示不少地区缺乏专职的小学科学教师，教师队伍专业化水平不足等问题。2021年，中共中央办公厅、国务院办公厅印发《关于进一步减轻义务教育阶段学生作业负担和校外培训负担的意见》，对促进学生全面发展、健康成长，有效缓解家长焦虑情绪，构建教育良好生态具有重大战略意义。"双减"的出台，对教师（包括小学科学教师）也提出了更高的要求。

株洲市小学科学教师团队多年来通过组建多个小学科学教师成长共同体，培养了一批优秀的小学科学教师。本课题基于现实，面向未来，通过对株洲市小学科学教师成长共同体进行研究，探索出如何利用小学科学教师成长共同体培养符合新时代要求的小学科学教师。

二、课题界定

1. 新时代

新时代是指崭新并具有重大意义的时期或阶段。2017

年,习近平总书记在党的十九大报告中作出"中国特色社会主义进入了新时代"重大判断,2018年中共中央、国务院出台《中共中央、国务院关于全面深化新时代教师队伍建设改革的意见》,要求新时代下的小学教师不仅要具备专业的知识,职业道德素养、心理健康素养等方面都需要得到提升,能够与时俱进,适应新时代人才培养的需要。

2. 教师成长共同体

教师成长共同体侧重于教师的成长,有良好的职业道德氛围和心理氛围,通过提供各种支持性条件和学习资源来支持教师学习,为教师之间的合作和教师的自主发展提供了丰富的发展资源。教师在这样的氛围中可以相互影响、相互鼓励,实现不断成长。

3. 自组织

自组织理论是关于在没有外部指令条件下,系统内部各子系统之间能自行按照某种规则形成一定的结构或功能的自组织现象的一种理论。德国理论物理学家 H. Haken 认为,从组织的进化形式来看,可以把它分为两类:他组织和自组织。自组织是在非平衡(Non-equilibrium)过程的物理学和化学反应中被发现的,发生在物理、化学、生物、机器人和认知系统等许多领域。自组织这种现象不仅在自然界存在,它在人类社会中也普遍存在。自组织在社会科学中也被称为自发秩序,是指一种起源于初始无序系统的部分元素之间的局部相互作用、所产生出某种形式的整体秩序的过程。成长共同体在很大程度上就是一种自组织，一群人，为了同一个目标的实现，自主肩负着实现目标的使命，一起努力，团结协作，既发挥个体最强健的作用，也为团队承担好最适合的角色，组织内的每一个成员和组织本身都在成长。

三、理论依据

1.《中国教育现代化 2035》

2018年12月，中共中央、国务院印发《中国教育现代化2035》，提出了推进教育现代化的八大基本理念，其中提到"建设高素质专业化创新型教师队伍"。主要涉及培养高素质教师队伍，健全以师范院校为主体、高水平非师范院校参与、优质中小学（幼儿园）为实践基地的开放、协同、联动的中国特色教师教育体系。强化职前教师培养和职后教师发展的有机衔接，强调夯实教师专业发展体系，推动教师终身学习和专业自主发展。该文件精神明确了教师成长的重要性、必要性和紧迫性，要求我们具有"2035思维"，明确专业成长的路径和方向。

2. 共同体理论

共同体指人们在共同条件下结成的集体，是人类社会的基本结构形态，在人类社会的发展与运行中有着不可替代的作用和价值，是社会各组织、各领域正常运转的根本保证。最早的共同体概念由卢梭提出，社会学中共同体一词源于德国古典社会学家滕尼斯在其《共同体与社会》中提出的共同体理论。2012年党的十八大明确提出要倡导"人类命运共同体"意识，旨在追求本国利益时兼顾他国合理关切，在谋求本国发展中促进各国共同发展。教师共同体也就在这样的背景下萌生，它表明教师的自主发展并不意味着完全依靠教师个人的行为，而是要求教师的团队合作和交流，形成教、学、研合一的教师专业生活方式，在相互激励、相互学习中真正走自主发展的道路。

3. 教师二次成长理论

上海市特级教师李海林提出的《教师二次成长论》认为，当今教师大致有三种类型：职初教师、骨干教师、卓越型教师。教师成长有三个阶段：第一次成长期、高原期、第二次成长期。教师成长是有规律可循的，每一位教师主动地自发展、自成长，需要群体的氛围。教师团队是呈金字塔式结构，以团队合作形式发展后，才能推出站在金字塔尖的卓越型老师。教师二次成长从诸多方面与教师成长共同体的成长密切相关。

4. **终身教育理论**

终身教育论者认为，教育是一个统一的连续不断的过程，并不随着学校学习的结束而结束，而应该贯穿于个体生命的全部过程。终身教育不以获取知识作为主要目标，强调教育的目的是要发展人的个性和帮助人学会学习、掌握学习方法、培养学习能力，强调教育与生活相联系，强调教育方法的改革（终身教育论者提出的方法有自我教育、小组学习方法、创造性和非指导性方法、教育要遵循兴趣原理）等。终身教育理论为教师成长共同体的稳定、长远发展提供了支撑。

四、研究目标

通过本课题研究，建设新时代小学科学教师"概念车"，总结新时代对小学科学教师的要求，探索新时代小学科学教师成长共同体的成长规律，形成新时代小学科学教师成长共同体的模式与策略。为整个株洲市小学科学教师队伍建设提供范式，提升整个地区小学科学教师队伍素质，提高小学科学教育教学质量，发挥课题研究成果的推广性和导航作用，发现与引导未来小学科学教师成长共同体的方向，为更多地区构建小学科学教师成长共同体提供参考和研究样本。

五、研究内容

1. 新时代株洲市小学科学教师现状研究

对株洲市小学科学教师在新时代背景下的现状进行研究，如对职业的认可、对科学教学的认识、对现行科学教师队伍的分析、对未来科学教师的期待等。

2. 小学科学教师成长共同体运行机制研究

对株洲市市级、县（区）级、校级成长共同体的运行机制进行研究，探索其在组织结构、运行方式、成长要素、成长路径与策略等方面的规律，提炼成长共同体的文化特质。

（1）组织结构：包括成长共同体人员（专家、领衔、骨干、城乡教师等）、人数、性质（他组织、自组织）、层级等，研究成长共同体为团队和个人的成长平台搭建形式。

（2）运行方式：确定切实可行的研究流程，研究小学科学教师成长共同体的运行方式。包括管理制度、实施策略、工作方式、评价方式、文化功能等。

（3）成长要素：研究成长共同体团队及成员在专业素养、道德修养、心理健康素养等方面的特质，在成长路径与策略方面的规律，以及成长共同体在示范、引领、辐射等方面的作用。

（4）共同体文化：研究成长共同体的理念、目标、愿景等文化价值的认同情况，行为准则、思维习惯等方面的特性，研究成长共同体中个人与共同体之间的文化影响。

3. 案例研究

（1）对株洲市小学科学教师队伍中成长较快、获得成功的教师成长路径进行研究，找到其成长规律，探索个人成长与成长共同体之间的关系。

（2）研究不同教师成长共同体对个人成长的影响。特别注重将乡村科学教师的成长纳入研究范畴，探索如何通过共同体来促进乡村科学教师的成长。

六、研究方法

1. 行动研究法

把研究与实践紧密地结合起来，形成系统的小学科学教师成长共同体成长规律、运行机制、评价体系。

2. 调查研究法

调查株洲市小学科学教师中一般教师、骨干教师、学科带头人、特级教师、正高级教师的发展现状以及不同成长共同体的特质和成长路径，为研究提供事实性依据。

3. 案例研究法

对小学科学教师成长共同体及个人成长典型进行分析，总结归纳出成长规律以及个人成长与成长共同体之间的关系。

七、研究步骤

本课题实施计划用时三年，具体分三个阶段进行。

第一阶段：准备阶段（2021年1月—2021年5月）

课题组全体成员对课题提出的背景、研究的问题、研究的必要性和可行性，以及研究的主要内容等进行深入、全面的论证。撰写课题研究方案，确定研究目标和主要内容，明确课题研究的人员及分工。提交课题立项申报书。

第二阶段：实施阶段（2021年6月—2022年9月）

进行新时代小学科学教师成长共同体研究的具体实践与探索。聘请专家对课题进行论证指导，进一步明晰课题研究目标、内容、方法与思路，制订课题具体实施方案，在课题组内广泛开展课题方案确立的研究内容的实践，开展新时代株洲市小学科学教师现状调查研究，探索新时代下的小学科学教师成长共同体的运行机制，包括组织结构、运行方式、成长要素、共同体文化等，及时总结出研究成果。

第三阶段：总结阶段（2022年10月—2023年6月）

课题组成员分析课题实施过程，整理课题研究的资料，撰写课题研究报告，总结课题研究成果。

八、研究成果

（一）开展了新时代株洲市小学科学教师现状研究

2021年9月—10月，课题组对株洲市小学科学教师在新时代背景下的现状进行了调查研究，调研内容包括对职业的认可、对科学教学的认识、对现行科学教师队伍的分析、对未来科学教师的期待等几个方面，调研方式主要有问卷、座谈、访谈等。调研发现，株洲市小学科学教师对职业的认可度高，喜欢自己所从事的科学教师岗位，能够认识到科学教师对我国义务教育阶段科学教育的重大影响。本次调研有120人参与。120份调查问卷中，城区和县城学校教师99人，占82.5%，乡镇和农村学校教师21人，占17.5%。80%以上的科学教师非常重视科学教学，确保了课时落实到位，课外拓展有效，辅导学生常态化，认识到科学课堂教学是培养学生科学素养，提升民族科学素质的主要途径。株洲市小学科学教师现状较以前有所改观，专职教师越来越多，专业对口教师越来越多，年龄结构越来越合理，特别是县、乡、村各级学校的重视程度在不断提升。对未来科学教师的期待主要表现在综合性、实践性、创新性几个方面。通过调查研究，获得大家对教师成长共同体的认识更清晰、坚信个体价值在成长共同体中更彰显、教师成长共同体更具文化等启示。

（二）探索出成长共同体组建机制

1. 团队组建

株洲市小学科学教师成长共同体团队组建主要有两种形式，分别是自组织成长共同体和他组织成长共同体，层级分为市、区（县）、校三级，涵盖本市科学名师、骨干教师、一线教师、教研员等各类群体。组织结构如图1：

无论是自组织还是他组织成长共同体，团队的组织结构均是由专家、领衔人、骨干教师、城乡教师等组成，其中专家为市级或区（县）级教研员或名师，领衔人为自组织负责人，骨干教师是自组织所在区域的科学教师，且既有城市教师，也有乡村教师。不同的成长共同体人数不一，如株洲市小学科学教师群达百人以上，文化路小学成长共同体只有该校 7 名科学教师。择例简介如下：

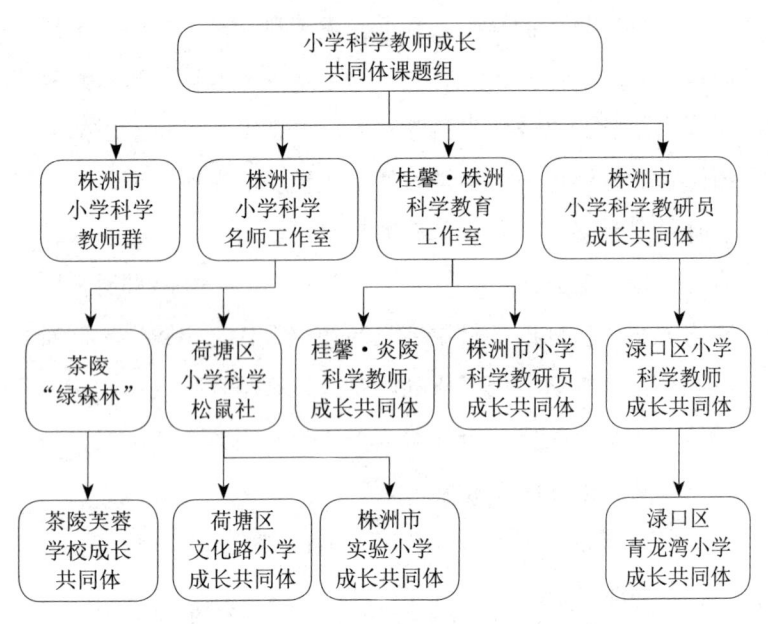

图1 株洲市小学科学教师成长共同体

（1）自组织成长共同体

自组织成长共同体是指没有外部指令条件下，系统内部各个体自行按照某种规则形成一定的结构或功能的团体，即自发秩序形成的团体，其成立、成长及发展，既有稳定性，也具动态性,核心是自我规划成长。

目前,株洲市已成立的自组织成长共同体有株洲市科学教师群、茶陵"绿森林"科学教师成长共同体、攸县"小蚂蚁"科学教师成长共同体、荷塘区科学松鼠社、桂馨·炎陵科学教师成长共同体、渌口"学习型"科学教师成长共同体等。校级自组织有株洲市实验小学成长共同体、荷塘区文化路小学成长共同体、茶陵县解放学校、芙蓉学校成长共同体、渌口区青龙湾小学成长共同体等。

株洲市科学教师群创建于2009年3月,当时的状况是:全市的小学科学教学教研活动参加人数很少,一般40—80人,许多科学教师不愿来参加活动的原因一是学校课务多,难调课;二是大多数科学老师是兼职;三是学校不重视科学学科,不安排科学老师外出学习。当时,株洲市有几位小学科学学科的优秀教师,如荷塘区科学教师何利、欧阳海晏、宾雨、芦淞区科学教师周海兵、醴陵市科学教师孙江波等,但他们分散在全市各个区县,彼此相隔比较远,平时想研讨一些科学教学问题不太方便。于是,他们共同创建了一个QQ群,大家可以随时开展研讨。这在当时以线下教研为主要形式的时代,可谓是开了先河。这几位科学教师也成了株洲市最初的成长共同体团队成员。株洲科学教师群得到了市小学科学教研员袁辉老师的高度认可与支持,他号召全市小学科学教师都加入此群,群人数从开始的几人快速发展到几十上百人,到现在,已有三百余人。历经十几年的发展，这个QQ群已经是株洲市所有科学老师日常交流研讨最熟悉最常用的平台了。老师们在教学中遇到的问题可以在群里交流，群里每年不定期进行集中主题研讨和网络研修。老师们在群里抱团取暖、相互切磋，使科学教育者在教学中不再孤单。

2014年7月，荷塘区一批科学骨干教师在当时的市级学科带头人宾雨、全国科学课赛课一等奖获得者何利老师的策划下，进行了一次具有里程碑意义的研讨活动。为了集中全区科学教师的力量，改善科学教师的成长环境，让科学教师有地位、有存在感和归属感，要成立一个科学教师社团，大家一致认同"松鼠社"这一名字。于是，"荷塘区科学松鼠社"正式创立，这是株洲市区（县）级第一个自组织成长共同体。松鼠社以松鼠为社团logo，以"剥开科学的坚果"为宗旨，力争做有科学气质与品味的科学老师，致力于培育"爱科学、学科学、用科学"的学生。社团聘请了市小学科学教研员袁辉老师、区小学科学教研员蔡建平老师、株洲市小学科学名师工作室主持人孙江波为顾问，制定了社团管理制度，定期开展社团活动，每次活动由松鼠社成员轮流主持，全员参与。松鼠社逐年吸纳区内优秀科学教师加入，队伍逐年扩大，成了荷塘区小学科学教师最向往的组织。

茶陵县"绿森林"科学教师成长共同体成立于2021年3月，县教研室谭小毛老师、解放学校科学教师、市级科学带头人杨琪和兼职教研员宫小丽老师发出倡议，各乡镇优秀科学教师积极响应，不到一周时间迅速组建了茶陵县小学科学教师自组织——"绿森林"科学教师成长共同体。聘请了株洲市实验小学欧阳海晏老师、茶陵县教育局教研室谭小毛老师为"绿森林"自组织的顾问，成员有茶陵县解放学校杨琪老师和谭力老师，茶陵县城西小学宫小丽老师，茶陵县芙蓉学校陈碧玉老师，茶陵县枣市镇中心小学谭美琴老师，茶陵县桃坑小学罗文慧老师。到2021年9月，茶陵县解放学校陈梦玲老师和芙蓉学校雷璐茜老师加入该组织。就是这样一群有着共同愿景，热爱小学科学教育，充满青春活力的老师们一起走上了促进学生全面发展，提高学生科学素养，振兴茶陵科学教育之路。

攸县自组织负责人刘新平老师是一位很有思想的科学教师，该县科学教育面貌的改变与他带领的一批科学教师团队有很大关系，他在其中功不可没。2020年，攸县开始进行国培项目，其中就有小学科学送教培训活动。从这里开始，他们迈出了成长共同体的双脚。县小学科学教研员刘东华主任把几位科学骨干教师（刘新平、张英慧、符振宇等）聚在一起研课、指导科学课，成了成长共同体的先遣队。2021年3月，有9名科学教师与先遣队4人组成了攸县小学科学"小蚂蚁"学习型自组织共同体，7月，又有几个青年教师主动加入，使得攸县小学科学教师成长共同体成员达到了19人。

桂馨炎陵县科学教师成长共同体的成立深受桂馨人影响，得益于桂馨基金会长期以来对炎陵县科学教育的支持。共同体最初的成员只有四人，其中刘发玉、吴小源老师都是桂馨基金会支持的参加过三期培训的70后教师，从事科学教学时间较长，有着从《自然》教学转入《科学》教学的经历。邓琳老师是炎陵县原化学学科基地主持人，2021年调入县芙蓉学校任科学教师，李丰琳、罗淑，唐佳都是毕业于湖南省第一师范科学教育专业的免费师范生，是90后新生力量，邓红梅老师则是一位在科技创新中非常热心、非常优秀的指导老师。这些共同体的成员在科学教育教学上是炎陵县的核心力量，把这些人聚在一起能充分发挥专业优势。自组织建立之后，大家有一种"家的感觉"，自主制定自组织章程，定期开展学科活动。老师们的合力为全县科学教师提供了及时且较为专业的服务，很好地组织全县教师的学习培训活动，自组织成员在其中更加主动学习成长。

以上只是列举了株洲市数个小学科学教师成长共同体的基本情况，像这样区、校级的教师成长共同体其实还有许多，规模大小不一，都有一批热爱科学教育、成长意愿强烈、愿意为团队奉献、立志改善科学教育现状的专业教师。

(2) 他组织成长共同体

依据德国理论物理学家H.Haken的理论，与"自组织"

相对的就是"他组织",即以外部作用为主导的团体。他组织有共同的约束。目前,科学教师成长共同体的他组织主要有湖南省教育厅遴选的湖南省孙江波小学科学名师网络工作室、株洲市教师培训中心统领下的市(孙江波)名师工作室、市特级教师(宾雨、孙江波)工作站,以及市学科基地校(株洲市实验小学、株洲市何家坳小学)。这几个颇具影响力的他组织,近年来承担了全市五区四县近二百名科学骨干教师的培训任务,每年至少两次线下集中培训及多次线上研讨,三年为一个培训周期。培训内容包括学科专业知识与技能、职业道德素养、心理健康素养等方面,侧重于小学科学教师的全面成长,有效提升了株洲地区科学教师队伍的专业素养。

以湖南省孙江波小学科学名师网络工作室为例,此工作室是从全省数百个网络工作室中遴选而出,由湖南省教育厅组织,湖南省电化教育馆管理,工作室中有核心成员、骨干教师、青年教师等,共计84人,基本上将株洲市小学科学学科特别优秀的教师囊括其中,是一支有思想、专业、敬业的优秀团队。工作室成员除了结合教学实践、教育科研开展培训、研讨活动之外,还承担了全省小学科学教学成套资源的开发任务,上传了湘科版小学科学教材版本对应的所有教学设计、教学课件等原创资源,老师们在工作室任务驱动下得到了磨砺与成长。

渌口区科学教师成长共同体又称渌口区北极星小学科

学工作室，是一个兼具他组织和自组织性质的团队。工作室主持人是陈双老师，她和汪建萍、刘术恒老师组成工作室专业指导团队，成立之初只有5位成员，后来吸收了区内其他自发加入的科学骨干教师，队伍扩大到了10人。工作室的成立主要是为全区培养一支科学教育教学骨干团队。工作室坚持草根化研究、行动研究，从教育教学实践中发现问题，扎实、踏实、务实、真实地开展案例分析、专题研究等活动，及时在教育教学行动中检验、实践，推广研究成果，引领教学改革，服务教师成长，充分利用区域特色教育资源，努力构建理想教育生态，做好课程建设，抓实教学教研质量。目前，渌口区成长共同体中的教师专业成长有了新的突破。

2. 平台搭建

株洲市小学科学教师成长共同体在十余年的时间能不断发展，得益于"三大平台"的有效搭建与合理利用。

（1）科学教师梯队发展平台

2011年，株洲市启动"四名两基地"项目，在全市遴选名师工作室主持人和学科基地主持人，依托名师工作室和学科基地培养名师和学科骨干教师，他组织形式的科学教师成长共同体市级平台正式搭建起来，加上之前的株洲科学教师群自组织，全市科学老师的发展平台更丰富多样。2016年底，北京桂馨慈善基金会的科学课项目落户株洲，开展第一次集中培训，全国著名科学特级教师章鼎儿老师领衔的来自全国各地的小学科学特级教师团队持续五年为株洲科学教师搭建了不同层次的发展平台,如全市科学教师的普及培训、项目区县科学骨干教师培训、浙江跟岗特级教师学习、桂馨科学教研员培训、桂馨科学教师培训者培训、走向探究的科学课课堂展示等,全市参训科学教师达 1500 余人次,其中有 400 余人成为各区县科学骨干教师,200 余人成为市级科学骨干教师。2017 年,由孙江波担任主持人的湖南省小学科学网络工作室成立,2022 年,湖南省小学科学名师网络工作室成立,孙江波再次当选主持人。2018 年,株洲市教师培训中心在"四名两基地"项目基础上,搭建"特级教师工作站"平台,在全市遴选管理和专业均突出的特级教师组建"特级教师工作站",对口支持乡村学校教育,孙江波、宾雨两名特级教师成功组建了科学学科特级教师工作站。同时,醴陵、攸县、炎陵、渌口区等株洲市县(区)成立了县(区)级小学科学名师工作室,荷塘区在充分依托桂馨基金会平台的同时,在全区全面启动"未来教育家成长工程",在区委、政府的领导下整体推进,初步形成了政策推动、行政主导、学校跟进的良好氛围。以上平台让许许多多的优秀的一线科学教师可以获得进一步学习、成长的机会。有了好的平台,小学科学教师更乐意苦练基本功,研究常规课,争当教育家。各成长共同体常态教研稳步跟进,行走教研、沙龙研讨、联片教研、同课异构、主题教研等活动有序进行,"教师社团成长方略""专业统筹培训方略""联片推进评价方略"等措施也相继出台。从校到区县、到全市，株洲市小学科学教师梯队发展平台成功搭建，优势明显。

（2）科学团队互促共进平台

在桂馨科学课项目、名师工作室、学科基地、特级教师工作站、未来教育家成长工程的实施过程中，全市小学科学教师得到了更多机会与平台。大家能够在成长共同体中充分展示专业优势，互相学习、相互促进，不断进步与提升。各区县的优秀科学骨干教师加入了省市名师工作室并成了工作室的得力骨干，在各区县（校）成立科学自组织，各自组织与市名师工作室许多工作有机整合又相得益彰，使全市科学教师成长共进平台得到进一步拓展与稳固。在平台的组织与带动下，各级各个科学团队互促共进，各区县科学年级备课组、学生活动策划组等相继组建，确保区县内大多数科学老师至少加入一个或两个团队共进平台。从此，老师们在科学教学工作中不再是孤军奋战，工作上的难处、备课时的不解、课堂中的困惑，都有同行支招，有专家指引。

茶陵县小学科学"绿森林"自组织成长共同体领衔人杨琪老师带领共同体成员们，本着初心和热情，积极投入每一项科学活动中，谁也不愿意走在后头，总是铆足了劲往前冲，生怕走慢了，耽误了大家前进的步伐。作为召集人的她更加不敢懈怠，努力做好穿针引线的排头兵，带领伙伴们一起寻找和争取各种学习机会，积极参加各个平台的教学研讨。2022年4月，中国教育学会科学教育分会发起的全国小学科学优质展示课就在长沙举行，但是因为疫情，老师们不能亲赴现场，只能通过网络在线分散学习。杨琪老师不仅自己带头学习，还带动身边的科学老师一起向全国各地优秀科学教师近距离观摩和学习。一分耕耘，一分收获。"绿森林"科学老师们默默的劳作，换来学生的喜欢和尊重。学生科学素养提高了，创新能力发展了，这可是老师们最大的收获。在"绿森林"成长共同体中，教学相长是历久弥新、永恒的教育话题。惺惺相惜，守望相助是共同体迅速成长的特效法宝。

不仅仅是茶陵、攸县、炎陵、渌口、荷塘等县（区）和校级教师成长共同体等自组织都是如此，名师工作室、学科基地等他组织也是如此，老师们钟情于团队，服务于团队，享受在共同体中成长与成功的幸福，团队则因个体的成长成功而不断提升品质与品位，团队和个体均变得越来越优秀。

（3）科学教育课程建设平台

团队互促共进平台的形成，让老师们在工作中有了依靠，彼此间有了守护。"一个人可以走得很快，一群人可以走得很远"，科学教师所走的"远"，体现在他们对科学教育课程的理解与实施中。科学教师个人和团队的成长最核心的是专业上的成长，通过专业的发展促进教师全面的发展，教师发展方可提升科学教育的质量，培养出有良好科学素养的学生。因此，平台的搭建不能缺少"课程"这一极具内涵的因素。对此，小学科学教师成长共同体也是精心策划，使课程特色纷呈，效果颇佳。如湖南省孙江波小学科学名师网络工作室定期组织工作室成员和骨干教师开展培训研讨活动，株洲市科学教师群每年不少于4次的网络研修，培训和研修课程主题就来自老师们日常教学中的问题，有课堂教学方法、实验教学创新实践、单元作业设计、种植养殖疑难解答、课题研究指导、成长共同体分享等；小学科学名师工作室、桂馨·株洲科学教育工作室会组织各成长共同体成员参加全省科学教师网络研修、每月一期的"馨火学堂"学习，从不间断；荷塘区为更有效地落实课堂教学，利用每周四上午扎实开展区域集体备课，已坚持多年。并组织全区科学老师基于学生学情及学科特点，进行"折子课程"以及"我和……系列课程"的开发与应用。多年的实践表明，成长需要合适的、有效的课程，课程建设平台搭建是成长共同体内涵发展所需，它为科学教师的教学注入了活力，也带来了动力，充实、丰富、提升了个人的专业素养，提升了整个成长共同体的专业素养的格局。荷塘区的"小学科学创新教育折子课程"开发与实践案例获得株洲市2021—2022学年度优秀教育改革创新案例一等奖。

（二）确定了成长共同体研究的运行方式

在研究过程中，课题组确定了切实可行的研究流程，在研究小学科学教师成长共同体的运行方式中，建立了包括管理制度、实施策略、工作方式、评价方式、文化功能等方面的运行模式。

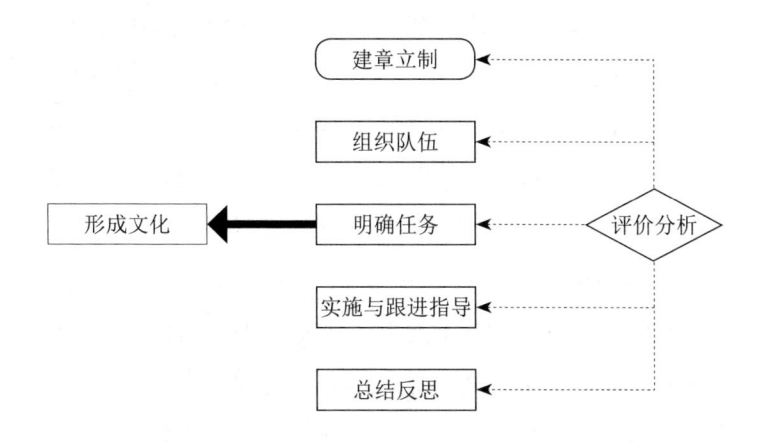

图2 小学科学教师成长共同体的运行模式

从图2中可以看出，开展小学科学教师成长共同体研究的流程包括建章立制、组织队伍、明确任务、实施落实与跟进指导、总结反思等，在整个流程中要适时进行评价分析，既要总结成功之处，更要发现不足，及时改正，形成共同体文化特质。

（三）提炼出共同体成长要素、路径与策略

1. 成长要素

株洲市小学科学教师成长共同体的组建与成长，是偶然也是必然，是专业追求所致，也是人心所向。从萌发到生长，从组建到运行，可梳理出小学科学教师成长共同体的一些成长要素，如成长共同体中教师的专业素养、道德修养、心理健康素养等方面的特质，在成长路径与策略方面的规律，以及在示范、引领、辐射等方面起到的作用等。

（1）专业素养

早在2012年，教育部制订印发了《小学教师专业标准（试行）》，从专业理念与师德、专业知识和专业能力三个维度提出了60条具体要求。这是国家对小学合格教师专业素质的基本要求，是教师实施教育教学行为的基本规范，是引领教师专业发展的基本准则，是教师培养、准入、培训、考核等工作的重要依据。本课题在研究过程中，除了对株洲市部分科学教师进行了包含专业素养方面的调研，还对成长共同体中的教师的成长历程、专业追求，以及与成长共同体的关系等进行了多人次的访谈，从中得出，株洲市小学科学教师成长共同体的教师在达到此《专业标准》的同时，还具有广博的科学阅读素养、精深的科学普及素养、创新的思维素养、深入的研究素养等，要构建系统的科学专业知识体系、积淀个性的科学课堂教学主张、养成终生的读写反思研究习惯、践行发展的合作创新共赢理念。老师们在做一个合格的科学教师的同时，向优秀的研究型科学教师方向努力而行。这也说明，只有成长共同体中教师的专业素养提升了，整个成长共同体的品质才会随之提升，成长共同体和个体才能在示范、引领、辐射等方面发挥其独特的作用。

(2) 道德修养

株洲市小学科学教师成长共同体是一个具备学科特质的团队。个体因团队而聚合，因团队而成长，因团队而优秀。团队则随每一名个体的成长而成长，变得越来越有品质，越来越有品位。究其原因，最根本的不仅是团队和个体的专业能力有多强，还在于每一位成员的道德修养也决定着团队的成长、发展、品质和品位。从株洲市小学科学教师成长共同体的团队和团队中的个体中发现，作为团队的一员，除了具备"爱国守法、爱岗敬业、关爱学生、教书育人、为人师表、终身学习"六大职业道德规范，还应在认同团队、乐于奉献、积极进取、淡泊名利等方面有很好的道德修养。

(3) 心理健康素养

课题研究成员卢淼鸿老师对科学教师成长共同体中的教师心理健康素养进行了专题研究，在查阅了众多相关资料的基础上，对株洲市多个小学科学教师成长共同体及共同体中的老师进行了观察、调研和访问，认为在教师的整体素质中，心理健康素养是一项重要的内容，必须得到重视。她从新时代小学科学教师的心理健康现状出发，就如何在小学科学教师成长共同体中提升教师心理健康素养，提出要着力于"培养现有专业科学教师形成心理自信、共享教育资源促进心理丰盈、丰富活动形式和内容改善心理状况、拓宽视野参与教育公益事业提升心理品质"等方面进行心理健康素养提升的相关工作。从远期思路来说，还有必要关注几点：一是加强社群功能，关注小学科学教师心理健康；二是重视人才培养，让人人都有专长，如真正落实"人人进学科团队，人人有学科归属，人人有学科方向"；三是增强联系，守护心灵，合理调节，多关注教师的心声和实际问题，多从教师的角度思考，多为教师解决实际问题，真正走进教师的心灵深处，调节教师的压力。

2. 成长路径

梳理株洲市小学科学教师成长共同体的成长历程，结合2022年教育部颁布的《义务教育课程方案》和《义务教育科学课程标准》，我们发现，课程标准中对"教学研究与教师培训"提出了具体的建议，指出"有必要建立地区性、校本性教研体系，实现区域发展、团队发展"。由此可见，教师是落实新课标的关键，培养一批道德高尚、理念先进、学识渊博、素养全面的科学教师队伍是新时代落实新课标的保障。区域性、校本化教研及培训体系能够让更多的科学教师凝聚成团队，从而建立多区域、多层次成长共同体，实现共同发展、良性发展、快速发展。科学教师成长共同体是达到新课标关于教师新要求的优选方式。本课题研究正好回应了课标中的相关建议与要求，可为更多区域的科学教师成长提供可借鉴的模式。具体成长路径有：

（1）凝心科学教师之家的情感归属路径

早些时期，小学科学学科在许多地方被视为边缘学科，小学科学教师在许多学校不被重视，如此这般，小学科学老师在学科中在老师间，是很难有归属感的。"此心安处是吾乡"，小学科学教师成长共同体满足了大家的情感需要，不管是在岗多年的老教师还是新加入的成员，每个人都能找到自己所属的共同体，找准自己在共同体中的位置，展现自己的价值、实现自己的目标。情感的归属，让老师们的内心不再荒芜与彷徨，也让教育情怀在老师们心中、老师们之间扎根。渌口区刘术恒老师是桂馨骨干教师，曾在浙江跟岗学习40天，回来后成了渌口区"学习型"科学教师成长共同体最忠实的成员。后来，因工作调动，区里安排他到中学任教，但他坚持要上小学一个年级的科学课，他说："我是桂馨科学骨干教师，我要义不容辞地坚守小学科学教师成长共同体团队，坚守科学教学第一线。"株洲市实验小学黄珊老师感言："优秀的团队是滋养我成长的沃土，让我脚下的路走得稳健而扎实。"实验小学校级成长共同体让课题组的研究人员和株洲市许多科学教师都非常敬佩与羡慕，在欧阳海晏老师的带领下，团队及个人成长迅速，人人独当一面，个个专业精进，策划活动极具品质，省市级荣誉达数十项。

（2）聚力科学专业发展的个人成长路径

许多老师从事小学科学教学，是源于学校的安排；每天备课、上课，只因它是工作。教育教学要求、阅读、写作等专业提升任务，大多时候也是被动地完成。但小学科学教师成长共同体的出现，让老师们就教育教学要求、专业提升任务有了交流平台与对话窗口，在交流中深入认知、在对话中明晰意义，之前被动达成的要求与任务，在交流与对话中悄悄发生改变，成了老师们主动追求的目标。小目标的达成，让老师们看到了自己的潜力与价值；多个小目标的达成，让老师们自觉思考、并制定符合自己的个人专业成长目标。在共同体内，每一位老师都有独属于自己的3—5年发展规划，确定了自己在阅读、写作、科研、课堂等方面的具体的任务、路径和目标。攸县"小蚂蚁"成长共同体成员宋莹老师是一位年青的乡村科学教师，她所在学校科学教育从无到有，从有到优，成为该县科学教育特色学校。学校的变化与宋莹老师的成长丝毫不能分开。正是宋莹老师追求个人的快速成长，积极参加县、市、省各级活动和竞赛，获得多项荣誉，使她的个人成长带动学校科学教育的发展。

荷塘区黄战东老师是一位年过五十的老科学教师，一直在小学从教科学，如果说加入荷塘区科学松鼠社之前的他是一位默默无闻的教书匠，近十年则是他个人发展的高光时期。他根据身在乡村学校的优势，在学校开辟种植园，命名为"百草园"，带领学生开展各种常规种植、引种驯化栽培和特种实验栽培，园里一年四季花开不断，果蔬飘香。孩子们自由出入，观察和体验了数百种种植植物的生命过程，还尝试了先进的育苗技术、扦插和各种无土栽培。他大胆创新，将养殖与种植结合，于是，园内又有了蜗牛、蚯蚓、蛙、鱼和一些昆虫的点缀，学生可以在这里进行主题探究和小生态研究，把生命科学的一些重要内容在种植实践中做探究和验证，让种植活动成为课堂教学的扩展和延续。他主持了"十三五"省级科学种植课题研究，以"农村带动城区"的方式，统筹推进全区"我和花儿齐开放"的种植活动，形成了以种植基地、屋顶花园、网络菜圃、开心农场、植物角等为特色的区域科学种植活动体系，多次被各级媒体宣传和称赞。黄老师不仅是孩子心目中的"科学家"，也是年轻教师的老师，他这种对科学教育的用心和执着，"做真实的科学教育，做有科学情怀的乡村教师"的追求，让他不断成长、升华，他也因此获得了第五届"桂馨•南怀瑾乡村教师奖"殊荣。

（3）融入科学梯队建设的团队发展路径

任何人的成长都有一个过程，但过程的快慢与达到的高度却不尽相同，这一快慢与高度，取决于个人，更取决于团队。小学科学教师成长共同体，从一个到多个、从少数人参与到全员加入、从单一层面到梯队发展，团队的"凝聚力"与"吸引力"充分体现。团队中的每个个体，从最初的边缘观望、至后来的融入其中，再到接下来的主动作为，相互陪伴又相互支撑的多个个体彼此欣赏、彼此成就，便形成了一个个成长共同体；成长共同体中每个个体力量的贡献、价值的发挥、梯队的优化建设，也不断发展和壮大了共同体本身。荷塘区科学松鼠社的发展历程就很显著地诠释着一条从小到大、从弱到强、从普通到高大、从杂家到专家的团队发展之路。从成立之初，松鼠社成员就约定每周四相聚一起，或研讨科学教育理论，或共读科学专业书刊，或实践科学教学课堂，或解决教学疑惑困难……大家携手走在科学教育的路上，在前行中感悟，在困惑中切磋，在研究中提升，一步一脚印，踏踏实实、情谊相通，凝聚成一股团队的力量。在团队中，大家少了畏惧，多了互助；少了蛮干，多了实干；少了迷惘，多了方向。近几年，松鼠社利用假期一起攀登梵净山、探险神农架、漫步千户苗寨……老师们既是温馨和谐的家人，又是志同道合的朋友，大家砥砺共进，用积极的心态、包容的态度、用"科学求真"的信念托举彼此的"科学教育梦"。科学教师松鼠社从最初的 17 人，到后来的 24 人，到现在的 32 人，从最开始的统一发展到现在的梯队成长，从原来的区内拧绳聚力、互助成长到如今的辐射拓展、跨地域教学引领……松鼠社队伍在扩大、实力也在增强，但不变的是他们对科学教育的执着与初心。宾雨社长获得湖南省特级教师荣誉，何利社长主持省级规划课题、获市级学科带头人荣誉，欧阳海晏秘书长多次参加湖南省、全国科学课竞赛与展示，被遴选为株洲市小学科学学科基地主持人。每一位松鼠社成员均在短短的几年时间成长为区、市级骨干教师，松鼠社团队在湖南省网络教研平台分享成长经验，获得了省内外同行的高度评价。2023年，松鼠社又顺利完成了新一届社长、秘书长的交接，将担子交给了尹冰、邹瑶瑶、田菁几位青年教师，期待松鼠社在他们的带领下，再创新的辉煌。

炎陵县地处株洲市东南边陲，与江西井冈山比邻，既是革命老区，也是曾经的贫困县，教育相对城市区域有一些差距。也就是在这样路途边远、相对落后的县里，科学自组织团队也建立、发展起来了。吴小源老师是课题组研究人员，是炎陵县为数不多的科学专职教师，也是炎陵县科学教师成长共同体的发起人和负责人。他用"演变"一词来描述炎陵县科学团队的组建和发展过程。从最初的4人成员到后来的9人团队，这对于科学专职教师从"零"开始的炎陵县，是一个巨大的蜕变。也因为有了自组织团队，科学老师们有了互补的优势。邓琳老师精于化学，邓红梅老师擅长科技创新，李丰琳、罗淑、唐佳是科学教育专业的免费定向师范生。于是，有了团队，就解决了科学教学中知识问题不能解惑的尴尬。团队既有自己策划的活动，也常常参加市里组织的学科活动，如教学竞赛、主题研讨、课题研究、科学夏令营活动、读书活动，等等。活动之余，大家回味无穷，总是感叹地说：每次活动的成功举办都得益于教师自发的服务团队，而且每个置身其中的人都想在活动中尽一份力量，在服务中、在奉献中既帮助他人成功，也成就自己。在这个过程中，炎陵的科学教师成长共同体团队也悄然地发生了变化，他们成长了，教学成果获得了市级奖项，科技创新成果获得了国家级奖项，这种"演变"令人欣慰、鼓舞！

（4）实现学科融合共进的区域辐射路径

共同体的发展，将大家眼中的小学科做大做强了，做出了品位与气质。集体备课模式从小学科学延伸到区内其他学科，小学科学教师成长共同体从一个区一个县内的教师参与到吸引全市教师参加，目标定位从立足学科发展到引领全市各区县偏远地区的教学改进，等等。荷塘区科学松鼠社的"我和……系列课程"就是学科融合的典型课程。包括"我和花儿齐开放"种植课程、"我和爸妈去科考"实践课程、"我的秋天童话"展示课程和"我和冬天的约会"展演课程，在策划、研究、落实这些课程的过程中，已经远远超出了科学课程的范畴，真正体现了多学科的融合，也是"双减"政策下减轻学生负担、创新作业设计的典范。共同体团队中的科学教师也不只是科学学科的教学能手，还必须具备语文、数学、艺术教师的诸多素养，这也成就了不少的全科教师，更吸引了一些其他学科的教师转行教科学，要进入科学松鼠社历练。小学科学教师成长共同体，如同一个发光体，点燃了自己，也照亮了他人。课题主持人孙江波先后任株洲市小学科学名师工作室主持人、湖南省小学科学名师网络工作室主持人、桂馨·株洲科学教育工作室主持人，由他领衔培养和带领的名师、区域共同体成为株洲市小学科学教育的生力军，各区县自组织成了当地学科辐射的核心。此外，株洲科学团队多次赴省内湘西、怀化、湘潭、长沙、常德、娄底等州市进行科学培训输出，赴海南、云南、黑龙江、江苏等省参加科学教育论坛和科学教师培训等，区域辐射路径越走越宽，越行越远。桂馨·株洲科学课项目获得株洲市教育工作创新特等奖。

3. 成长策略

在探索小学科学教师成长共同体成长路径的过程中，面对共同体中不同的个人，面对不同区域的不同共同体，通过情怀涵育、素质锤炼、素养拓展、气质养成等策略，能够让团队与个人得到更全面、更快速、个性与共性更突显的成长。

（1）爱科学情怀涵育策略

欲无杂草，必须种上庄稼。于教师而言，主流的价值观引导其实就是在其心灵的土壤上种植庄稼，它能让精神家园变得丰富而充实。科学教师的精神家园在哪里？在于对"科学教育"的情怀，对成长共同体的情感。成长共同体中的科学教师首要的便是"爱科学"，爱这门课程，立志做一名优秀的科学教师，其次，便是爱这个团队，愿意为这个团队服务和奉献。为此，小学科学教师成长共同体以"理性""和谐""成长"为价值取向重要抓手，以"有为才有味"为践行标准，在每一次科学活动的策划与实施中，突出价值取向，紧扣活动内容，通过科学课堂、美文分享、故事交流、榜样树立、外出科考等途径共筑"做有文化有气质的科学"这一美好愿景。也因为此，株洲科学教师成长共同体别有一番情怀涵养，科学教师的骨子里、表情中无时不表露出对这门学科、对科学教育人、对成长共同体的浓浓情意。

在株洲科学教师眼中，有几个名字特别熟悉，洪献珍、周海兵、宾雨、欧阳海晏、何利、尹冰、卢淼鸿、李静、刘新平等，这些老师并不在一个区，也不在一所学校，他们活跃在株洲科学教师群里，随时为全市科学教师的提问作答；他们坚守在每一次全市活动中，点评课、专题讲座都是由他们承担；他们走遍了株洲各个县区的许多乡村学校，为当地科学老师和孩子们送去充满科学味的科学课和科学活动……他们有一个共同的身份，都是株洲科学教师成长共同体的成员。从他们的身体力行中，蕴含着对科学教育的浓厚情怀，对株洲科学教育发展的坚定使命。

（2）重科学素质锤炼策略

谁站在讲台上，谁就决定了课堂的品质。作为科学教师，自身的专业素质必须不断锤炼，才能不负教学使命。科学课程是一门综合性、实践性的基础性课程，对教师的学科素质要求与其他学科不一样，除了科学知识的储备，教学方法的得当，动手操作等实践能力、批判质疑等创新能力均是科学教师的必备素质。在小学科学教师成长共同体中，以老带新的集体备课、骨干名师示范课、年轻老师践行课、外出学习、观摩与分享，专业阅读写作的集中交流、实验操作技能的训练、种植养殖科考的指导、科技创新专题展示……每个学期，这些活动都会以不同的内容和形式呈现，引领老师们经历有坡度的螺旋攀升。学习、研究、实践，成为各区县内科学老师素质锤炼的法宝。当然，素质锤炼的过程是辛苦的，甚至是煎熬的，但一旦经历过这番磨砺，便会如凤凰涅槃般焕火重生，迈向一个新的高度的平台，眼界、境界俱会有大的提升。茶陵"绿森林"自组织成员陈碧玉老师便是这样成长起来的。三年前，她刚刚走上工作岗位，稚嫩、好学，在自组织领衔人、湖南省科学骨干教师杨琪老师的指导下，很快融入团队，以课堂为重点，苦练基本功，在阅读、写作、科技辅导等方面进步显著，2022年5月参加全市科学优质课竞赛获得一等奖。目前，茶陵"绿森林"自组织所有成员均在科学学科领域有所建树，领衔人杨琪老师获湖南省科学课竞赛一等奖，宫小丽被遴选为县小学科学兼职教研员，罗文慧获株洲市科学课竞赛一等奖……

荷塘区松鼠社老社长宾雨老师就有一身非常过硬的科学素质，在小学科学教育领域几乎是无所不知，无所不能，是一位百科全书式的科学教育专家。追寻他的成功秘诀，也在于坚持不懈的锤炼。宾老师于20世纪90年代末中师毕业，用他的话说，就是哪个学科都学了一些，哪个学科都不精通。为了能够胜任科学学科教学，他把与科学相关的主要著作买来细读；为了每一个科学实验成功，他常常在放学之后或周末假期不断地做下水实验，将科学教材中的所有实验逐个熟练过关；为了培养学生的动手能力和创新精神，他在科学课堂之外带领学生走进科学兴趣小组，开展制作、考察、科技创新活动。这其中的艰辛只有他自己清楚。也正是由于经历了如此的磨砺，宾老师从一个"万精油"教师一步步成长为区、市科学学科带头人、湖南省特级教师。

（3）育综合素养拓展策略

好的科学老师，绝不是仅能上好40分钟的科学课。他需要能修理实验器材、能制作教具学具、能创新实验设计，还要能策划并组织教研活动、课外科技活动或比赛……这些综合性实践类素养的拓展，真不是想想、看看就能学会的。在小学科学教师成长共同体中，各个老师各有所长，互补互助，自然催生出"学人所长，补己之短"的养素拓展策略，使全市各区县的科学老师更全面、更全能。攸县刘新平、张英慧，炎陵吴小源，茶陵宫小丽，渌口区陈双，荷塘区宾雨、何利、欧阳海晏、黄战东、尹冰，天元区洪献珍、卢淼鸿、李静，芦淞区周海兵等老师均是综合型科学教师，在他们身边，又围绕着一批后起之秀，如邹瑶遥、田菁、宾浩、陈涛、黄丹、宋莹、皮高波、陈碧玉、邓红梅等。在株洲市小学科学教研员成长共同体中，孙江波、吴小源、宫小丽、肖林、周海兵、陈双等老师从区、校共同体中拔尖而出，成为所在区县兼职小学科学教研员，他们的素养已经超越了课堂，走向了研究之路。

（4）淀科学气质养成策略

小学科学教师成长共同体的存在，让全市科学老师对教师这一职业、对科学这一学科，从了解到热爱，从热爱到坚守，有许多兼职科学老师成为后来的专职科学老师，全市科学教师平均科学学科教龄达5年以上，有些教师的科学学科教龄超过30年。"事皆贵专，以专而精"。历经小学科学教师成长共同体多年的磨砺与熏陶，科学教师长期积淀，自然养成了一种重理性、善质疑、敢批判的学科气质。而这种气质，就体现在科学教师的日常言行之中，就张扬在科学教师参加的各种活动之中。科学教师成长共同体中的老师们相聚时就常常笑道："我们只要一张口，人家就知道我们是科学老师。"正如株洲市小学科学名师工作室主持人孙江波所说，"在孩子面前，我们就是科学"。周海兵老师则说，"在我们面前，学生就是科学"。多年的坚守酿就了老师们卓越的教学能力，也培养了学生良好的科学素养，株洲科学老师的学科特质和学生爱科学的品质逐渐形成。

总结株洲市小学科学教师不同层级自组织成长共同体和他组织成长共同体的建设实践，十年间，把株洲地区"少而散"的科学教师群体，打造成了"有归属感、有成就感、有价值感"的"自育共生"的科学教师团队。成长共同体不仅促成了教师专业的成长，更带动了当地科学教育的发展，相信对其他地区特别是小学科学教育相对较薄弱的地区就如何提升科学教育水平具有极强的借鉴指导意义。桂馨·株洲科学教育工作室以"十年磨一剑，走进科学教育新时代——湖南省株洲市小学科学教师成长共同体研究"为题，将此课题项目向北京桂馨基金会申请"全国首届桂馨科学教育支持计划"，从22个省二百多个参选项目中脱颖而出，进入前6名，获得支持（全国仅支持6个项目）。

（四）形成共同体成长理论与实践成果

1. 理论成果

（1）构建了新时代小学科学教师成长共同体"塔链—螺旋"成长模式

课题组跟踪、调研、访谈了市、区（县）、校各成长共同体中的部分教师，对成长共同体负责人、学科带头人、骨干教师、青年教师等的成长经历分别进行了了解，听取了老师们的成长故事，分享了成长中的感悟，也从第三方（学校管理层、教研室、教院科、自组织负责人、学生等）进行了侧面访谈，综合分析发现，在新时代背景下，小学科学教师成长共同体团队和个人均遵循一种"塔链—螺旋"成长模式，即塔式发展、链式推进、螺旋上升三种形式融合建构而成的成长模式，此模式与成长共同体的教师个体对应，与团队成长也能够吻合。

①塔式发展：塔的形态是"下端固定、上端发展"。整座塔象征着成长共同体是一个团队；脚下是厚重的大地，稳扎稳打，既象征着教师成长的基石，也表示基石端的教师

人数是最多的；头顶是广袤的天空，无限延展，象征着成长共同体和团队中的每一位教师均可无限发展，从普通教师向骨干教师，名师，研究型、专家型教师不断成长，同时也引领和带动更多教师向上生长。对比株洲市小学科学教师成长共同体的快速发展、不断进步的现象，既源于全市名师、骨干及专家的引领与导航，也因共同的愿景驱动，以及联合共进、梯队成长的共同体打造所形成。成长共同体中的每位老师，在塔式发展过程中相互扶持、结伴共进，形成了稳定且持续向上生长的态势。

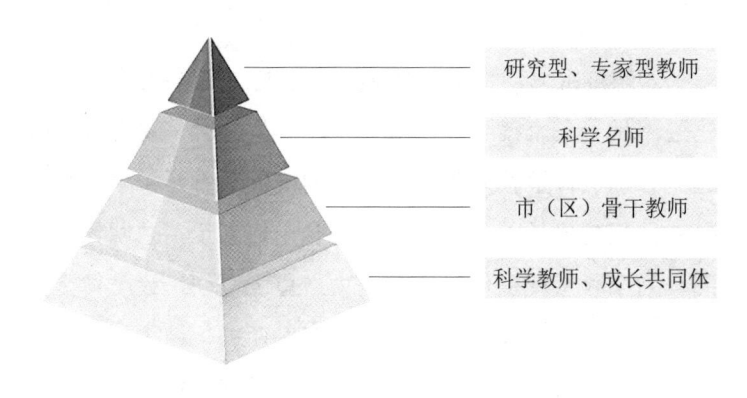

图3 塔式发展模式示意图

②链式推进：在小学科学教师成长共同体成长过程中，培训和活动是最基本的两种形式。新进教师"入格"培训、骨干教师"升格"培训、学科带头人"破格"培训，环环相扣，链式推进。培训的方式有集体备课、网络研修、课题成果展示等；活动的内容有"我和……"系列、论文评选、

优质课竞赛、精品课竞赛、"双减"政策下作业设计、实验教学竞赛，以及科技创新竞赛等。所有活动内容既立足科学学科，也延伸至其他学科，成长共同体中的教师以及老师带领下的学生在共同体链式推进的活动中不断收获、不断成长。

图4 链式推进模式示意图

③螺旋上升：课题研究表明，教师成长共同体的成长轨迹不是一条直线延伸，随着"塔链"交融呈现螺旋上升趋势。小学科学教师成长共同体的发展离不开每个老师力量的贡献与价值的体现；而对每名个体来说，共同体的发展也为个人发展提供了更多动力、更大空间，让个体更充实、更安心。在共同体内，形成交融互助、结绳聚力、科学赋能、奋力向上的局面。同时，成长共同体的发展，又取决于每名个体的成功，每名个体的成功又促进了共同体的发展，他们紧密相连又息息相关，反复经历"实践——认知——再实践——再认知"的过程，一次次超越，一层层提升。

总体来看，小学科学教师成长共同体"塔链—螺旋"成长模式即整体为塔、塔内有链、螺旋上升的成长模式。

（2）形成新时代小学科学教师成长共同体求真、理性、实践、创新文化

①科学教师成长共同体文化

成长共同体文化是指共同体在发展的过程中通过工作方式、思维习惯和行为准则等各方面呈现出的特质。株洲市小学科学教师成长共同体在老师们相互学习、相互成就、不断成长的过程中产生、完善、成熟、发展，形成了"主动作为"的工作方式、"大家好才是真的好"的团队理念、"求真理性"的思维习惯、"格物致知、实践创新"的行为准则。在成长共同体中，老师们认识并感受到志同道合情谊的可贵、团结协作力量的强大、学科融合教育的精彩。在成长共同体中，科学教师的气质呈现出有热爱、勇坚守、常赋能、显格局的品位，整个团队则展现了热爱情谊方长、团结就是力量、融合更显本色的文化特色。科学教师成长共同体所特有的"求真、理性、实践、创新"文化一旦形成，将如滚雪球般产生积极效应，对科学教师的未来发展、科学教育的未来发展必将产生深远的文化影响。

②积淀教师发展的生态特点

株洲科学教师成长共同体从萌芽到如今，历经十年有余，科学教师逐步积淀，形成独具气质、和而不同的发展生态特点。株洲市教科院帅晓梅副院长如此评价说，株洲市小学科学教师的气质表现出品德高尚、品质优秀、品位独特三个特征。课题组卢淼鸿老师从事科学教学近二十年，

从醴陵到株洲，从普通教师一路成长而来，成为成长共同体的中坚力量，几乎每一个省级课题都有她参与的身影，她是一位真正的研究型教师，连续两届被评为株洲市小学科学学科带头人，她执教的科学实验创新课获得湖南省教育厅主办的全省赛课一等奖，撰写了十多篇学术论文发表在国家级、省级刊物，她待人热忱，乐于助人，在共同体内是青年教师特别喜欢的指导者。欧阳海晏老师好学好思，潜心课堂与科研，形成她独有的理性与灵性交融的教学风格，她执教的科学课获国家级、省级奖励多次，参与或主持的课题曾获湖南省基础教育科研成果奖，被遴选为株洲市小学科学学科基地主持人。而这样一位优秀的科学教师，从不骄傲，依然潜心教学科研，笔耕不辍。言谈举止中，透出一股理性之美、科学之光。青年老师尹冰极富思辨能力，创意层出不穷，无论是在共同体中的作用发挥，还是在课堂教学、科技辅导上的大胆创新，都成果显著。在2021年教育部主办的首届精品课大赛中，他设计、执教的精品课一举获得部优奖励。课题主持人孙江波从一位特级教师的视角，检视自身从事三十多年科学教育的成长历程，结合成长共同体对他的影响，形成了他的科学教学思想——科学是文化的过程。并出版了专著《科学的文化过程与实践——孙江波小学科学教学的思与行》，成了本课题研究的重要成果之一。像以上这样的例子，在株洲市小学科学教师成长共同体中数不胜数。

2. 实践成果
（1）探索出小学科学教师成长共同体成长规律

株洲市小学科学教师成长共同体对自身的成长规律进行梳理、反思与提炼，认为科学教师成长共同体要经历一条"理想引航、榜样示范、团队共进、塔式发展、整体成长"的专业成长和职业发展之路。其中，理想引航是成长的灯塔，榜样示范是成长的目标，团队共进是成长的路径，塔式发展是成长的方式，而整体成长是共同体的最高目标。形象地说，成长共同体就如一架造血机器，具备生长、发展、扩大的源源不断的造血功能，其规律可推广、可复制。2021—2022年，株洲市小学科学教师群进行了两次网络分享活动，宾雨、陈双两位名师从个人成长角度分享了他们的成长历程与感悟，攸县"小蚂蚁"自组织负责人刘新平、茶陵"绿森林"自组织负责人杨琪则从成长共同体角度进行了分享，全市科学教师和其他成长共同体成员做了热烈的讨论。课题组通过对株洲市小学科学教师队伍中成长较快、获得成功的教师做了成长路径研究，找到了其成长规律，发现个人成长与成长共同体之间具有和谐、互助、共生、共长的关系。教师成长共同体对个人成长的影响更是深远。尤其是乡村科学教师在成长共同体中的变化更大，提升更快，明显地促进了乡村科学教师的成长，提升了乡村科学教育的质量。

（2）小学科学教师成长共同体研究成果辐射广阔

株洲市小学科学教师成长共同体历经十余年发展、壮大，逐渐从市区走向全省，再到全国，引领、影响和辐射作用越来越显著（如图5所示）。

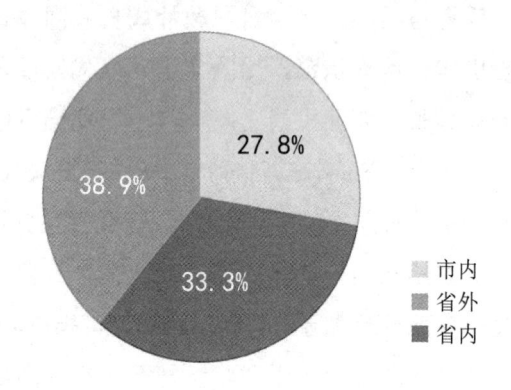

图5 株洲市小学科学教师成长共同体辐射成果

从图5可看出，株洲市科学教师成果共同体成果辐射到省内其他地市百分比为33.3%，辐射到省外百分比为38.9%，成果辐射范围广，层次高。

（3）小学科学教师成长共同体获奖数据对比（以荷塘区科学松鼠社近十年为例）

表1 小学科学教师成长共同体获奖情况对比

年份/人数	区级获奖 人次	区级获奖 比例	市级获奖 人次	市级获奖 比例	省级获奖 人次	省级获奖 比例	国家级获奖 人次	国家级获奖 比例
2013/17	10	58.9	4	23.5	1	5.6		
2014/17	15	88.2	7	41.2	2	11.8	1	5.6
2015/17	18	105.9	10	58.8	3	17.6	3	17.6
2016/17	22	129.4	18	105.9	5	29.4	3	17.6
2017/24	55	229.2	28	116.7	8	33.3	5	20.8
2018/24	68	283.3	30	125	10	41.7	7	29.2
2019/24	80	333.3	32	133.3	12	50	8	33.3
2020/24	88	366.7	36	150	15	62.5	9	37.5
2021/32	122	381.3	50	156.3	28	87.5	16	50
2022/32	148	462.5	62	193.8	36	112.5	24	75

注：比例指占松鼠社总人数百分比。

从表1中数据可以得出，荷塘区科学松鼠社近十年来，随着成员人数增加，成长共同体获得区、市、省、国家各级奖励人次也在增加，且获奖比例逐年均有提升，特别是省级和国家级奖励人次越来越多，说明成长共同体及教师个体在不断成长，且势头喜人。经对比，其他小学科学教师成长共同体的发展趋势与松鼠社基本一致，在此不一一列举。

（4）课题立项后撰写文章、案例和发表情况

从 2021 年课题立项至 2024 年 6 月，共出版专著 2 本，发表文章 6 篇，提交相关论文、案例三十余篇，见证着株洲市科学教师成长共同体的快速成长与发展的丰硕成果。

九、困惑与思考

株洲市小学科学教师成长共同体经历了十多年磨砺，形成了株洲特有的成长共同体文化与生态特点，走进了株洲科学教育的新时代，具备面向未来的引领性和前瞻性。但前进和获得一些成功的同时，也需要静心反思，教师成长共同体发展之路还可如何优化与创新？不容忽视，目前，在各区县成长共同体中，存在着认识不到位、凝聚有强弱等问题，在各区县成长共同体之间，还存在发展不平衡、平台不充分等问题，在全市成长共同体层面，也存在自组织与他组织矛盾协调等问题，这些问题将影响成长共同体的发展趋势，影响形成更高品质的有文化、有气质的科学教师成长共同体的推进。对此，在优化、创新、驱动成长共同体组建、运行机制、成长路径与策略等方面，还有必要进行更深入的研究。

十、结语

回顾"新时代小学科学教师成长共同体研究"课题的研究过程,从前期筹划,到立项开题,深入研究,总结提炼,整理成果,课题组成员能够按照研究方案和实施计划潜心研究,总结出新时代小学科学教师成长共同体的成长要素、道德修养、心理健康素养等,探索出新时代小学科学教师成长共同体的"情感归属、个人成长、团队发展、区域辐射"成长路径与"情怀涵育、素质锤炼、素养拓展、气质养成"策略,提炼出新时代小学科学教师成长共同体的"塔链—螺旋"成长模式,发现新时代小学科学教师成长共同体的"理想引航、榜样示范、团队共进、塔式发展、整体成长"成长规律,形成新时代小学科学教师成长共同体求真、理性、实践、创新文化,初步建构出新时代小学科学教师"概念车"。株洲市小学科学教师成长共同体中涌现出一批德才兼备的特级教师、正高级教师、学科带头人、市区级骨干教师等,在全国有较大的影响力。北京桂馨基金会累计达500余万元的捐助,帮助乡村学校建设科学实验室,培养出一批乡村科学骨干教师,大幅提升了整个地区科学教师队伍的专业素养,其培养模式和经验多次在国家级活动中得到推介。研究成果为整个株洲市小学科学教师队伍建设提供范式，提升了整个地区小学科学教师队伍素质，提高了小学科学教育教学质量，发挥了课题研究成果的推广性和导航作用，发现与引导未来科学教师成长共同体的方向，能够为更多地区构建小学科学教师成长共同体提供参考和研究样本。株洲科学教育因此乘势而上，走进了新时代，教师因共同体而有归属感，有成就感，有价值感，大多数成长共同体成员成了各区县科学教育的领军人物，将科学教育的火种播撒到株洲地区的各个角落，数十万名学生从中受益，教师累计获得千余个奖项，呈现出一片欣欣向荣的科学教育图景。课题研究较好地达成了预期的研究目标，取得了丰硕的研究成果。有理由相信，株洲的小学科学教师成长共同体模式一定能够起到摇动另一棵树、推动另一片云、唤醒更多灵魂的作用，在中华大地上不断地生根、生长、开花，结出丰硕、灿烂的果实！

中篇 理论观点

教师成长共同体 共享共赢共成长

——株洲市小学科学教师个人成长和成长共同体问卷调查报告

◎株洲市天元区隆兴小学 洪献珍

一、问题提出

株洲市小学科学教师团队多年来组建了多个小学科学教师成长共同体,培养了一批优秀的小学科学教师。基于现实,面向未来,只有通过对株洲市小学科学教师在新时代背景下的现状进行研究,了解全市小学科学教师个人成长、科学教师成长共同体的组建、运行及活动开展的现状、问题及成效,才能探索出如何利用小学科学教师成长共同体培养符合新时代要求的小学科学教师,找到有效促进小学科学教师的专业发展、加强小学科学教师队伍建设的策略。

二、问卷调查时间

2021年9—10月

三、问卷调查对象和方法

调查对象为株洲市部分小学科学教师。调查方法有问卷、集体座谈、个别访谈，主要是采用问卷星的方式进行调查。有120人参与了调查，占全市科学教师的6%。120份调查问卷中，城区和县城学校教师99人，占82.5%，乡镇和农村学校教师21人，占17.5%。因此，本次调查主要参与人员是城区和县城学校教师。

四、调查内容和结果

第一部分　基本情况

第1题　您的性别：　[单选题]

选项	小计	比例
男	27	22.5%
女	93	77.5%
本题有效填写人次	120	

在男女比例方面，小学科学教师中女性教师居多，占77.5%，男性教师较缺少，只占22.5%。这与整个株洲市小学教师队伍男女比例基本一致。不同性别层次的男女教师

尽管各有自身性别的优势特点和劣势，但适当提高男性教师的比例，对培养和提升学生的科学素养有一定的好处。

第2题 您的学校所在地属于　　[单选题]

选项	小计	比例
A. 城区	79	65.83%
B. 县城	20	16.67%
C. 乡镇	5	4.17%
D. 农村	16	13.33%
本题有效填写人次	120	

城区和县城占 82.5%，乡镇和农村占 17.5%，本次调查问卷主要是城区和县城小学科学教师。

第3题 您的年龄段：　　[单选题]

选项	小计	比例
25 岁以下	15	12.5%
26～30 岁	15	12.5%
31～35 岁	21	17.5%
36～40 岁	16	13.33%
41～45 岁	22	18.33%
46～50 岁	18	15%
51～55 岁	10	8.33%
56～60 岁	3	2.5%
本题有效填写人次	120	

30 岁以下占 25%，30～45 岁占 49.17%，45 岁以上 25.83%

第5题 您的教龄： [单选题]

选项		小计	比例
A	3年以下	12	10%
B	3～5年	16	13.33%
C	6～10年	19	15.83%
D	11～15年	17	14.17%
E	16～20年	10	8.33%
F	20年以上	46	38.33%
本题有效填写人次		120	

第6题 您任教小学科学的年限： [单选题]

选项	小计	比例
A.1年（含不满1年）	9	7.5%
B.2～5年	42	35%
C.6～10年	30	25%
D.10年以上	39	32.5%
本题有效填写人次	120	

不同阶段（年龄、教龄、任科学教学年限）教师在专业发展上呈现出不同的优势，也会出现教育发展瓶颈、迷惘或停滞不前。我们可以通过构建教师成长共同体，营造民主、开放、合作、共赢、创新的学习教研氛围，取长补短，达到共同成长的目的。在共同体中，大家一方面看到其他同事的长处，激发自身内在创新活力，另一方面同事间也可以互相启发激励，促进知识和经验的有效提升和融

合，防止故步自封，还可以获得社会情感支持。在互助学习中获得自身的发展，因为自身价值的实现而产生成就感和幸福感。

第4题　您的最高学历：　[单选题]

选项	小计	比例
A. 高中或中专	0	0%
B. 专科	12	10%
C. 本科	104	86.67%
D. 研究生	4	3.33%
本题有效填写人次	120	

学历合格，90%具有本科及以上学历。

第7题　您的职务：　[单选题]

选项	小计	比例
A. 普通教师	76	63.33%
B. 班主任	7	5.83%
C. 处室干事	11	9.17%
D. 中层干部	16	13.33%
E. 校长（书记）/副校长	10	8.33%
本题有效填写人次	120	

普通教师占63.33%，另外兼管理的占36.67%，普通教师更具有专业成长的需要。

第8题　您属于专职还是兼职科学教师（担任两门课程及以上为兼职）：　[单选题]

选项	小计	比例
A 专职	86	71.67%
B 兼职	34	28.33%
本题有效填写人次	120	

专职教师占71.67%，其实，专职教师里面含有管理人员44人，真正专职的实际只占35%，说明专职教师较少。28.33%左右的兼职教师除任教科学学科以外，还兼任了更重要的语数外教学工作，从客观上导致兼职教师无法全身心的投入科学教学中。

第9题　您的职称：　[单选题]

选项	小计	比例
A. 三级教师	11	9.17%
B. 二级教师	37	30.83%
C. 一级教师	55	45.83%
D. 高级教师	17	14.17%
E. 正高级教师	0	0%
本题有效填写人次	120	

小学科学教师队伍出现的最大问题就是高级职称教师较少，只占14.17%。

以上调查结果分析表明，目前株洲市初步形成了一支年龄结构合理、学历较高,且专业知识较为扎实的专兼职小学科学教师队伍,为株洲市科学教学作出了一定贡献。

第二部分　个人成长

这一部分主要从 8 个方面来进行调查。

1. 阅读情况。阅读是个人成长的基础,是教师获得专业知识与专业技能的另一条途径,也是科学教师的底蕴所在。教师教育理念的更新,见识的增长,技能的提升等都可以通过阅读快速实现。一个喜欢阅读的教师一定会是一个好的教师。我们欣喜地看到有 82.5% 的教师每年至少读书 2 本以上,不过,也有 17.5% 的教师几乎没有阅读。

第 10 题　您一个学年会主动地读几本教育类书籍:
[单选题]

选项	小计	比例
A. 十本以上	6	5%
B. 五本以上	24	20%
C. 两本以上	69	57.5%
D. 几乎没有	21	17.5%
本题有效填写人次	120	

2. 个人所获得的荣誉。

第11题 您获奖的最高荣誉称号： [单选题]

选项	小计	比例
A. 国家级	23	19.17%
B. 省级	45	37.5%
C. 市级	39	32.5%
D. 区（县）级	12	10%
E. 校级	1	0.83%
本题有效填写人次	120	

育人成绩突出，获得区、市、省、国家级奖励人数较多，达到99%。

第12题 近3年（2018—2020年）您写过几篇教学论文或教学案例： [单选题]

选项	小计	比例
A 3篇以上	39	32.5%
B 2篇	30	25%
C 1篇	34	28.33%
D 没有写过	17	14.17%
本题有效填写人次	120	

第13题　您获奖论文的最高等级是：　[单选题]

选项	小计	比例
A. 国家级	17	14.17%
B. 省级	56	46.67%
C. 市级	28	23.33%
D. 区级	19	15.83%
本题有效填写人次	120	

撰写论文是教师对自己所经历的、积累的教育思想、教学方法、教学过程、教学效果进行全方位、深层次的反思、分析、总结和提炼，是教师专业化发展的体现。论文获奖成绩也很好，但有14.17%没有写过。

第14题　您近3年（2018—2020年）参加过校级以上哪些赛课活动并获奖：　[多选题]

选项	小计	比例
A. 优质竞赛课	55	45.83%
B. 研讨示范课	71	59.17%
C. 其他	17	14.17%
D. 没有参加	23	19.17%
本题有效填写人次	120	

课堂教学是教师专业发展的主要场所，几乎所有的专业知识和专业技能都要在课堂上才能得到体现和检验。参加赛课的有80.83%获奖，没有参加的占19.17%。

第 15 题 您近 3 年（2018—2020 年）主持或参加的课题研究情况：[多选题]

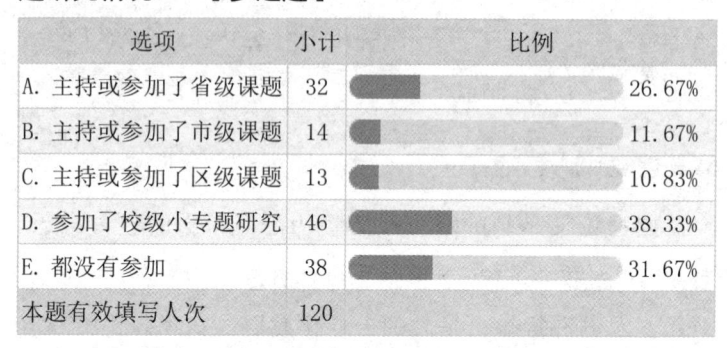

选项	小计	比例
A. 主持或参加了省级课题	32	26.67%
B. 主持或参加了市级课题	14	11.67%
C. 主持或参加了区级课题	13	10.83%
D. 参加了校级小专题研究	46	38.33%
E. 都没有参加	38	31.67%
本题有效填写人次	120	

课题研究是教师专业发展的核心。教师的专业知识拓展、专业能力提升和专业情感的发展，都离不开课题研究。有 68.33% 参加过不同级别的课题研究，但也有 31.67% 没有参加。

3. 个人现状的认识。对自己所处的专业发展状况和水平有清晰的认识，能够胜任和完全胜任的达到 56.67%，对自身的专业发展状况还不够自信和满意，不能胜任和基本胜任的占 43.33%。

第16题 您认为自己能否胜任当前教育改革要求下的科学学科教育教学工作： ［单选题］

选项	小计	比例
A. 完全能胜任并主动创新	17	14.17%
B. 能够胜任，应付自如	51	42.5%
C. 基本能胜任，比较吃力	51	42.5%
D. 不能胜任	1	0.83%
本题有效填写人次	120	

4. 个人发展愿景。87.5%有明确的职业发展目标，12.5%没有明确目标。

第17题 您个人职业发展的最高目标是： ［单选题］

选项	小计	比例
A. 教育家	5	4.17%
B. 特级教师	26	21.67%
C. 学科带头人	38	31.67%
D. 骨干教师	36	30%
E. 一般教师	15	12.5%
本题有效填写人次	120	

5. 个人成长对他人的影响。以下数据说明，经过全体小学科学教师的努力，目前科学学科已受到学校领导重视，得到同事支持和社会、家长、学生的普遍认可。同时，大多数科学教师以他们自身高尚的敬业精神和较高的科学教学水平，赢得了良好的社会声誉。

第18题　您的成长对身边的人有什么影响：　　[多选题]

选项	小计	比例
A. 得到了领导的赞赏，同事的赞美	78	65%
B. 学生越来越喜欢你	99	82.5%
C. 得到了家长的认同	66	55%
D. 没有影响	5	4.17%
本题有效填写人次	120	

6. 解决困惑和问题的方法。

第19题　在教育教学过程中遇到困惑时，您的首选途径是：[单选题]

选项	小计	比例
A. 自己思考和琢磨	29	24.17%
B. 网络查询	37	30.83%
C. 请教名师	16	13.33%
D. 和同事探讨	37	30.83%
E. 搁置不理	1	0.83%
本题有效填写人次	120	

7. 分享的意愿和频率。合作分享是教师自主发展能力的重要体现。65%的经常分享，教师具备良好的与同事同行分享、沟通、合作的能力。

第20题　您对和他人分享自己成功教学秘诀的意愿是：[单选题]

选项	小计	比例
A. 非常愿意	102	85%
B. 一般愿意	18	15%
C. 不愿意	0	0%
本题有效填写人次	120	

第21题　您与同事分享教学经验或困惑的频率：[单选题]

选项	小计	比例
A. 经常分享	78	65%
B. 偶尔分享	42	35%
C. 从不分享	0	0%
本题有效填写人次	120	

8. 专业成长自我需求和发展路径。对课题研究的能力的渴望更高，同时需要优秀教师的指点、参加专业培训、进修，以及教学交流活动，积累教学经验。

第 22 题 您认为自己在专业领域有哪些方面需要提高？ ［多选题］

选项	小计	比例
A. 课堂教学能力	81	67.5%
B. 信息技术能力	70	58.33%
C. 课题研究能力	103	85.83%
D. 理论学习能力	77	64.17%
E. 其他	15	12.5%
本题有效填写人次	120	

第 23 题 您认为什么样的方式更能提升自己的专业能力？ ［多选题］

选项	小计	比例
A. 优秀教师的指点	111	92.5%
B. 和同事研讨的机会	96	80%
C. 参加培训和进修	108	90%
D. 个人总结和反思	84	70%
E. 其他	9	7.5%
本题有效填写人次	120	

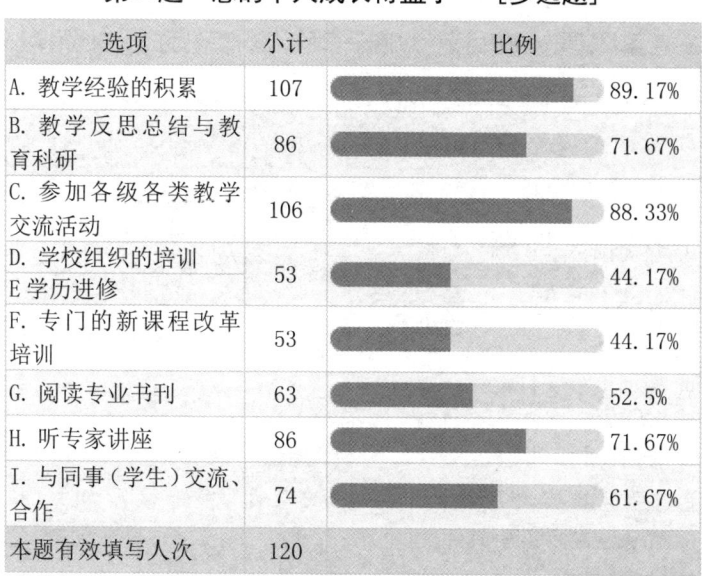

第24题　您的个人成长得益于　[多选题]

选项	小计	比例
A. 教学经验的积累	107	89.17%
B. 教学反思总结与教育科研	86	71.67%
C. 参加各级各类教学交流活动	106	88.33%
D. 学校组织的培训 E 学历进修	53	44.17%
F. 专门的新课程改革培训	53	44.17%
G. 阅读专业书刊	63	52.5%
H. 听专家讲座	86	71.67%
I. 与同事（学生）交流、合作	74	61.67%
本题有效填写人次	120	

第三部分　教师成长共同体

这部分主要从 6 个方面来进行调查。

1. 参加共同体的人数占 70.83%。

第25题　您是否有参加科学教师成长共同体？
[单选题]

选项	小计	比例
A. 有（紧接着往下做）	85	70.83%
B. 没有（直接跳到40题）	35	29.17%
本题有效填写人次	120	

2. 教师成长共同体的数量。

第 26 题 您目前参加的是哪个科学教师成长共同体？（可多选） ［多选题］

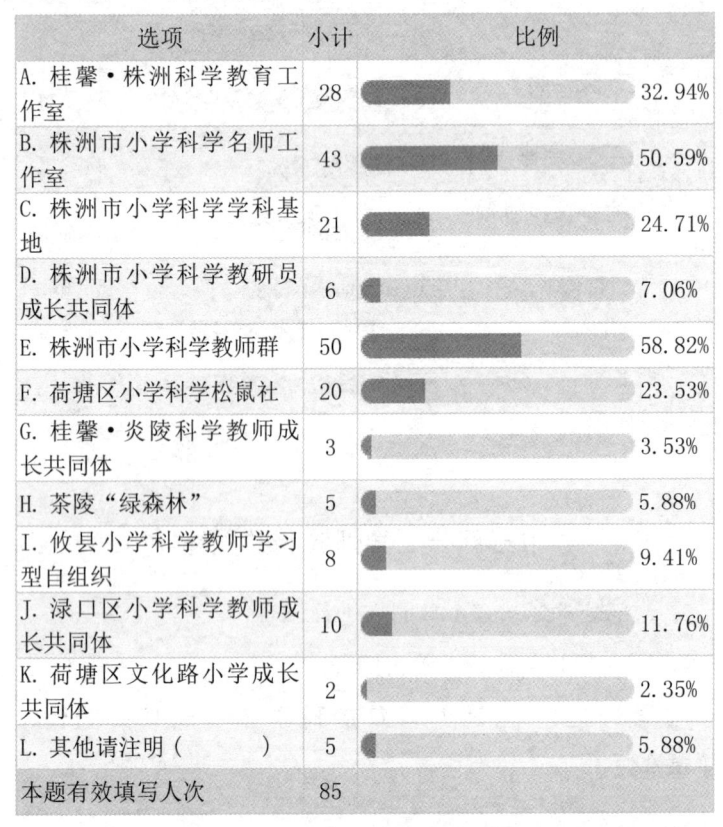

选项	小计	比例
A. 桂馨·株洲科学教育工作室	28	32.94%
B. 株洲市小学科学名师工作室	43	50.59%
C. 株洲市小学科学学科基地	21	24.71%
D. 株洲市小学科学教研员成长共同体	6	7.06%
E. 株洲市小学科学教师群	50	58.82%
F. 荷塘区小学科学松鼠社	20	23.53%
G. 桂馨·炎陵科学教师成长共同体	3	3.53%
H. 茶陵"绿森林"	5	5.88%
I. 攸县小学科学教师学习型自组织	8	9.41%
J. 渌口区小学科学教师成长共同体	10	11.76%
K. 荷塘区文化路小学成长共同体	2	2.35%
L. 其他请注明（ ）	5	5.88%
本题有效填写人次	85	

3. 参与共同体愿景、动机。愿景方面：非常愿意参加共同体的活动的占 84.71%，个人发展愿景与共同体一致的占 58.82%，愿意分享的占 69.11%。动机方面：对自己有帮助的占 84.71%，主要是成长、伙伴，提高水平等等。

第 27 题 您是否愿意和同事一起探讨教学上的困惑，参加科学教师成长共同体的项目培训，完成一个共同的科研任务？ ［单选题］

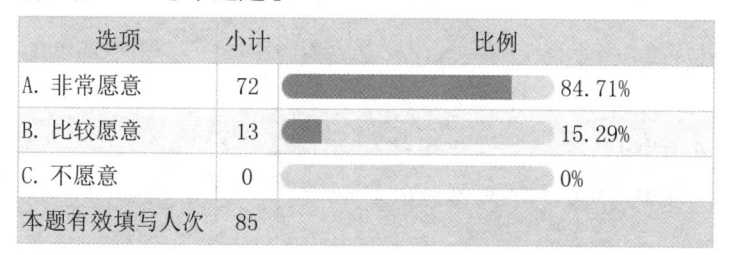

选项	小计	比例
A. 非常愿意	72	84.71%
B. 比较愿意	13	15.29%
C. 不愿意	0	0%
本题有效填写人次	85	

第 28 题 您认为科学教师成长共同体对自己的帮助： ［单选题］

选项	小计	比例
A. 非常大	72	84.71%
B. 一般	13	15.29%
C. 没有帮助	0	0%
本题有效填写人次	85	

第 29 题　您目前参加科学教师成长共同体的主要动机是：　[多选题]

选项	小计	比例
A. 渴望在专业团队里学习、研究、成长	76	89.41%
B. 有更多专业互助的伙伴	71	83.53%
C. 提高教育教学水平	68	80%
D. 受其他教师的影响（如导师、同事）	40	47.06%
E. 希望对评职晋级有帮助	22	25.88%
F. 学校工作安排，迫于无奈	5	5.88%
G. 其他	2	2.35%
本题有效填写人次	85	

第 30 题　您的个人发展愿景与所在的科学教师成长共同体的发展愿景是否一致：　[单选题]

选项	小计	比例
A. 非常符合	50	58.82%
B. 比较符合	34	40%
C. 不符合	1	1.18%
本题有效填写人次	85	

第 31 题　您是否乐意将自己的教学困惑或经验带到科学教师成长共同体：　[单选题]

选项	小计	比例
A. 非常乐意	59	69.41%
B. 乐意	25	29.41%
C. 不乐意	1	1.18%
本题有效填写人次	85	

4. 如何提升共同体的品质。根据科学教师专业成长的自我需求和发展路径大家提出了一些可行的方式和策略。

第 32 题　您认为应该如何提升科学教师成长共同体的品质？　[多选题]

选项	小计	比例
A. 组织结构合理	67	78.82%
B. 运行机制健全	62	72.94%
C. 成长路径既适合教师团队整体提升又满足教师个体发展需求	76	89.41%
D. 形成共同体特有文化	60	70.59%
E. 建立有效的评价方式	49	57.65%
F. 减少行政干预	34	40%
G. 其他	1	1.18%
本题有效填写人次	85	

第 33 题 您认为科学教师成长共同体开展活动的有效方式有哪些？ ［多选题］

选项	小计	比例
A. 团建活动	58	68.24%
B. 理论学习	55	64.71%
C. 外出观摩	79	92.94%
D. 听课评课	75	88.24%
E. 专题研讨	72	84.71%
F. 自我反思	55	64.71%
G. 教学竞赛	66	77.65%
F. 其他	3	3.53%
本题有效填写人次	85	

5. 共同体的活动开展情况。

第 34 题 您所参加的科学教师成长共同体组织的活动：［单选题］

选项	小计	比例
A. 非常丰富	58	68.24%
B. 一般	23	27.06%
C. 比较单一	4	4.71%
本题有效填写人次	85	

第 35 题 您所参加的科学教师成长共同体开展的活动有：［多选题］

选项	小计	比例
A. 读书报告	35	41.18%
B. 主题讲座	73	85.88%
C. 分享交流	77	90.59%
D. 集体备课	58	68.24%
E. 观课磨课	74	87.06%
F. 课题研究	46	54.12%
G. 外出考察	29	34.12%
H. 论文写作	34	40%
I. 专家指导	42	49.41%
J. 其他请注明（ ）	1	1.18%
本题有效填写人次	85	

第 36 题 您所在的科学教师成长共同体为教师专业发展做了些什么？［多选题］

选项	小计	比例
A. 建设荣辱与共的团队文化	44	51.76%
B. 营造善于学习研究的工作氛围	73	85.88%
C. 搭建成长发展的各种平台	78	91.76%
D. 建立相应的激励机制	56	65.88%
E. 舒缓、调节心理的团队活动	38	44.71%
本题有效填写人次	85	

6. 共同体面临的困难和问题。阻碍共同体成长的因素主要是时间和精力。

第 37 题 您认为科学教师成长共同体在条件保障上面临的困难因素有：［多选题］

选项	小计	比例
A. 时间因素	77	90.59%
B. 场地因素	46	54.12%
C. 经费因素	68	80%
D. 精力因素	70	82.35%
E. 其他请注明（　　）	3	3.53%
本题有效填写人次	85	

第 38 题 您认为阻碍科学教师成长共同体合作、交流、互助、分享的主要因素有：［多选题］

选项	小计	比例
A. 没有共同愿景	28	32.94%
B. 缺少合作机制和平台	69	81.18%
C. 缺乏互助的氛围	27	31.76%
D. 恶性竞争严重	10	11.76%
E. 缺乏有效引导	50	58.82%
F. 教师凝聚力不强	25	29.41%
本题有效填写人次	85	

第 39 题　为进一步促进科学教师成长共同体建设，您有何建议或意见？

活动丰富化：多组织集体培训、主题活动、同课异构、经典课例分享、外出学习、团建活动、分享交流，拓展发展平台、资源共享、行政资金支持、减少工作量等等。

第 40 题　我没有参加过科学教师专业成长共同体的原因是什么？

个人身体不好，家庭事务多，兼职，课多，事情过多，精力有限，时间少；学校地处农村，联系很少；没有机会参加，没有人邀请，不知道怎么参加。

五、调查问卷的启示

（一）对教师成长共同体的认识

教师成长共同体是指具有相同目标，共同参与专业发展的计划、实施和反思的智力团队，是教师实现专业成长的平台，通过共同体交流、互动、合作、分享，提升教师的专业化水平，实现教师的可持续发展。它以共同愿景为基础，以团队学习为特征，以不断增强团队学习力和创造力为核心，营造一种平等、开放、合作、交流、共赢、分享的文化氛围，促进教师共同发展。

（二）充分重视教师成长共同体中的个体价值（第22、23、24题的启示）

教师成长共同体是一种专业性的教师团体，为了让共同体更为有效和自主，就要激活每一个细胞的力量，重视共同体中每一个个体的价值。有每个人的活力、每个人的主动，才会有整个共同体的活力。

1. 认识教师个人成长的规律。

顾明远认为，在教师成长共同体内，教师的成长必须经历"五项修炼"，达到"三重境界"。

第一项修炼是意愿。要有当小学科学教师的意愿，当好小学科学教师的自主性，要发自内心地热爱这个职业，热爱科学学科。

第二项修炼是锤炼。科学教师要苦练动手技能，苦练各种基本功，如动手设计制作、实验操作技能。平时多上公开课，包括研讨课、示范课、竞赛课等，让自己的教学能力渐趋成熟，最终成为自己的一张名片。

第三项修炼是学习。在学习中培养自己的高尚人格，提高自身的科学素养。多注重阅读，阅读面更广。阅读教材、教师用书、课标、报纸、杂志等专业书籍，成为教学能手和名师。阅读教育教学科研有关的专著、论述，成为教育行家。阅读各方面的书籍，成为知识渊博的专家。

第四项修炼是创新。教师在工作的过程中，要有创新的意识、创新的方法、创新的能力。

第五项修炼是收获。教师经历了不断的磨炼和学习，教学效果和育人质量就会提高，就会有收获。自然就感到身心愉悦，获得了成就感和幸福感。

这样，教师的成长就经历了三重境界：第一重境界是思想上对教育、对教师职业信念的认可，并为之奋斗奉献的决心，第二重境界强调的是不断的自我磨炼，第三重境界讲的是自己耕耘努力后的收获。

2. 制订规划，明确目标。

教师平时应当制订自己的近期、中期和长期专业发展规划，明确自己未来发展的目标，指导自己的教育教学行为。

不同阶段的教师成长目标是不同的，根据自己的成长历程可以成为教坛新秀、骨干教师、教学名师、专家型教师。根据工作具体的成长历程和成长目标需要经历四个成长时期：

适应期（工作3年以内），成长目标是尽快实现教育教学理论与教学实践的有机结合，促进理论成果与教学实践的自然融合转化。主要任务就是站稳教育讲台，掌握运用教育教学成果的基本方法和技能，成长为教坛新秀。

胜任期（工作3—6年），成长目标是对自己的事业发展前景有比较明确清楚的信念目标与工作规划，扎实全面发展、稳步持续提升，有相对独立自主开展教育科研的能力，成长为校级以上骨干教师。

成熟期（工作10年以上），成长目标是努力在教育教学过程中形成自己的独特风格，实现自我价值超越，成为市级、省级学科带头人或教学名师。

卓越期（工作15年以上），成长目标是提高自身实践性知识的影响力，发挥自身已有知识的学术价值，提炼总结教育教学经验，并在教育教学理论上有所突破和创新，成为具有很强的示范引领和辐射能力的卓越教师专家型教师。

3. 教师个人的成长与教师的自身努力奋斗是分不开的。

教师的自身努力包括自我认识、自我设计、自我反思和自我调控。自我认识就是了解掌握自己在教育教学方面的优点和缺点。自我设计就是做到扬长避短，尽可能发挥自己的知识长处，不断改正完善自己的不足。自我反思，勤于反思，善于反思，在反思中学会不断进步。自我调控，做到有所为有所不为，需要我们去实践、尝试、提升和创新。

（三）优化教师成长共同体支持保障体系

共同体要尽量争取学校、科研部门、教育行政部门支持，做到有时间、有空间、有核心、有任务、有保障。

1. 在共同体中教师能够随时随地进行自主学习，完全不受时空限制，彼此之间交流和互动更灵活。

2. 坚持就近原则，选择区域内有担当、能奉献、渴求上进的名师、骨干教师作为共同体的核心、领衔人。也可以聘请教育专家、教研员、优秀教师等对成长共同体进行指导，提高教师与专家交流、探讨的频率。

3. 任务驱动。要以明确的目标、具体的任务为驱动导向，在任务压力下奋斗成长。

4. 建立健全运行保障机制。

（1）建立跟踪制度。关注科学教师的成长动态，聘请专家进行面对面指导，提高教师与专家交流、探讨活动的频率，及时扫清教师发展道路上的障碍。

（2）建立激励机制。建立发展性评价机制，鼓励教师关注未来发展。建立公平、公正与合理有效的学术评价制度，形成健康向上浓厚的学术氛围。

（3）建立考核制度。建立教师成长档案，收集教师发展规划、教育教学科研活动记录、荣誉证书等。定期检查成长档案，查看是否根据计划落实到位。定期进行过程性考核和综合性考核，考核结果作为评价教师成长的重要依据。

（四）创建教师成长共同体合作型文化

维斯恩莫（Westeimer）认为有效共同体取决于五个要素：即互相依存、互动参与、利益共享、关注个体和少数人的意见、有意义的关系。因此，构建教师成长共同体的关键在于筑建共同愿景、建立合作型教师文化。共同体既尊重教师个人目标，又能激发其合作意识，将学习共同体的共同目标内化为个人目标，激发大家在共同体内找到归属感、认同感。

1. 确立教师成长共同体的共同愿景。（30题是否一致，一致的占58.82%）

共同愿景是共同体中每个教师真心向往并愿意为之奋

斗的目标。大家有了共同愿景，就有了努力的方向和目标，全体成员为了实现这一愿景共同努力、共同奉献。教师共同体不仅仅是"学术性团队"，还是"生活共同体"，主要的特点即是价值共同体。生活在具有共同愿景的团队中，大家把学习和研究变成共同的生活态度与生活方式。

2. 树立团队归属感。

科研活动的专题化、系统化、周期化，都要基于教师团队意识的建立，在团队中实现个人发展，形成研究意识，个人的成长反哺团队的成长，进而实现共同体的成长。

3. 培育同伴互助合作文化。

同伴互助指教师之间开展的旨在实现教师持续主动地自我提升、相互合作并共同进步的教学研究活动。活动中同伴之间互相信任和依赖，互相帮助和鼓励，达到共同成长的目的。

（1）教研座谈，互助形成常态。大家确立固定的教研座谈时间，制定活动主题、具体方案和分工。活动中撰写教学反思札记，畅谈自己教学教研心得、感想和困惑，总结经验教训，归纳教学方法。在座谈中产生思维的碰撞，激发思考和得到启发。

（2）教学研讨，互助促进提升。开展汇报课、研讨课、同课异构、一课多研等方式进行教学研讨，大家共同参与备课、上课、磨课、评课，在学习、实践、思考、反思、创新中不断转变观念，促进专业水平的提升。

（3）交流分享，互助共同成长。定期开展交流分享会，根据教学活动中涉及的问题进行交流分享，不断促进教育教学知识结构的构建，形成新的理念，掌握新的方法。

（五）专业指导助推行动研究

1. 专家引领，助力成长。借助专家们精深的理论知识、丰富而专业的教学经验、敏锐的洞察力，给大家一定的引领和帮助。定期邀请专家、名师举行专题讲座、专业诊断、现场指导，提高团队教育科研能力。（优秀教师的指点占92.5%）

2. 夯实培训内容，提高针对性和实用性。根据教师的真实需求，筛选大家在工作中的困惑和问题，确立培训的内容，介绍最新颖实用教育教学技能，提高培训的实用性和实效性。同时，走出校门参观考察、学习，乃至实践（实习），拓宽视野，让教师在培训中学习，在学习中实践。（参加培训和进修占90%）

3. 实施"导师制"，发挥名师作用。专家和名师们具有丰富的教学经验和一定的教育特色，开展师徒结对，在线下或线上举行不定时的交流互动活动，答疑解惑。

4. 开展课题研究，突出合作性和参与性。课题研究是提高科学教师的教育教学能力的高效方式。在课题研究中，大家带着问题进行学习钻研，带着任务进行研究实践，实现"问题即课题，教学即研究，成长即成果"。大家既是真正的研究者，又是互动的协作者。（85.83%的需求）

5. 提高研究能力尤其是发现研究问题和研究成果外化的能力。（论文撰写的质量）

提高小学科学教师发现研究问题的能力，帮助小学科学教师掌握发现问题的原则和方法。对一线小学科学教师而言，最值得他们研究的问题应该是其在教育教学实践中遇到的具体问题，如通过课堂观察、学生访谈以及在解决问题的过程中发现"带出来"的新问题。

促进小学科学教师把研究成果外化，主要是将自己的研究所得以案例和叙事的方式来表达，在日常研究过程中注重积累资料和素材，只要自己有思考、感触和体会时，就要及时动笔写下来，当他们的研究成果不断被外化发表并得到周围人的认可时，他们的写作欲望和积极性就会越来越高。

叶澜先生说过："没有教师质量的提升，就很难有利于学生的完善与发展；没有教师的主动研究，就很难有学生的主动发展；没有教师的教育创造，就很难有学生的创造"。作为新时代的小学科学教师应该在教师成长共同体中得到提升，自主发展，具有创新精神，才能培养出新时代中国特色社会主义的建设者和接班人。

参考文献：

刘晨艳.教师成长共同体的实践探索[J].现代职业教育，2020(34).

小学科学教师成长共同体组建与发展研究

——以湖南省株洲市为例

◎株洲市荷塘区文化路小学　孙江波
◎株洲市教育科学研究院　袁辉
◎株洲市荷塘区教育教学研究指导中心　蔡建平

2022年4月，教育部颁布了新修订的《义务教育课程方案》和各学科《课程标准》，提出希望教师勤勉认真、行而不辍，不断创新实践，把国家育人蓝图变为现实，培育一代又一代有理想、有本领、有担当的时代新人[1]。《义务教育科学课程标准》（以下称新课标）中对"教学研究与教师培训"提出了具体的建议，指出"有必要建立地区性、校本性教研体系，实现区域发展、团队发展"[2]。由此可见，教师是落实新课标的关键，培养一批道德高尚、理念先进、学识渊博、素养全面的科学教师队伍是新时代落实新课标的保障。区域性、校本化教研及培训体系能够让更多的科学教师凝聚成团队，从而建立多区域、多层次成长共同体，实现共同发展、良性发展、快速发展。科学教师成长共同体是达到新课标关于教师新要求的优选方式。湖南省株洲市开展了"新时代小学科学教师成长共同体研究",立项为省"十四五"教育科学规划课题,正好回应了课标中的相关建议与要求。提炼课题研究过程中的理论、实践和思考,可为更多区域的科学教师成长提供可借鉴的模式。

一、组建科学教师成长共同体

通过在知网检索并下载查阅国内外关于教师成长共同体以及小学科学教师成长共同体的研究相关文献,发现教师专业成长是一个比较大的宏观课题。在知网上以"教师专业成长"进行主题搜索发现有1.56万条结果,可见关于教师专业成长的研究非常之多,但是主题包含"教师共同体"的研究只有1160条结果,主题包含"教师成长共同体"的结果只有575条,而以"小学科学教师共同体"或者"小学科学教师成长共同体"为主题检索出来的结果为零。可见目前国内外关于小学科学教师及其队伍建设的研究甚少。在此背景下,组建小学科学教师成长共同体并开展其发展路径、策略、文化等方面的研究就显得很有必要,也很有价值。对于促进区域内小学科学教师的全面成长将大有帮助,不仅能实现科学教师队伍在数量上的增长,也能提升教师的素质和品质。

株洲市小学科学教师成长共同体有两种组建方式。一种方式是来由教育行政部门遴选,如小学科学名师工作室、小学科学学科基地、科学特级教师工作站等。教育行政部门遴选主持人，主持人再自主聘请本地区名师为核心成员，组成成长共同体，开展相应的学科活动、教师培训活动等。这种形式的成长共同体有规划、有计划、有任务、有考核。另一种方式则是自组织，由学校或区域有影响力的科学名师领衔，学校或区域内志同道合的科学教师，或三五个，或十多个，自愿组成一个团队，不定期开展沙龙、研究、培训等活动。目前，株洲地区有株洲市科学教研员自组织、茶陵"绿森林"科学教师成长共同体、攸县"小蚂蚁"科学教师成长共同体、荷塘区科学松鼠社、桂馨·炎陵科学教师成长共同体、渌口"学习型"科学教师成长共同体等六个自组织。自组织领衔人均为名师工作室核心成员。在自组织成长共同体内，大家有着共同的愿景，做着自己喜欢的事情，氛围特别好。自组织的成立、成长及发展，既有稳定性、也具动态性，核心是自我规划成长。[3]

二、探索科学教师成长共同体发展路径

1. 凝心科学教师之家的情感归属路径

小学科学学科在许多地方被视为边缘学科，科学教师在许多学校不被重视，如此环境，科学老师是很难有归属感的。而小学科学教师成长共同体则能满足大家的情感需要，不管是在岗多年的老教师还是新加入的成员，每个人

都能找到自己所属的共同体，找准自己在共同体中的位置，展现自己的价值、实现自己的目标。情感有归属，教育情怀在老师们心中、老师们之间不自觉蔓延，大家在一起感受到了"家"的氛围。北京桂馨基金会在株洲立项科学课项目，成立"桂馨·株洲科学教育工作室"培养骨干教师，这个"工作室"便是株洲科学教师的"家"。渌口区刘老师是工作室的骨干教师，曾在浙江跟岗科学特级教师学习40天，回来后成为渌口区"学习型"科学教师成长共同体最忠实的成员。后来，因工作调动，区里安排他到中学任教，但他坚持要上小学一个年级的科学课。他说："我是桂馨科学骨干教师，我要义不容辞地坚守小学科学教师成长共同体团队，坚守科学教学第一线。"株洲市小学科学名师工作室从组建至今，已经十年有余，核心成员逐年增加，但没有一个名师要求退出。大家除了研讨学科教学教研，生活上也经常交流分享，都很享受这样一个集全市名师于一个团队的良好氛围。

2. 聚力科学专业发展的个人成长路径

小学科学教师成长共同体的出现，让老师们有了教育教学、专业提升的平台与对话窗口，他们在交流中深入认知、在对话中明晰意义，在交流与对话中悄悄发生改变。老师们看到了自己的潜力与价值，自觉思考并制定符合自己的个人专业发展目标。在共同体内，每一位老师都有独属于自己的三至五年发展规划，规划了自己在阅读、写作、科研、课堂、实验与创新等方面的具体的任务、路径和目标。攸县"小蚂蚁"成长共同体成员宋老师是一位年轻的乡村科学教师，她自觉追求个人的快速成长，苦练专业，积极参加县、市、省各级活动和竞赛，获得多项荣誉。她所在学校科学教育从无到有，从有到优，成为该县科学教育特色学校。

3. 融入科学梯队建设的团队发展路径

一个人成长的快慢与高度，既取决于个人，更取决于团队。小学科学教师成长共同体，从一个到多个、从少数人参与到全员加入、从单一层面到梯队发展，团队的"凝聚"与"吸引"得以充分体现。团队中的每个个体，从最初的边缘观望、至后来的融入其中，再到接下来的主动作为，相互陪伴又相互支撑的多个个体彼此欣赏、彼此成就，便形成了一个个成长共同体。成长共同体中每个个体力量的贡献、价值的发挥，梯队的优化建设，也不断发展和壮大着共同体。荷塘区科学松鼠社的发展历程就很显著地诠释着一条从小到大、从弱到强、从普通到卓越、从杂家到专家的团队发展之路。松鼠社成员在短短的几年时间就有多人成长为区、市级骨干教师、学科带头人，社长成为科学特级教师，松鼠社团队的成长经验在湖南省网络教研平台进行了分享，获得了省内外同行的高度评价。

4. 实现学科融合共进的区域辐射路径

小学科学教师共同体的发展，将大家眼中的小学科做大做强了，做出了品位与气质。集体备课模式从小学科学延伸到区内其他学科，小学科学成长共同体从一个区一个县内的教师参与到吸引全市更多教师参加，目标定位从立足学科发展到引领全区县偏远地区的教学改进……小学科学教师成长共同体如同一个发光体，点燃了自己，也照亮了他人。株洲市小学科学名师工作室成为株洲市小学科学教育的生力军，各区县自组织成为当地学科辐射的核心。此外，株洲科学团队多次赴省内湘西、怀化、湘潭、长沙、常德、娄底等地市进行科学培训输出，赴海南、云南、黑龙江、江苏等省参加科学教育论坛和科学教师培训等，区域辐射路径越走越宽，越行越远。

三、提炼科学教师成长共同体发展策略

1. 科教情怀涵育策略

株洲市小学科学教师成长共同体以"理性""和谐""成长"为价值取向重要抓手，以"有为才有味"为践行标准，通过科学课堂、美文分享、故事交流、榜样树立、外出科考等途径共筑"做有文化有气质的科学"这一美好愿景。在科学教师心目中，株洲科学教师成长共同体别有一番情怀涵养。这种涵养融入科学教师的骨子里，显露在科学教师的表情中。

2. 学科素质锤炼策略

作为共同体中的科学教师，自身的专业素质必须不断锤炼，才能不负教学使命。以老带新的集体备课、骨干名师的示范课、年轻老师的践行课、外出学习的观摩与分享、专业阅读的集中交流……每个学期，这些活动以不同的内容和形式呈现，引领老师们经历有坡度的螺旋攀升。学习、研究、实践，成为各区县内科学教师素质锤炼的法宝。虽然素养锤炼的过程是辛苦的，甚至是煎熬的，但老师们经历过这番磨砺，便如凤凰涅槃般焰火重生，迈向了一个新的高度，他们的专业、眼界、境界均有了很大的提升。

3. 综合素养拓展策略

科学课程的综合性决定着科学老师需要具备综合素养。好的科学老师既能上好科学课，还能修理实验器材、能制作教具学具、能创新实验设计、能策划并组织课外科技活动或比赛……在小学科学教师成长共同体中，各个老师各有所长，以"学人所长，补己之短"的素养拓展策略，使全市各区县的科学老师更全面、更全能。几年下来，株洲各个区县成长共同体培养出一批综合型科学教师，在他们身边，又围绕着一批后起之秀。有的老师从成长共同体中拔尖而出，成为所在区县兼职小学科学教研员，他们的素养已经超越了课堂，走向了全科教师的方向。

4. 科学气质养成策略

株洲市小学科学名师工作室主持人孙江波说，"在孩子面前，我们就是科学"。他形象地诠释了科学教师的气质。小学科学教师成长共同体让全市科学老师对教师这一职业，对科学这一学科，从了解到热爱，从热爱到坚守，逐步养成了重理性、善质疑、敢批判的"科学学科"气质。

四、形成科学教师成长共同体文化

共同体文化是指共同体在发展的过程中通过工作方式、思维习惯和行为准则等各方面呈现出的特质。株洲市小学科学教师成长共同体在老师们相互学习、相互成就的过程中产生、完善、成熟，"主动作为"的工作方式、"大家好才是真的好"的团队理念、"求真理性"的思维习惯、"格物致之"的行为准则，让老师认识并感受到志同道合情谊的可贵、团结协作力量的强大、科学文化过程的厚重，以及学科融合教育的精彩。在共同体中，科学教师的气质呈现出独有的学科品位，整个共同体则展现了热爱情谊方长、团结就是力量、科教兴国立志、融合更显本色的文化特色。科学教师成长共同体文化一旦形成，将如滚雪球般产生积极效应，从而建构起新时代新课标下小学科学教师"概念车"，对科学教师的未来发展、科学教育的未来发展必将产生深远的文化影响。

本文发表于国家级学术期刊《实验教学与仪器》2022年第 10 期

参考文献：

[1]中华人民共和国教育部制定.义务教育课程方案（2022年版）[S].北京：北京师范大学出版社，2022.

[2]中华人民共和国教育部制定.义务教育科学课程标准（2022年版）[S].北京：北京师范大学出版社，2022.

[3]李晓滢.他组织和自组织教师成长共同体的互补性建设[J].教育理论与实践,2020(29)：28—31.

"从有作为到有地位"：株洲市荷塘区科学教师共同体建设与运行机制

◎株洲市荷塘区文化路小学　尹冰

目前中西部许多地区的科学教师都面临着诸多困境：器材缺少、缺乏教师资源、学科地位不高、学校及区县不重视等。这些问题不仅影响了科学教师的职业发展，也制约了小学生科学素养的提升。然而，株洲市荷塘区的科学教师共同体却为我们提供了一个值得借鉴的范例。荷塘区目前共有 22 所小学、78 位专职科学教师。这些科学教师占全区在编教师总数的 3.95%，其中包括 2 名湖南省特级教师（含 1 名正高级教师）、5 名市级学科带头人、1 名市级教坛新秀，以及 7 名区级骨干教师学科带头人。在教学竞赛中，荷塘区的科学教师表现突出，获得多项荣誉，包括执教课例被评为教育部基础教育精品课，在全省信息化交流活动中获一等奖等，尽管荷塘区小学科学教师人数不多，但他们在教育领域的成就显著。

一、构建共同体，促进个人与团队共发展

荷塘区的科学教师队伍建设不仅仅局限于关注个别教师的成长和发展，更加重视整个教师团队的全面提升和进步。为了实现这一目标，荷塘区定期组织各种形式的科学学科集体教研活动、经验分享会以及团队合作项目。这些活动不仅涵盖了课堂教学、实验设计、课程开发等多个方面，还注重教师个人专业素养的提升和团队协作能力的增强。通过这些活动，荷塘区成功打造了一个紧密的科学教师共同体——荷塘科学松鼠社。在这个共同体中，教师们可以自由地交流教学经验，分享各自的成功案例，共同探讨在教学过程中遇到的各种难题，从而实现共同进步和提升。荷塘科学松鼠社不仅为教师们提供了一个互相学习、互相激励的平台，还通过定期的研讨和交流，促进了教师们在教学理念和方法上的创新，进一步提高了整个团队的教学质量和效果。此外，荷塘科学松鼠社还积极引入外部教育资源，邀请知名教育专家、学者以及优秀的一线教师来区内举办讲座和交流。这些活动不仅拓宽了教师们的视野，让他们能够接触到最新的教育理念和教学方法，还激发了教师们对科学教育的热情和创造力。

为了确保每位教师都能得到充分的成长机会，荷塘区

科学松鼠社还建立了完善的科学教师评价体系和激励机制。通过定期的教学评估、学生反馈以及同行评价，松鼠社能够全面了解每位科学教师的教学水平和成长情况，并据此制定个性化的成长计划。同时，对于在教学和科研方面取得显著成绩的教师，会给予相应的奖励和表彰，并积极为优秀的科学教师搭建各种成长的平台，以此激励更多的教师投身于科学教育事业中。

总之，荷塘区的科学教师队伍建设是一个全面、系统、持续的过程。通过组织多样化的活动、引入外部资源、建立完善的评价体系和激励机制以及培养科学教师的科研能力等措施，荷塘区成功打造了一个紧密的科学教师共同体。这个共同体不仅促进了教师的个人成长和团队协作能力的提升，还为学校的科学教育事业注入了新的活力和动力。

荷塘区的科学教师们不仅在课堂上倾注心血，还积极参与各种教育公益活动。他们组织和参与科普讲座，为学生提供更多的科学知识和信息；他们举办公益科学夏令营，让学生在假期中也能感受到科学的魅力；他们还指导学生参加各种科学竞赛，培养学生的创新思维和实践能力。通过这些活动，不仅激发学生对科学的兴趣，培养他们的科学素养，在组织和参与过程中，教师也在不断提升自己的教学能力和组织能力，同时也积累了丰富的实践经验。这些教师们在帮助学生成长的同时，也在不断地完善和提升自己，为教育事业做出了积极的贡献。

二、明确前行方向，多路径发展区域科学教育

荷塘区科学教育建设的目标非常明确：旨在提高小学生的科学素养、推动科学教师的专业成长，以及实现学校科学学科的特色发展。这些目标不仅体现了对学生全面发展的重视，也彰显了对科学教师职业价值的尊重。在过程中，以构建科学教师共同体为助力进行落实。

（一）学生科学素养的提升

提升学生的科学素养是科学教育关键的核心目标之一。在荷塘区，科学教育不仅仅是一种知识的传授，更是一种科学精神的培养。教师们注重培养学生的科学精神、创新思维和实践能力，鼓励学生敢于质疑、勇于探索、善于合作。荷塘科学松鼠社致力于通过组织一系列丰富多彩、形式多样的学生活动，来激发学生们对科学的兴趣和热情，促进学生们学会如何运用科学知识解决实际问题，如何在团队合作中发挥自己的优势，如何在挑战中不断成长。例如，"我和花儿齐开放"活动让学生亲身体验植物生长的过程，从而理解生物学的基本原理；"我和秋天的童话"活动让学生在秋天的自然环境中寻找科学的奥秘，通过观察和实验，激发他们对科学的好奇心；"我和冬天的展会"活动则通过展示这一年科学活动的成果，让学生在参与展会的过程中，

进一步了解和掌握科学知识，同时也增加学生学习科学的兴趣与自信心。荷塘区的科学教育活动不局限于校园之内，而是将触角延伸至了社会与家庭，形成了全方位、多层次的科普网络。教师们利用假期策划的"我和爸妈去科考"活动，与当地博物馆开展合作，鼓励家长带着孩子利用假期一同参与科学考察，通过实地观察和实践，学习生活中的科学，通过亲子科学小实验、科技小制作等形式，培养他们的科学探究能力和创新精神，将科学的种子播撒到每一个家庭，让科学教育融入生活的每一个角落。这些活动不仅让学生们在实践中体验到科学的魅力，还有效地培养了他们的科学探究能力和创新精神。通过这些活动，学生们不仅学会了如何发现、分析和解决问题，还培养了他们对科学的兴趣和热爱。这些活动不仅激发了学生们对科学的兴趣，更是对他们综合素质的全面锻炼和提升。通过参与这些活动，学生们不仅在科学知识上有所收获，还在团队合作、沟通表达、创新思维等方面得到了显著的提升，为他们未来的学习和生活打下了坚实的基础。

（二）教师专业发展目标

荷塘区科学松鼠社非常重视提升自身的专业素养，这包括了他们在课堂教学、教育教学研究等方面的各项能力。每年，他们都会积极参与到荷塘区举办的赛课活动中，同时也会参加株洲市赛课、精品课大赛、在线集体备课大赛以及实验说课等各种教学赛事。通过这些活动，他们不仅能够展示自己的教学技能,还能从中学习到更多的教学方法和技巧,从而不断提升自己的教学水平。

为了进一步提升教学效果,荷塘科学松鼠社还积极参加各类培训和研讨活动。这些活动不仅帮助教师们更新教育理念,还使他们能够及时了解教育领域的最新动态和研究成果。通过不断学习和实践,教师们为实现更好的教学效果奠定了坚实的基础。此外,荷塘科学松鼠社的成员还被鼓励积极参与课题研究,以提升他们在教育研究方面的能力。通过这种方式,教师们能够将理论与实践相结合,不断探索和创新教学方法,从而提高教学质量。

在荷塘科学松鼠社的带领以及全区科学教师的共同努力,该区的科学教育水平不断提升,取得了显著的成绩。学生们在各类科学竞赛中屡获佳绩,学校的科学教育质量也得到了社会各界的广泛认可。未来,荷塘区的科学教师们不断探索和创新,为培养更多具有科学素养和创新精神的人才贡献自己的力量。

(三)学校科学学科建设目标

"一校一品"战略是荷塘区在科学教师队伍建设方面提出的一项重要目标。这一战略的核心在于鼓励各所学校根据自身的独特特色和优势,精心打造具有鲜明个性的科学学科品牌。通过这种方式,荷塘区成功地营造出了一种"一校一品"的良好教育生态。这种生态并不是简单地要求每个学校都与众不同,而是强调每个学校都应该形成自己独特的科学教育特色，而荷塘科学松鼠社的成员往往就是承担打造学校科学教育特色的主力军。

在实施"一校一品"战略的过程中，那些在科学教育方面具有显著特色的学校担当了牵头校的角色。这些牵头校在开展各类科学教育活动时，起到了示范和引领的作用。它们不仅指导和带动其他学校参与这些活动，还分享自身的经验和资源，帮助其他学校提升科学教育水平。这种做法极大地丰富了荷塘区科学教育的内容和形式，使得科学教育不再单调、枯燥，而是变得更加生动和多样化。学生们在这样的教育环境中，能够接触到更多富有创意和实践性的科学知识，激发了他们对科学的兴趣和探索欲望。

同时，"一校一品"战略的实施也显著提升了科学学科在学校教育中的地位和影响力。通过特色品牌的打造，科学学科不再是边缘学科，而是成为学校教育中不可或缺的重要组成部分。这不仅增强了学生对科学学科的认同感，也为科学教师的专业成长提供了更广阔的空间。总之，"一校一品"战略为荷塘区科学教育的发展注入了新的活力，推动了整个区域科学教育质量的提升。

三、运用多种策略,凝聚团队成长动力

(一)个人成长策略

目前许多教师往往是由于学校的安排和指派而从事小学科学教育工作。他们每天出于职责进行备课和授课。对于教育教学的各种要求,以及阅读、写作等专业提升方面的任务,教师们大多数时候都是在被动地应对。然而,随着荷塘科学松鼠社这个小学科学教师共同体的诞生,这种情况发生了显著的变化。

这个共同体为教师们提供了一个交流和对话的平台,使他们能够就教育教学的要求和专业提升的任务进行深入的探讨和交流。在这个过程中,教师们不仅能够更深入地认知和理解这些要求和任务,还能够在对话中明晰其意义和价值。这种积极的交流和对话,使得原本被动完成的要求和任务逐渐转变为教师们主动追求的目标。

随着一个又一个小目标的逐步实现,教师们逐渐开始认识到自己内在的潜力和所拥有的价值。每当多个小目标得以顺利达成时,教师们会自发地进行深入思考,并开始根据自身的特点和需求,制定出符合个人发展的专业成长目标。在这个过程中,每位教师都会为自己量身定制一个为期3—5年的个人发展规划,详细规划自己在阅读、写作、

科研、课堂教学等多个方面所需要完成的具体任务、实施路径和预期目标。

通过这样一个共同体平台，教师们不仅能够获得专业上的成长和提升，还能够感受到来自同行的支持和鼓励。这样的氛围使得教师们更加坚定地走在个人专业发展的道路上，不断追求卓越，实现自我超越。

（二）团队发展策略

个人成长的过程总是逐步推进的，而这个过程所能达到的成就高度因人而异，受到个人努力和团队协作的共同影响。荷塘科学松鼠社这个小学科学教师共同体的发展，见证了从单一到多元、从少数成员参与到全体成员的积极参与，再到多层次梯队建设的演变。团队的凝聚力和吸引力得到了充分展现。在这样的团队中，每个成员从最初的旁观者逐渐融入，最终成为积极的参与者。在这个过程中，个人的努力和团队的支持是相辅相成的。个人通过不断学习和实践，逐步提升自己的能力和素质，而团队则为个人提供了学习和成长的平台。团队中的每个成员都在这个过程中扮演着重要的角色，他们相互陪伴、相互支持，共同面对挑战，分享成功的喜悦。团队中的每个成员都对共同体的贡献和价值的实现，进一步推动了共同体的发展和壮大。荷塘科学松鼠社的发展历程，生动地展示了团队从小规模到大规模、从弱小到强大、从普通到卓越、从多面手到专家的成长轨迹。

（三）情感归属策略

在过去的岁月里，小学科学学科常常被看作是一个边缘化的学科，在许多学校中并未受到应有的重视。这种情况导致了小学科学教师在学校中的地位相对较低，他们在学科领域和教师群体中往往难以找到归属感。这种边缘化的现象使得小学科学教师们在职业道路上感到孤独和迷茫，缺乏足够的支持和认同。

然而，随着时间的推移，人们逐渐认识到小学科学教育的重要性，开始重视这一学科的发展。十年前，为了满足荷塘区小学科学教师们的情感需求，荷塘科学松鼠社这个小学科学教师共同体组织应运而生。这个共同体为教师们提供了一个温暖的港湾，无论他们是经验丰富的老教师，还是刚刚加入科学教育行业的新人，都能在这里找到属于自己的位置。在这个共同体中，每个人都能找到自己的价值所在，实现自己的教育目标。

"此心安处是吾乡"，这句古语恰如其分地描述了小学科学教师共同体对教师们的意义。它不仅仅是一个简单的组织，更是一个充满情感归属感的大家庭。在这里，教师们的心灵得到滋养，内心的荒芜和彷徨逐渐消散。共同体的存在让教师们的情感得到了归属，也让教育的情怀在教师们的心中和教师之间悄然蔓延。通过共同体的支持和鼓励，教师们能够更好地面对教育中的挑战，共同成长，共同进步。

（四）区域辐射路径

科学教师共同体的蓬勃发展，使得原本在大家眼中并不起眼的小学科逐渐壮大起来，不仅在学术领域取得了显著的成就，更在品位和气质上得到了提升。目标定位已经从单纯地立足于学科发展，转变为积极引领其他区县以及偏远地区的教学改进工作。荷塘科学松鼠社的成员多次前往省内湘西、怀化、湘潭、长沙、永州等各地、市，进行科学培训的输出工作。通过这些培训，他们不仅传授了科学知识和教学方法，还促进了各地教育水平的提升。此外，荷塘科学松鼠社成员还积极参与到全省乃至全国的科学教育论坛和科学教师培训中，足迹遍布海南、云南等省份。这些活动使得区域辐射路径越来越宽广，影响力也越来越大。

在这个过程中，荷塘科学团队不仅是在输出知识和经验，更是一个即时学习和成长的过程。他们通过与各地教育工作者的交流，不断吸收新的教育理念和方法，实现了知识的双向流动。这种交流是相互的，学习也是相互的，使得团队成员在实践中不断进步，同时也为其他地区的教育工作者提供了宝贵的学习机会。通过这种互动，共同体的发展不仅在学科领域取得了显著成果，更在教育改革和创新方面发挥了积极的推动作用。

四、启示与展望

荷塘区科学教师共同体建设为我们提供了宝贵的启示。首先,明确的目标是团队建设的重要前提。只有明确了方向和目标,才能确保团队建设的顺利进行。其次,注重教师专业发展是提升团队整体实力的关键。只有不断提升教师的专业素养和教学能力,才能为学生提供更高质量的教育服务。最后,团队建设需要注重合作与分享精神的培养。只有形成紧密的教师共同体,才能实现共同成长和进步。

小学科学教师成长共同体道德修养分析

——以湖南省株洲市为例

◎株洲市荷塘区文化路小学　孙江波
◎株洲市教育科学研究院　杨旭

师者，德的化身；育人，立德为先。教师这门职业特别重视道德修养，《中小学教师职业道德规范》从"爱国守法、爱岗敬业、关爱学生、教书育人、为人师表、终身学习"六个方面予以概述，作为教师从教的基本准绳，也是教师终生追求的境界。

教师不是纯粹的个体，教师这门职业注定着需要团队协作。一所学校，一门学科，一个班级，均是由或大或小的教师团队组成。《中小学教师职业道德规范》针对的更多是教师个体，是对每一位教师的要求。当然，从广义上看是对所有教师的要求。所有的教师也称之为教师队伍，但不是团队，不符合团队的特性。而在现实中，教师团队比比皆有，或大或小，或专或兼。准确地说，我们的教育是由无数个学校、班级、学科等为单位的教师团队努力从事的，团队的力量、品质决定着教育的效果是好是坏。而决定着教师团队力量、品质的又恰恰是教师的道德修养，是身处团队中教师的道德修养。由此，应引发出对于教师团队中教师道德修养的深刻思考。

株洲市小学科学教师成长共同体是一个典型的团队，且是一个具备学科特质的团队，成长共同体中有大团队，也有小团队，有市级、县区级、校级团队之分，团队的组建有自组织形式，也有他组织形式，共同处是每一位成员均是小学科学教师。之所以为"成长共同体"，是因为这个团队从形成到发展，表现最显著的是"成长"，以"成长"为目标。因为团队而聚合，因为团队而成长，因为团队而优秀。团队则因为其每一名成员的成长而成长，团队自身的品质与品位也不断提高。究其原因，最根本的不是团队和个体的专业能力有多高多强，而是每一位科学教师的道德修养在决定着团队的成长、发展，及其品质和品位。本文着重分析道德修养对小学科学教师成长共同体的影响与作用，可以给其他团队以借鉴。

一、高度认同团队

何为团队？有一种说法，一群人有共同的目标即可视为团队。这毋庸置疑。从其本质层面说，我认为团队应该有共同的理念。有共同的目标的人不一定有共同的理念，有共同理念的人更容易有共同的目标。有的老师以严苛见长，对学生特别严厉，信奉严师出高徒，他们的学生中也一定不乏高徒；有的老师态度温善，对学生特别注意晓之以理，动之以情，他们的学生也肯定会有出类拔萃之人。此为目标一致，理念不同。株洲市小学科学教师成长共同体是有共同理念的团队，信奉"大家好才是真的好"。他们高度认同这一理念，也有共同的目标。于是，一群来自农村、城市的科学教师，想在专业上有所成长，想为学校、区县或全市的科学教育做点事情，自觉地走到了一起。团队中有特级教师，有正高级教师，有学科带头人，也有普普通通的一线科学教师，还有参加工作两三年的新老师。大家真心希望彼此都好，愿意为彼此行事。师父在学科理念、教学方法上带徒弟，徒弟在信息技术上教师父；遇到教学中的疑难问题，大家一起研讨甚至争论；开展活动时每一个成员都主动作为……其他学科的教师非常羡慕这个团队，说得最多的一句话便是"你们科学教师怎么都这么好！"大家笑答："大家好才是真的好！"

在茶陵县，解放学校、城西学校、芙蓉学校、枣市中心小学、桃坑小学等学校的几位科学教师自发组建了一个成长共同体团队，取名为"绿森林"自组织。"绿森林"象征着茶陵县科学教师自组织这一颗小小的种子从生根，发芽，到长大，长成整片森林，是一个由少到多，由城镇到乡村不断"绿化"壮大的过程。正因为大家认同的理念，这些科学老师对科学教育一片热忱，大家共同学习，互相帮助，不断完善自我，提升科学素养，为振兴茶陵乡村科学教育奉献着自己的热情和力量。

二、乐于奉献自身

在株洲市小学科学教师成长共同体中，乐于奉献是每一个老师都拥有的美德。北京桂馨慈善基金会在株洲设立了"桂馨·株洲科学教育工作室"，工作室成员基本上都在市、区共同体团队中。随着桂馨科学课项目在全国的影响力越来越大，株洲的科学教师中有一批人从接受培训者成长为输出培训师，多次到云南大理、湘西保靖、永顺等县区为当地的科学教师作公益培训，孙江波、宾雨、欧阳海晏、尹冰等老师成了深受当地老师喜欢的培训师。此外，何利、洪献珍、黄战东等老师也经常为本地其他区县、特别是农村地区的学校送教送培。孙江波除了兼任桂馨的名师志愿者，同时也是另一个全国大型公益组织"春晖援教"的志愿者，他的足迹遍及我国中西部大部分地区，上示范课，作专题讲座，为提升当地的科学教育质量奉献着他全部的力量。在共同体内部，老师们互帮互助，从不计较个人得失。为指导青年教师皮高波、田菁老师参加全省科学展示课，工作室所有成员多次集中研讨，悉心指导，为了某一个细节讨论到深夜。当两位老师的精彩课堂在全省展示的时候，大家由衷地为他们高兴。从2021年开始，桂馨科学夏令营在株洲已连续办了四届，举办期间，几乎所有共同体成员都来做志愿者，承担了夏令营活动中所有的工作，包括布置场地、策划开闭营仪式、探究项目，以及组织活动、就餐、午休等，在这些老师身上，时时刻刻闪烁着"奉献"的光芒。

我在思考，为什么这些老师会如此乐于奉献？难道仅仅是"大家好才是真的好"理念使然？不是！这是老师们高尚的道德修养所致。这种道德修养，既有个体本身具备的，也有团队与个体相互影响、促进而提升的。教育是一种影响，道德何尝不是！当身边的人都愿意为他人付出、乐于帮助他人的时候，奉献就成了一种自然而然了。成长共同体可以培植并提升这种高尚的道德修养。

三、积极进取事业

有人说，教师是一门职业，也有人说，教育是一项事业。两种说法均无可厚非。不能否定，有相当多的教师是把教育工作当作一门维持生计的职业，也可以肯定，一定有一批老师是真正热爱教育，在教育的事业里体验到了个人价值的实现。成长共同体团队中的教师便是如此。在这样的团队里，心态积极，干劲十足，发展的目标拾级而上，个人和团队均彼此成就，久久为功，形成积极进取、开拓创新的氛围。追溯株洲市小学科学教师成长共同体的成长足迹,可见一斑。十多年前,在株洲小学科学界有几个青年教师,分散在全市几个区县,包括市小学科学教研员袁辉,荷塘区科学教师何利、欧阳海晏、宾雨,芦淞区科学教师周海兵,以及醴陵市科学教师孙江波等。他们合计着,彼此相隔比较远,平时聊科学教学中的话题不太方便,于是便申请了一个QQ群号,大家在QQ可以上随时研讨,这在当时以线下教研为主要形式的时代,可谓是开了先河。这几位科学教师也成了株洲市最初的成长共同体团队成员。到现在,历经十几年的发展,这个QQ群已经是株洲市所有科学老师日常交流研讨的最熟悉最常用的平台了。到后来成立的株洲小学科学名师工作室、特级教师工作站、湖南省小学科学名师网络工作室等,均是从这个群发展拓展而来。

荷塘区松鼠社也是这样的一支团队。松鼠社成员每周四相聚一起,或研讨科学教育理论,或实践科学教学课堂。大家携手走在科学教育的路上,在前行中感悟,在困惑中切磋,在研究中提升,一步一脚印,踏踏实实、情谊相通,凝聚起一股团队的力量。近几年,松鼠社利用假期一起攀登梵净山、一起探险神龙架、一起散步千户苗寨……老师们砥砺共进,用积极的心态、包容的态度、用"科学求真"的信念托举彼此的"科学教育梦"。松鼠社从最初的17人、到后来的24人、到现在的32人,从最开始的统一发展到现在的梯队成长,从原来的区内拧绳聚力、互助成长到如今的辐射拓展、跨地域教学引领……松鼠社队伍在扩大、实力也在增强，但不变的是他们对科学教育执着与初心。

历数这十多年来，株洲市一共培养出了5名科学特级教师，5名科学正高级教师，数十名市级学科带头人、骨干教师和兼职教研员等，在全市众多学科中顶尖人才遥遥领先，小学科学教育成为一张响亮的名片。走进名师，走进共同体，给人最深刻的感受不是个人和团队有多优秀，而是每一位成员将自己所从事的科学教学工作视为自己最热爱最神圣的事业。大家极力想上好每一节课，研究好每一个课题，开展好每一次活动。于是，成长与成功也结伴而来。谁能说，老师们这种积极进取的修养不是道德修养呢！

四、淡泊名利追求

只问耕耘，不问收获，这句话很好地诠释了教师的工作特性。其义非贬，而是提醒着我们无论从教，还是个人追求，均不可唯结果，不可重名利，而是要老老实实地将耕耘的工作做到细致。淡泊名利、宁静致远，要达到如此境界并不容易，尤其在当下浮躁逐利的社会更难。成长共同体需要有这种修养！否则，团队的目标和方向会发生偏离，走向务虚、求名、逐利的歧路。说株洲市小学科学教师成长共同体是一个淡泊名利的团队一点不假,这从以上"大家好才是真的好"团队理念、乐于奉献的互帮互助精神、事业上积极进取的态度中就可以看出。给年轻教师布置任务,他们说得最多的是"谢谢给我锻炼、成长的机会!"请名师们送教送培时,名师们从不计较回报,只求付出,他们同样以能够帮助更多地方的科学教师、改善更广阔地区科学教育而甘于奉献。名师们常常笑言,送教送培的过程既是自身专业素养进一步提升的过程,也是让自己的教育情怀得以实现的过程。所以,在老师们眼中,追求淡泊名利也是道德修养的一个方面。

原株洲市小学科学教研员袁辉老师正是一位典范。他担任教研员已经二十余年,前面提到的株洲小学科学教师顶尖人才均是他培养的,他被称为"科学教师的助推手",其事迹在省级刊物、中国教育学会科学分会会刊《科学课》杂志专栏报道。就是这样一位教研员,他从未获得市级以上的荣誉,从未为自己谋求过一份私利。他最大的心愿就是让株洲的小学科学教师成长得越来越快、越来越好,飞得越来越高。株洲市小学科学教师成长共同体以他为核心,无论是市级,还是区县级,抑或是校级科学教师团队,均以袁辉老师为榜样,潜心于科学教学之中,只问耕耘,不问收获。而恰恰是这种淡泊名利的追求,成就了株洲市小学教师队伍中特级教师、正高级教师人数之最,成就了株洲市小学科学教育质量之优。

一个人或一群人能够飞得多高、走得多远，团队起着决定性的影响。从株洲市小学科学教师成长共同体的团队和团队中的个体中发现，作为团队中的教师，除了具备"爱国守法、爱岗敬业、关爱学生、教书育人、为人师表、终身学习"这六大职业道德规范，还有必要在团队认同、乐于奉献、积极进取、淡泊名利等方面加强道德修养，这样，个体和团队将变得更优秀、更高尚、更有品质。

科学教师专业发展策略研究

◎株洲市荷塘区文化路小学　孙江波

当前，我国科学教育得到的重视力度是前所未有的。2022年，《义务教育科学课程标准》（2022年版）正式颁布；中共中央办公厅、国务院办公厅印发了《关于新时代进一步加强科学技术普及工作的意见》；在党的二十大报告中，提出要把"实施科教兴国战略，强化现代化建设人才支撑"作为推动中国式现代化的重点，要实现"教育强国、科技强国、人才强国"的宏伟目标。2023年2月21日，习近平总书记在中共中央政治局就加强基础研究进行第三次集体学习时指出"要在教育'双减'中做好科学教育加法"。5月，教育部等十八部门联合印发了《关于加强新时代中小学科学教育工作的意见》。习近平总书记的重要讲话和一系列文件的出台，彰显出国家对科学教育质量提升的关心和决心。而落实的关键是"人"，科学教师是重中之重。但显然，目前，科学教师队伍的整体水平（素养）与之不相适应，达不到党和国家的要求。北京师范大学科学教育研究院郑永和教授等在《我国小学科学教师队伍现状、影响与建议：基于31个省份的大规模调研》中对此进行了详细的分析，指出当前小学科学教师队伍难以推动我国小学科学教育高质量发展之大任，已然成为我国科学教育体系的最薄弱环节。因此，极有必要加快、加强其专业发展的速度，以破解师资难题，为科教兴国、科技强国注力尽责。对此，有必要对当前科学教师专业发展进行专题研究，研究科学教师专业发展的有效策略。笔者根据自身主持或参与的多个与教师专业发展相关的课题研究，结合自身专业发展经历，提出如下四个方面的策略。

一、构建系统的科学专业知识体系

目前，在我国许多地区，科学教师理科专业背景比例不足30%，兼职科学教师比例远高于专职，导致科学教师学科专业知识严重欠缺。即使是理科背景的科学教师，也只是在所学专业方面能够胜任，如物理专业的教师对生物专业知识依然存在一知半解。其他非理科专业的教师在科学教学中遇到的困难则更多。解决之道一是优化科学教师职后培训，二是激励科学教师自主学习科学学科专业知识与技能。

如何对当前国培、省培、线上、线下等多种培训种类、形式进行优化，更好地激励科学教师自主学习？笔者认为主要是做好"供需"结合文章，改当前"要我培训"为"我要培训"的方式。让科学教师在教学中遇到困难和问题时，知道找谁、去哪里接受培训。如老师对科学知识不理解，对实验操作不明了，对教学设计不清晰，均可接受相应的线上、线下的专题培训。培训资源建设在"精"而不在"多"。如组织专家、名师编撰与《义务教育科学课程标准》（2022年版）相匹配的理论书籍、知识类、实践性书籍等，帮助科学教师构建系统的学科专业知识体系。目前的《义务教育科学课程标准（2022年版）解读》和各教材的《教师用书》还不足以解决以上问题。2023年3月，重庆出版社出版了由笔者主编的《小学必做科学探究实践活动指导》一书，针对2022年版《义务教育科学课程标准》中的必做科学探究实践活动，从实践、操作技能、教学建议等层面进行了翔实的指导，为广大一线科学教师开展新课标理念下的实验教学提供了一个范例。与课程标准、中小学科学教材相关的知识体系方面的书籍其实也有不少，虽未与之配套，综合类、各学科类均有许多，适合科学教师自主学习。科学教师还有必要学习科学史及哲学方面的文献，笔者比较推崇清华大学吴国盛教授编著的《科学的历程》、法国克里斯托弗·加尔法德著《极简宇宙史》、澳大利亚迈克尔·马修斯著《科学教学：科学史和科学哲学的贡献》等书。但专门针对科学教师培训的书刊依然很少，有必要在此方面着力。当前，科学教师专业知识体系的构建不能寄希望于职前，而只有在职中不断地培训、学习，方能逐渐充实与完善，达到胜任科学教学的层次。

二、积淀个性的科学课堂教学主张

有了知识和技能的储备,科学教师才有立身之本,接下来需要在熔炉中不断地锤炼与锻造,这熔炉便是课堂。好老师一定不是天生的,他们是在课堂中生长的。好老师也一定不是一个模子里出来的,他们的教学具有个性色彩以及独特风格,称之为"主张"更合适。所以,科学教师要在深耕课堂的过程中,结合自己的长处,融合自己对科学教育的理解,顺应自己的教学风格,逐步积淀成为有个性的教学主张,这样的课堂才有生命力,有生长点,才会深受学生喜欢,教师的发展之路才会顺达。

笔者从事科学教学三十余年,从认为科学课就是观察、实验的实践课,到认识到科学课不仅要动手做,也要动脑思的转变,再到深入地领会到科学是一种文化,是一种具有科学学科特质的文化,科学教学的过程就是以文化人的过程,从而坚信"科学是文化的过程"。在科学课堂中,视科学探究为文化科学的视野,实证理性为文化科学的根基,质疑批判为文化科学的动力,独创求新为文化科学的标志,科学人文为文化科学的走向[1]。由此,积淀成个人的教学主张。而教学主张一旦形成,对自己教学水平也将产生一个飞跃,甚至是质的变化,会督促自己更深刻地去思考,更积极地去实践，让教学主张更好地得到彰显。

特级教师宾雨的科学教学主张是"精致简约，睿智厚实，灵动多彩"。精致简约主要反应在对教材和教学策略的追求内容精致、目标简明、环节简化、方法简便、媒介简单、用语精要、讲解精细、练习精当。睿智聚焦的是科学学科素养的培养，做到目标与内容的聚焦与整合，坚守科学学科的性质与目标。厚实追求的是为学生的学科思维发展而教，厚实学生的思维品质。灵动多彩彰显的是科学学科素养，关注生活，关注社会发展和科技进步，注重凸显对人文素质和科学素质的培养。

在小学科学领域享誉盛名的特级教师曾宝俊老师提出，他的科学教学主张是"精于心·简于形"。"精于心"指在准确把握教学目标的基础上，精心设置观察实验活动，用概括的言语去指导和提炼总结；"简于形"则是在"课堂中心目标"的前提下，发挥一气贯穿以中心问题引发的探究性，将科学探究推进和儿童思维发展浑然一体。他的课堂简约而直达本质，内容不囿于形式的困扰。曾老师的科学课堂跳出了一般教学程序的束缚，摆脱活动形式对于孩童认知的影响，追求科学本质入驻于孩童之心灵。曾老师常说，在科学课堂上，不在于我们做了多少实验和活动，而在于我们的心从这些活动中能够体验到什么！"精于心·简于形"，让我们不断思考孩童的本质，科学知识的本质，科学课堂的本质，科学探究活动的本质，科学精神的本质……

三、养成终生的读写反思研究习惯

阅读与写作可视为教师的一项基本功，科学教师的阅读尤须广泛，用包罗万象来形容也不为过。2023年，北京桂馨慈善基金会曾发起一次科学家为一线科学教师推荐书单的活动，罗列了地球与宇宙、物质科学、生命科学、技术与工程、综合科学、科技史、科学家精神和科学精神等多门类的适合科学教师阅读的书目，很有针对性。如当今世界最有影响的科普经典名著《从一到无穷大：科学中的事实和臆测》、堪称后人本心理学代表作的《万物简史》、深度解释达尔文进化论的《自私的基因》，以及科学家传记《爱因斯坦传》《杨振宁传》等。此外，科学教师有必要阅读科学哲学、科学文化哲学类书籍，进一步理解科学的本质和科学文化发展的走向。而写作能促人思考，科学教师的写作可以从课堂、教材、学生等方面着眼，以反思、案例、论文等方式，如课堂的生成与遗憾、对教材的理解与创造、学生的精彩与错误等。科学学科的写作重在理性与逻辑，应具有较鲜明的学科特色。

"新教育"实验创始人朱永新先生有一句耳熟能详的话：一个人的精神发育史就是他的阅读史。他还勉励一线教师，给大家一个秘诀，坚持写三年教学反思，必成为一名优秀教师。从中，可看出"反思"对教师专业发展的决定性作用。反思的对象当然也不局限于教学，与教学相关的人、事、物等均在反思之列，反思是与另一个自己对话。

而教师专业成长的较高层次便是研究了。向着做研究型教师方向努力，从小问题到小专题，到课题研究，研究带给教师的是更多理论的充实与提炼，科学方法与实践，成果推广与应用等。无论对教师个人、研究团队，还是对学科，均大大超出个体的课堂教学，这便是研究的价值所在。研究型教师的引领、辐射作用也在于此。

湖南株洲有一位何利老师，她于2017年申报湖南省"十三五"教育科学规划课题《低年段科学课教学策略研究》，正值2017年版《义务教育小学科学课程标准》颁布，其研究便具有较高的价值。研究团队提炼出适合低年级科学教学的"对话式教学策略""体验式教学策略""长时观察教学策略"等成果得以在全市推广，并辐射到其他地区。该地区尹冰老师于2022年申报了湖南省教育科学研究工作者协会课题《新课标下科学课程小学必做探究实践活动资源建设与应用研究》，他组织课题组成员和一批骨干科学教师，深入钻研科学课程中的实验教学和实践活动，录制科学微课，开发科学项目式活动，参与主编《小学必做科学探究实践活动指导》等书，成果丰硕，在全国具有广泛的影响力。他们都走上了研究型教师之路。

四、践行发展的合作创新共赢理念

科学在发展,教育在发展,"发展"是世界变化的趋势,良性发展则是人类所追求的。科学教师的发展也自然在其列。笔者用"合作、创新、共赢"来概括其理念,是有斟选的。纵观科学史的每一项重大发明或发现,如"日心说""牛顿三大定律""相对论"等,即使史料中将某个学说定律归功于某位最重要的创造者,但也绝对不可忽视促成这些发明或发现的其他人。在今天科技发展迅猛的时代,合作更是必需条件。我国"两弹一星"、"天眼"制造、航天工程等国家重大科技项目,绝非一人之功。回到科学教师群体,同样如此,众行必远。

德国数学家莱布尼茨曾说:一个人不会一下子就能获得所有的成果,所以,是由一个人做了部分贡献,再由他人做另一部分贡献才是。此言很中肯[2]。

湖南省株洲市小学科学教师团队是"合作、创新、共赢"发展的典范。从几人到几十人,到数百人,团队之大,力量之强,已成为一种科学教师团队成长的生态,成为教师成长的"株洲现象"。对他们发展轨迹和状态进行分析,提炼出"塔链—螺旋"发展模式,个人和团队均遵循"塔式发展、链式推进、螺旋上升"的发展轨迹,形成"理想引航、榜样示范、团队共进、整体成长"的专业发展规律。2023年5月，在杭州举行的全国科学教育大会上，株洲分享的"十年磨一剑 走进科学教育新时代——株洲小学科学教师成长共同体蝶变"过程，获得了来自全国各地同行的赞誉，也促进了这支队伍更加坚定地向上、向善成长。株洲的科学教师走到哪里，都会以团队而自豪。

科学教师肩负着落实国家科学课程，提高全民族科学素质，促进经济社会发展和科技强国建设的重任，自身的专业发展决定着以上任务的实现水平，责任何其之大。应当清楚自身之现状，明晰成长之要素，立下强国之宏志，殚精竭虑，勇往直前！

参考文献：

[1]孙江波著.科学的文化过程与实践：孙江波小学科学教学的思与行[M].长春：东北师范大学出版社，2022.

[2][英]迈克尔怀特著.陈可岗译.牛顿传：修订版（3版）[M]北京：中信出版社，2020.

新时代小学科学教师成长共同体心理健康素养研究

◎株洲市天元区白鹤小学　卢淼鸿

新时代的基础教育课程改革，不仅是对原有课程体系和课程观念的修正，也是对世界性课程改革发展趋势的适应。为了中华民族的复兴，为了每一位学生的发展，在这一核心理念的引领之下，新课程将会直接改变课程理念、结构、内容、学习方式、课程评价以及课程管理体制。

新时代小学科学教师面临着教育的变革和发展的挑战，学习的主体——学生更具思维活跃、信息获取途径广等特质，学生、家长、社会对教师的整体素质提出了更高的要求。教育大环境下，在教师的整体素质中，心理健康素养无疑是重要的核心内容。纵观小学科学教师的心理健康现状，笔者分析有如下特点：

1. 无论农村，还是城市，小学科学教师队伍中45岁以上年龄人数所占比例较大，说明小学科学教师队伍存在年龄老化问题，导致一些教师感觉自己年纪大了，在事业上不可能再有所突破，心生倦怠，不愿创新。

2. 小学科学教师大多数是非理科专业，从别的学科转岗成为科学教师，即教师所学专业与小学科学教育专业不一致。队伍专业不对称，教师所具备的专业知识难以很好地胜任科学教育。而现在的小学生思维活跃，获取信息途径广，如果教师自身素养和人格魅力不能令他们信服，单纯靠权威让学生折服已非易事。课堂难以吸引学生，组织教学困难，这无疑成为教师情绪焦虑的因素。

3. 小学科学教师在评职称时没有优势，在学校的考核中往往就没有往更高一级部门冲刺的机会，即使有机会，也在与语数学科教师一起考评时处于劣势，难以获得职称晋升等机会。教师获得感缺乏，难以获得自我实现需要的满足，对自我缺乏认同感。

4. 专职教师不足，兼职教师所占比例过多，容易造成把科学课视为"搭头"课的现象，有些学校也不太重视科学学科。小学科学教师课务繁多，一人兼任1—2个年级，甚至有的多达3个年级，各项任务、活动还需要参与、组织，而能够共同探讨、交流的同伴不多，教师缺少交流，很容易限于自己的经验、思维中，不愿意也不太善于与人交流。

上述现象从一定程度也可以反映出当前大部分地区的现实状况，尤其是县城和农村地区，现状亟待解决，才能促进科学教育的蓬勃发展。为了提升小学科学教师的专业素养，让整个群体具有健康的心理素养，成立了新时代小学科学教师共同体。

这一共同体以促进教师专业发展为共同愿景，教师自愿为前提，以开放、对话、发展为核心理念，能为教师个体以及群体提供良好发展环境和条件。针对现实，面对未来，如何提升新时代小学科学教师成长共同体的心理健康素养？在促进教师心理健康素养提升的途径和策略方面，小学科学教师成长共同体可以做出哪些思考与探索？笔者从培养现有专业科学教师、共享教育资源、丰富活动形式和内容、拓宽视野参与教育公益事业等方面对上述两个问题进行阐述。

1. 培养现有专业科学教师，获得专业成长价值感

现有的科学专职教师中有一部分是从教多年科学的骨干教师，其中有一部分为理科专业，也有少部分为师范学院小学科学教育专业，他们对科学教育有一定的情怀，也有自己的理念和坚持。他们在新时代小学科学教师成长共同体框架内有着强大的内驱力，主动加入各级名师工作室，成立学校、区级等区域性的科学教师社团等，定期开展研修活动。参与专业研讨、课题研究的机会要比加入工作室之前多很多。工作室内部专业研究的氛围非常浓厚，成员有自己的专业追求，干劲足，在工作中获得了专业成长的价值感和成就感。

2. 共享教育资源，参与资源建设，提升教研教学能力

为了引领老师们的专业成长，小学科学教师成长共同体，如湖南省孙江波名师工作室、松鼠社、绿森林等组织，

开发了许多优质资源平台、网站，在这些平台、网站中，教学课件、教学设计、拓展资源分门别类，先进的教育理念贯穿其中，教师能深入认识科学的本质，领会科学课程标准精神，把握各年段课程目标，明晰教材内容，理解编者意图，从而为教师的教学指明方向，这些资源无疑为老师的教学教研能力提升起到了不可或缺的作用。

科学教师不仅是运用资源者，也成为资源建设者，小学科学教师成长共同体为科学教师创造了更多参与信息化研修资源建设的途径。教师们参与基础教育精品课的录制，突破教学重难点，在逐步积累中形成不同年段、不同领域的实验教学资源包，上传到网络平台上成为共享资源，为专职和兼职科学教师提供了很好的指导和示范，也为学生和家长的亲子活动搭建了平台。教师的专业素养和教研能力提升了，在教学中得心应手，教与学交相辉映，理趣融合，由于组织教学困难和教育资源匮乏等引起的焦虑情绪也获得了缓解。

3. 丰富活动形式和内容，促进学校之间的科学教师共同成长

丰富活动形式和内容，开拓创新，互通有无。同一座城市内进行科学学科强校与相对薄弱学校之间的对接，由强校教师进行指导，带动相对薄弱学校的科学教育教学；城市与农村学校之间的对接和互补也很有必要。师徒结对青蓝工程促进青年教师成长，从实验室建设、课堂、科研、活动等方面交流，及时予以指导。青年教师也进行课堂展示、分享经验或困惑等，拓展教研空间，将线上线下有机融合，创新活动内容。无论是兼职或专职教师，年长或年轻教师，都能参与其中，有所收获，在各级各类活动中展示，既有精神层面的愉悦，也获得了一些荣誉，极大促进了教师的共同成长。

针对教师的心理健康，请专家进行心理健康讲座，体验活动给予正能量，案例分析给予心理疏导舒缓情绪；科学教师成长共同体组织教师开展心理健康成长活动，情境呈现、在线释疑、互动沙龙，在分享中感受到"自己并不是孤独的，而是有一个积极向上的集体"，营造良好的交流氛围。

4. 拓展视野，在教育公益事业中获得力量

人们在很多时候会觉得自己在有些事情上不被公平对待，因不尽人意而烦恼纠结。当真正走出去，会发现自己是幸运的，身边还有许多需要我们帮助的人和事。在桂馨公益事业的吸引下，很多科学教师以"桂馨·株洲科学教育工作室"搭建的平台为依托，激发了他们的内在驱动力，成为志愿者，组织和参与桂馨小学科学夏令营活动。一群志同道合的伙伴深入不同的项目区、县、乡、村学校，参加不一样的教育活动。面对热爱科学而无法获取优质资源的孩子，与孩子们共同参与项目式的科学探究活动，点燃孩子的科学梦想，也在如此有意义的公益事业中为教育赋能，为教育的均衡发展贡献智慧和力量，同时也给自身发展开启了一段新的旅程，获得自我实现需要的满足感和认同感，增强了交流能力和组织能力。

以上对促进小学科学教师心理健康素养提升的途径和策略的思考，放眼未来，从远期思路来说，笔者也有以下几点思考，有必要引起关注。

1. 加强社群功能，关注小学科学教师心理健康

社群即是社区，指的是一群共同生活、在社交场合互动的人。只要有人聚集存在，深切尊重并倾听社群中其他人的需求，社群便会一直存在。也包括互联网诞生以来，随着科技的进步和社会的发展而产生的互联网社群。社群增强凝聚力和向心力，以学习、研讨、讲座、活动体验等方式开展情绪管理、压力调适、亲子关系、家庭教育等活动来传播心理健康知识，提升教师自身心理健康素养。

2. 重视人才培养，人人都有努力方向

高度重视对人才的培养支持力度，实施适合不同年龄阶层教师的人才计划，真正落实"人人进学科团队，人人有学科归属，人人有学科方向"的思路。为新老师配备导师，排忧解难。遇到教育教学难题，可以找导师请教，遇到烦心事，找团队小伙伴倾诉，宽松人文的氛围能给团队成员增添很大的动力。

3. 增强联系，守护心灵，合理调节

学校通过讲座、运动比赛、团建等活动疏解教师们的

焦虑情绪，设置专门的心理咨询通道和常态的保障措施等，增强领导层面和教师层面的沟通和交流，加强联系，多关注教师的心声和实际问题，多从教师的角度思考。如果有的实际困难难以解决，也需及时对教师说明，并竭力为教师争取，这样具有同理心的行动，就能真正走进教师的心灵深处，调节教师的压力。

综上所述，无论是新时代小学科学教师共同体的构建，还是小学科学教师心理健康素养的提升，都值得我们深入思考和积极应对。唯有如此，才能做学生健康成长的指导者和引路人，成为业务精湛、学生喜爱的高素质教师，为发展具有中国特色、世界水平的现代教育做出贡献。

新时代小学科学教师成长共同体文化研究

◎株洲市荷塘区文化路小学　何利

一、新时代小学科学教师成长共同体概述

1. 定义与内涵

新时代小学科学教师成长共同体，是指在新时代背景下，小学科学教师们基于共同的教育理念和目标，通过合作、交流、分享等方式，形成的一种紧密的教育合作体。这一共同体不仅强调教师之间的专业成长，更注重通过集体智慧和力量，推动小学科学教育的创新与发展。据相关数据显示，近年来，越来越多的小学科学教师开始加入成长共同体中，通过共同体的力量，不断提升自身的专业素养和教学能力。例如，在株洲市荷塘区文化路小学，几位科学教师自发组成了成长共同体，他们定期开展教学研讨、观摩交流等活动，共同探索科学教育的新方法、新途径。通过共同体的努力，他们的教学水平得到了显著提升，学生的科学素养也得到了有效培养。

内涵方面，新时代小学科学教师成长共同体强调教师

之间的合作与共享。在这个共同体中，教师们不再是孤立的个体，而是相互支持、相互学习的伙伴。他们通过分享教学经验、交流教学心得，共同解决教学中遇到的问题，不断提升自己的教学水平和能力。同时，共同体还注重教师的专业成长和自我发展，鼓励教师不断学习新知识、新技能，拓展自己的教育视野和思维方式。这种合作与共享的文化氛围，有助于激发教师的创新精神和创造力，推动小学科学教育不断进步。

此外，新时代小学科学教师成长共同体还体现了教育公平和资源共享的理念。在这个共同体中，不同背景、不同经验的教师都能够找到属于自己的位置和价值，他们可以通过共同体的平台，获取更多的教育资源和信息，提升自己的专业素养和教学能力。这种资源共享的机制，有助于缩小教育差距，促进教育公平的实现。同时，共同体还注重与社会的联系和互动，通过与社会各界的合作与交流，为小学科学教育的发展注入新的活力和动力。

综上所述，新时代小学科学教师成长共同体是一种具有深远意义的教育合作体。它不仅有助于提升教师的专业素养和教学能力，更能够推动小学科学教育的创新与发展。在未来的发展中，我们应该进一步加强对成长共同体的建设和管理，为小学科学教师的成长和发展创造更加良好的环境和条件。

2. 新时代背景下的特点与意义

在新时代背景下，小学科学教师成长共同体呈现出鲜明的特点与深远的意义。随着科技的飞速发展，社会对科学教育的需求日益增强，小学科学教师作为儿童科学启蒙的重要力量，其专业素养和教育教学能力的提升显得尤为重要。成长共同体作为一种新型的教师发展模式，通过搭建平台、共享资源、交流经验，为小学科学教师的专业成长提供了有力支持。

据统计，近年来参与成长共同体的小学科学教师数量逐年上升，他们的教育教学能力得到了显著提升。以株洲市为例，自组建小学科学教师成长共同体以来，该市小学科学教师的教学质量评价得分平均提高了15%，学生的科学素养和创新能力也得到了明显提高。这一数据充分证明了成长共同体在促进小学科学教师成长和提升教学质量方面的积极作用。

从理论层面分析，新时代背景下的小学科学教师成长共同体不仅符合教育学和社会学的发展规律，也顺应了时代对科学教育的需求。教育学认为，教师的专业成长需要不断地学习和实践，而成长共同体为教师提供了一个良好的学习和交流平台。社会学则强调个体与社会的互动关系，成长共同体通过促进教师之间的合作与交流，有助于形成积极的教师文化和社会氛围。

此外，新时代背景下的小学科学教师成长共同体还具有深远的社会意义。它不仅能够提升小学科学教师的专业素养和教育教学能力，还能够推动科学教育的普及和发展，为培养更多具有创新精神和实践能力的未来人才奠定坚实基础。因此，我们应该高度重视并大力推广小学科学教师成长共同体这一新型教师发展模式。

二、成长共同体文化的理论基础

1. 教育学视角的解读

从教育学视角解读新时代小学科学教师成长共同体文化，我们不难发现，这一文化现象是教育变革与教师专业发展相结合的产物。在新时代背景下，小学科学教育面临诸多挑战与机遇，而教师成长共同体文化的构建，正是应对这些挑战、把握机遇的重要途径。

根据相关研究数据显示，小学科学教师队伍中，年轻教师的比例逐年上升，他们充满活力、富有创新精神，但同时也有教学经验不足、专业发展路径不清晰等问题。而成长共同体文化的构建，正是为这些年轻教师提供了一个学习、交流、成长的平台。

以文化路小学科学教师成长共同体为例，该共同体通过定期组织教学研讨、观摩学习、经验分享等活动，促进了教师之间的深度交流与合作。在这种文化氛围的熏陶下，教师们的教学水平得到了显著提升，教学质量和效果也得到了明显提高。同时，共同体还积极引进外部资源，邀请专家学者举办讲座指导，为教师的专业发展提供了有力支持。

教育是人类社会进步的重要基石。在新时代背景下，小学科学教师成长共同体文化的构建，正是对陶行知教育思想的践行与传承。通过共同体文化的熏陶与引领，小学科学教师们将不断提升自身的专业素养和教育能力，为培养更多具有创新精神和实践能力的优秀人才贡献力量。

2. 社会学视角的剖析

从社会学视角剖析小学科学教师成长共同体文化，我们不难发现，这一文化现象深受社会结构、互动关系以及文化规范等多重因素的影响。首先，社会结构的变化为小学科学教师成长共同体文化的形成提供了土壤。随着教育改革的深入推进，小学科学教育逐渐受到重视，教师之间的合作与交流成为提升教学质量的重要途径。这种社会结构的变化促使小学科学教师开始寻求共同成长的机会，进而形成成长共同体文化。

其次，互动关系在共同体文化的构建中发挥着关键作用。小学科学教师成长共同体强调教师之间的合作与分享，通过集体备课、教学研讨、经验交流等方式，促进教师之间的知识传递与技能提升。这种互动关系不仅有助于教师个人成长，还能够推动整个小学科学教育领域的进步。例如，株洲市文化路小学科学教师共同体通过定期开展教学研讨活动，成功提升了教师的教学水平和学生的科学素养。

此外，文化规范也对小学科学教师成长共同体文化产生着深远影响。共同体文化作为一种共享的价值观念和行为准则，对教师的行为具有引导和约束作用。在共同体文化的熏陶下，小学科学教师逐渐形成了共同的教育理念和教学方法，提高了教学质量和效果。同时，共同体文化还能够激发教师的归属感和责任感，促进教师之间的团结与合作。

综上所述，从社会学视角剖析小学科学教师成长共同体文化，我们可以看到这一文化现象与社会结构、互动关系以及文化规范等因素密切相关。通过深入分析这些因素，我们可以更好地理解共同体文化的形成机制和发展规律，为小学科学教师的成长和教育事业的发展提供有力支持。

三、小学科学教师成长共同体文化的构建

1. 共同体文化的核心要素

共同体文化的核心要素在于构建一种共享的价值观念、合作精神和创新氛围。在新时代小学科学教师成长共同体中，这些要素得到充分体现。株洲市小学科学教师成长共同体在老师们相互学习、相互成就、不断成长的过程中产生、完善、成熟、发展，形成了"主动作为"的工作方式、"大家好才是真的好"的团队理念、"求真理性"的思维习惯，以及"格物致知、实践创新"的行为准则。在成长共同体中，

老师们认识并感受到志同道合情谊的可贵、团结协作力量的强大，学科融合教育的精彩。在成长共同体中，科学教师的气质呈现出有热爱、勇坚守、常赋能、显格局的品位，整个团队则展现了热爱情谊方长、团结就是力量、融合更显本色的文化特色。科学教师成长共同体所特有的"求真、理性、实践、创新"文化一旦形成，就会产生滚雪球般的积极效应，对科学教师的未来发展、科学教育的未来发展必将产生深远的文化影响。共同体成员们共同秉持着科学教育的使命和理念，通过定期的教研活动、经验分享和团队合作，不断深化对科学教育的理解和认识。他们相互学习、相互支持，共同面对教学中的挑战和困难，形成了积极向上的合作氛围。此外，共同体还鼓励成员们勇于创新、敢于尝试，通过引入新的教学方法和手段，不断提升教学质量和效果。据相关数据显示，参与共同体的小学科学教师在教学成绩、学生满意度等方面均取得了显著提升。

以株洲市实验小学科学教师成长共同体为例，该共同体通过定期组织线上线下的交流活动，让成员们分享自己的教学经验和心得。在一次关于"探究式学习"的教研活动中，共同体成员们围绕如何有效引导学生进行科学探究展开了热烈讨论。大家纷纷提出自己的见解和做法，通过相互学习和借鉴，不仅拓宽了教学思路，还激发了创新灵感。这种共同体文化的构建，不仅促进了教师个人的成长，也提升了整个团队的教学质量和效果。

共同体文化的构建还需要注重制度建设和激励机制的完善。通过制定明确的共同体章程和规则，确保成员们能够遵循共同的价值观念和行为规范。同时，建立有效的激励机制，鼓励成员们积极参与共同体活动、分享优质资源、贡献创新成果等，从而进一步激发共同体的活力和创造力。正如陶行知先生所说，"教育不能创造什么，但它能启发儿童创造力以从事于创造工作"。共同体文化的构建正是为了激发小学科学教师的创造力，推动科学教育的不断发展。

2. 构建策略与路径

在构建小学科学教师成长共同体文化的过程中，我们首先要明确共同体文化的核心要素，包括共享的教育理念、协作的教学实践以及持续的专业发展。基于这些核心要素，我们可以制定具体的构建策略与路径。首先，通过组织定期的教研活动，促进教师之间的交流与分享，形成共同的教育理念和教学方法。其次，建立跨学科、跨学校的合作机制，鼓励教师参与跨领域的项目合作，拓宽教学视野，提升教学能力。此外，还可以利用现代信息技术手段，如在线教育平台、社交媒体等，构建线上线下的教师学习共同体，实现资源共享和互助成长。

以株洲市小学科学教师成长共同体为例，该共同体通过实施"名师引领、团队协作、资源共享"的构建策略，取得了显著成效。共同体中的名师通过开设公开课、举办讲座等方式，分享自己的教学经验和教育理念，激发其他教师的成长动力。同时，团队成员之间形成了紧密的协作关系，共同开展课题研究、教学设计等活动，提升了教学质量和效果。此外，共同体还建立了丰富的资源库，包括教学课件、实验器材等，实现了资源共享和优势互补。

在构建过程中，我们还需要注重数据分析与效果评估。通过收集和分析教师的教学成果、学生反馈等数据，可以评估共同体文化的构建效果，并根据评估结果及时调整策略与路径。同时，我们还可以借鉴其他领域的成功案例和先进经验，不断完善和优化共同体文化的构建工作。

构建小学科学教师成长共同体文化，不仅有助于提升教师的专业素养和教学能力，更能推动整个小学科学教育事业的蓬勃发展。因此，我们应该积极探索和实践有效的构建策略与路径，为新时代小学科学教师的成长和发展提供有力支持。

四、挑战与展望：新时代小学科学教师成长共同体文化的发展

1. 当前面临的挑战与问题

当前，小学科学教师成长共同体面临着诸多挑战与问题。首先，教育资源分配不均是一个显著的问题。据统计，一些地区的小学科学教育资源相对匮乏，导致教师难以获得足够的支持和培训。这直接影响了教师的专业成长和教

学质量；其次，教师之间的合作与交流不够深入。尽管共同体文化强调教师之间的合作与共享，但在实际操作中，由于时间、空间等限制，教师之间的交流和合作往往停留在表面，难以形成深入的研讨和合作；此外，教师个人成长与共同体发展的协同性也是一大挑战。一些教师过于关注个人成长，忽视了共同体的发展，导致共同体文化的建设难以持续推进。

针对这些挑战与问题，我们可以借鉴一些成功案例和先进经验。例如，株洲市小学科学教师成长共同体通过定期举办线上线下的研讨活动，促进了教师之间的深入交流与合作。他们利用网络平台，分享教学资源与经验，共同解决教学中的问题。同时，他们还注重个人成长与共同体发展的协同性，鼓励教师在个人成长的同时，为共同体的发展贡献力量。这种成功的经验值得我们借鉴和学习。

此外，我们还可以运用一些分析模型来深入剖析问题。例如，我们可以采用SWOT分析模型，对小学科学教师成长共同体进行全面的评估。通过分析共同体的优势、劣势、机会和威胁，我们可以更加清晰地认识到当前面临的挑战与问题，从而有针对性地制定解决方案。

2. 未来发展趋势与前景展望

展望未来，新时代小学科学教师成长共同体文化的发展将呈现出更加多元化、开放化和专业化的趋势。随着科技的不断进步和教育理念的持续更新，小学科学教育将更加注重培养学生的科学素养和创新能力。因此，小学科学教师成长共同体文化需要不断适应这些变化，为教师的专业成长提供有力支持。

据预测，未来小学科学教师成长共同体将更加注重教师的跨学科合作与交流。通过搭建线上线下的交流平台，促进不同学科教师之间的知识共享和经验交流，从而推动小学科学教育的创新发展。此外，共同体还将加强对教师的专业培训和能力提升，通过定期举办研讨会、工作坊等活动，提高教师的专业素养和教学水平。

同时，随着大数据、人工智能等技术的广泛应用，小学科学教师成长共同体文化也将迎来新的发展机遇。共同体可以利用这些新技术更加精准地分析教师的教学行为和学生的学习情况，为教师提供个性化的成长建议和教学支持。此外，共同体还可以借助技术手段加强与其他教育机构的合作与交流，共同推动小学科学教育的进步与发展。

综上所述，新时代小学科学教师成长共同体文化的发展前景广阔而充满挑战。只有不断适应时代变化、加强教师之间的合作与交流、利用先进技术提升教学质量和效果，才能推动小学科学教育的持续发展和创新。

下篇 实践之行

区域实践行动案例

"草鞋无样,边打边像"

——例谈《新时代小学科学教师成长共同体研究》

◎ 株洲市荷塘区星光小学 欧阳海晏

《新时代小学科学教师成长共同体研究》课题,是特级教师孙江波主持的湖南省"十四五"规划一般资助课题。2021年,课题组围绕课题核心问题展开文献研究时,发现如下信息:

在中国知网数据库中,选定2017年、2021年两个时间段进行精准检索,"教师专业成长"主题搜索有1.56万条结果,主题包含"教师共同体"的研究有1960条结果,主题包含"教师成长共同体"的研究有575条结果,而以"小学科学教师共同体"或者"小学科学教师成长共同体"为主题检索出来的结果为零,哪怕以"小学科学教师"为主题进行检索的结果也仅有1490条。可见,教师成长是一个宏大的研究课题,而国内外关于小学科学教师及其队伍建设的研究甚少。

为此,课题组成员结合其他学者关于教师共同体、教师专业成长共同体、新时代教师培养方式的研究,积极探索新时代背景下株洲市小学科学教师成长共同体的组建和成长,走过了一段"草鞋无样,边打边像"的历程。

一、"打"——光想不行,得有行动

在各个学校,小学科学教师相较于语文、数学学科教师,人数肯定是比较少的,因而在很多学校出现了科学老师单人单校"闭门造车"的现象。为解决这一问题,株洲市许多区县都开展了区域集体教研活动,加强科学老师间的交流与学习。随着《教育部办公厅关于加强小学科学教师培养的通知》的颁布、教育部"强基计划"的实施,传统的科学区域集体教研活动已不能满足教育发展与教师成长的需求。为此,课题组提出"小学科学教师成长共同体"这一研究,力求为整个株洲市小学科学教师队伍建设提供范式,为更多地区构建小学科学教师成长共同体提供参考和样本。

1. 以"教学"设既定情境

情境学习理论认为,学习的本质是对话,这不仅是个体进行知识意义建构的心理过程,也是一个社会性、实践性的、以差异资源为中介的参与过程。

因此,小学科学教师成长共同体是以小学科学教学为既定情境,使科学老师由个体学习走向群体学习的组织形式,其建构动机源自教学需要、建构目标指向教学进步、建构任务解决教学问题。

近几年，全市已建构多个小学科学教师成长共同体，如株洲市小学科学名师工作室、桂馨·株洲科学教育工作室、特级教师工作站（小学科学）、株洲市小学科学教师群、荷塘区松鼠社、攸县小蚂蚁、茶陵县绿森林等。这些共同体开展的每次交流、每个活动、每项研究，都立足于小学科学教学，如荷塘区松鼠社"我和花儿齐开放"种植养殖研究成果展示活动、攸县"走进科学教育，学习共同成长"送教下乡暨科学新课标培训活动、茶陵县芙蓉学校第二届科技节，以及渌口区"走进科技·你我同行"科普月活动（青龙湾小学、育红小学）等。

2. 以"教研"为主体存在

在教师个体单独的学习过程中，其教研活动都属于个人实践，不利于个体的思路开阔，也局限了个人的问题视野，经验积累非常有限，难以获得更多的精神鼓励和支持，小学科学教师作为"小学科"教师，更是如此。

因此，小学科学教师成长共同体的存在是由于其能够帮助小学科学教师解决经个人努力难以完成的成长活动。而教师的成长活动以教研为主要路径，所以教师成长共同体的价值基于教研而生成。

全市各小学科学教师成长共同体，每年开展专题集中研讨活动不少于2次，网络教研不少于4次，各共同体成员做到人人参加，人人制订发展规划，人人撰写培训学习心得。同时，各共同体的课题研究也生生不息，继"十四五"

规划一般资助课题《新时代小学科学教师成长共同体研究》后,《新课标下科学课程小学必做探究实践活动资源建设与应用研究》《立足学生前概念优化小学科学教学实践研究》《双减背景下小学科学课堂教学策略研究》等相继成功立项为省市课题,并顺利开题进入研究阶段。

3. 以"文化"奠思想基础

每个成功的共同体都具有所有成员认可的共同体文化,内嵌于共同体中宝贵的文化经验是共同体的核心特质。基于共同体的文化导引,才形成了共同体成员与众不同的身份建构与发展。

为此,株洲小学科学教师成长共同体以"和谐""成长"为价值取向和重要抓手,以"主动作为"为工作方式、以"大家好才是真的好"为团队理念、以"求真理性"为思维习惯、以"格物致之"为行为准则,在每一次科学活动的策划与实施中,突出价值取向,紧扣活动内容,通过美文分享、故事交流、榜样树立、外出科考等途径共筑"做有文化有气质的科学"这一美好愿景,让老师们认识并感受到志同道合情谊的可贵、团结协作力量的强大,学科融合教育的精彩。

二、"像"——光打不行,得有评估

实践,是检验真理的唯一标准。"打"得像不像,得时时注意评估,行得通不通、效果好不好。

1. 共同体成员的专业素养是否得以提升

小学科学教师成长共同体建构目标指向教学进步、解决教学问题。因此,每次活动,或一段时间的活动后,成员的课堂、科研、写作等专业素养是否提升,是共同体是否成长的一个重要指标。

全市诸多小学科学教师成长共同体成员都会在每次活动后,及时总结反思、将所获所得、所思所感记录下来。许多成长共同体还会在一学年或一学期结束的时候,统计每位老师的教研积分,根据教研活动的组织、课例的示范、论文的撰写、课题的研究、主题的分享等累计分数,使共同体成员的专业成长显性化、数据化。

2. 共同体成员的个性特长是否得以发展

共同体之所以能完成个人成长无法完成或完成困难的活动,就是因为每位老师各有所长。因此,成长共同体的建构,并不是将每位老师成长为相同的模样,而是"和而不同",让成员的个性特长得以发展。

株洲小学科学教师成长共同体中的成员,有的长于微课制作、有的巧于教学设计、有的善于活动策划、有的勤于论文撰写……就课堂教学而言,风格也各有不同,有的课堂驾驭大气简约,有的课堂语言细腻精炼,有的课堂思维严谨缜密,有的课堂互动灵动活泼……这些个性特长的发挥,让株洲小学科学教师成长共同体生机勃勃。

3. 共同体组织有否向内生长

共同体向内生长，是指共同体是否有横向的队伍扩充和纵向的梯队建设。

株洲小学科学教师成长共同体，从无到有，从一到多，市级的、区级的、校级的；自组织的、他组织的……许多成长共同体从开始的三五人到后来的七八人，再到十余人，现在全市所有小学每位科学老师至少加入了一到两个小学科学教师成长共同体，并在"名师引领、骨干示范、新秀历练"的梯队建设中找准定位、提升成长。

4. 共同体组织有否向外辐射

共同体向外辐射，是扩大交流与影响的过程，更是不断成长与完善的路径。成长共同体发展到一定阶段，必定要影响一批人、带动一些事，如攸县"走进科学教育，学习共同成长"送教下乡暨科学新课标培训活动、桂馨·株洲科学教育工作室赴云南开展"美丽中国"项目科学教师培训、承担桂馨永顺科学课项目所有培训任务、参与"春晖援教"全国大型公益项目，株洲市小学科学名师工作室参加京湘基础教育论坛展示等。

三、"样"——光"像"不行，得有模样

小学科学教师成长共同体不是雾中花、水中月，也不仅是一个概念，而是一个实体。课题组经过几年的探索，

发现小学科学教师成长共同体具有个体能动性、动态适应性、多元融合性的特征。

1. 个体能动性

小学科学教师成长共同体，有别于以往的科学备课组、教研组等传统的教师组织形式，更多是由教师自愿组建而成。其个体能动性是指每个成员之间蕴藏着自由合作的无限可能性，他们就像随意分离又不断变幻、聚合的水分子，赋予组织以活动力。

如在2022年暑假桂馨科学夏令营活动（株洲营）中，桂馨·株洲科学教育工作室的成员，打破固有的组织内部和外部疆界，聚合成课程组、材料组、宣传组、开闭营活动组等，个体才能充分激活，赋予共同体以活力，使其成为灵活应对环境变化的主体。

2. 动态适应性

动态适应性意味着能够积极应对外部环境变化，能够随环境而发生改变，集中体现为顺势而为、灵活变通。

如作为成立较早的小学科学教师成长共同体，荷塘区科学松鼠社的"我和……"系列四季活动持续多年，颇受学生和家长欢迎。新冠疫情期间，他们将线下种植展示转为线上视频分享、将远途科学考察转为周边近邻科考、将每周科学集体备课转为科学网络研修……充分体现了小学科学教师成长共同体的动态适应能力和变通能力。

3. 多元融合性

小学科学课程是一门综合性基础课程，具有实践性，其内容涉及物理学、化学、生物学、天文学、地球科学、技术与工程学等。"河海不择细流，故能就其深"，小学科学教师成长共同体也如河海一样具有较强的包容性。

株洲市小学科学教师成长共同体的成员中，学科背景各不相同，有生物物理等专业的、有音乐舞蹈等专业的、也有美术信息等专业的；共同体的成员中，有一线科学老师、也有退休的教学专家，还有科学实验器材厂的负责人……每一位成员在进入共同体的同时，实质上为共同体带入了一种新的元素，为共同体的构成增加了个性的因子，使共同体充满张力与活性。

"草鞋无样，边打边像。"在小学科学教师成长共同体的建设中，课题组秉承"打一双草鞋检验一双"，在总结中提高，在实践中前进，力求越"打"越像。课题研究的这几年，课题组做到了"越打越像，草鞋有样"。

回顾研究历程，发现"边打边像"与"实事求是"有异曲同工。"打"是做"实事""像"是"求是"。"边打边像"的做法与"实事求是"的思想，在课题研究中得以充分体现。

网络成长共同体，促科学教师发展

——株洲科学教师网络成长共同体的成长历程

◎株洲市芦淞区何家坳小学　周海兵

通过对株洲地区科学教师的调查，发现部分学校专业教师缺乏、专业教学水平不高，多数学校科学教师队伍不能满足"基本胜任小学科学教育的需要"。学校科学课专职教师只占任课教师的28%，兼职教师比例高达72%。兼职科学教师人数较多、流动性大、外出学习机会少。那如何提高科学教师队伍的教学能力和专业素养，如何保证科学课的教学质量，本文将从株洲科学教师网络成长共同体的成长过程寻找答案。

一、产生情感共鸣，组建成长共同体

2006年9月我因学校工作需要，调整到小学教科学。因为在城区，所以市里组织的小学科学活动我都参加，但我发现每次参会的人数大约只有40—80人。株洲市总面积11200多平方公里，常住人口300多万人，科学教师人数远不止数十人，大多数科学老师不愿来参加活动，一是学校课务多，难调课，二是大多数是兼职科学老师，三是学校不重视科学学科，不安排科学老师外出学习。针对这种外出学习机会少，但教师的专业素养又急需提高的情况，几位志同道合的科学老师于2009年3月创建了株洲科学教师QQ群，这样有问题随时可以在群里交流。利用株洲科学教师群抱团取暖，大家在教学中有任何问题都可随时请教，使得我们这些志同道合的科学人在教学中不再孤单。

二、教师成长影响，发展成长共同体

2010年4月，在株洲小学科学"挖掘利用教材资源，有效实施课堂教学"专题研讨活动中，我执教的《摆的研究》一课，被评为优秀展示课。上完课后，株洲市小学科学教研员袁辉老师都很惊讶，短短三至四年时间，我从2006年转岗，到2010年就能上出如此精彩的现场课，他问我成长的秘诀，我说："这节课不是我个人的功劳，我的成长是依靠株洲科学教师网络成长共同体——株洲科学教师QQ群，在群里我们经常进行课例研讨，这节课是在群里经大家指导，多次在群里磨课的结果。"袁辉老师此时说："你们成立了株洲科学教师网络成长共同体都没告诉我，那我也加入，并且我也号召株洲的专职科学老师都加入进来。"就这样株洲科学教师网络成长共同体成员一下就由十余人增加到了八十余人，我也就担任了株洲科学教师网络成长共同体的管理员。

因为人数增加，一方面大家在教学中有疑难问题同样在群里问，随时都有人解答；另一方面因为有株洲市小学科学教研员的加入，我们也成立了网络研修的核心团队，每个月均组织一次课例研修，效率更高。

例如《它溶解了吗》一课，我们围绕"溶解"的科学现象，让学生观察什么、怎样记录、学生如何找方法，如何设计实验，历经探究进行交流研讨，最后大家认为可以开展"食盐和沙子放到水里会怎样""食盐藏到哪里了""观察胭脂红在水中的变化"等三个小项目研究，通过研讨后再进行教学，发现学生能利用感官和工具开展观察、实验，规范操作，自主探究，记录变化情况，学生的合作能力和团队意识，得到了有效的培养和强化，学生很喜欢像溶解这样的动手动脑的实验操作。

《昆虫》一课从学生最熟悉的《昆虫记》开始预设"你看过法布尔《昆虫记》这本书吗？猜猜讲什么？什么样的动物叫昆虫？你认识哪些昆虫？"等问题，从而了解学生的前认知。以学生生活当中最熟悉的蚂蚁作为观察对象，先让学生说说印象中蚂蚁的身体结构，再引导学生借助蚂蚁照片，通过画一画，认真观察和记录蚂蚁的身体结构。再根据老师提供的蚂蚁结构图片，对照、辨析、纠错，从而使主观和客观形成对比，学会用证据说话，掌握正确的蚂蚁结构，归纳总结，建构昆虫概念。

在这种课例研修中，株洲专职科学老师有了很强的凝聚力，大家在这种网络研修共同体中得到了很好的成长。2011年10月11—14日在浙江省嘉兴市召开的"2011年全国小学科学优质课展示活动"中，株洲科学教师网络成长共同体核心成员何利老师执教的《食物链》一课得到了专家评委和广大观摩教师的肯定和好评，荣获了一等奖。

通过几年的课例研讨，株洲科学老师基本已掌握了很多课的教学流程，此时我们的网络研修也就不再是单一的课例研讨了。我们组织大家分年级进行教材分析、教学方法研讨，然后再对现在使用的教材分物质科学、生命科学、地球宇宙、工程与技术四大领域进行专题研讨。这样从课例——年级——领域，通过几轮的研讨，使得株洲的大多数的科学老师都喜欢上了这门学科，成为有底气的科学老师。

三、本土专家讲座，壮大成长共同体

为了让株洲科学教师在株洲科学教师网络成长共同体中快速成长，从2013年开始，我们的网络研修每两个月就从本市优秀老师中推出一位老师，通过QQ群课堂、腾讯会议、市教科院直播平台进行专题交流。例如孙江波老师的《小学科学教师专业成长》讲座，告诉我们要在实践中总结理论，又用理论指导实践的道理。让我们懂得了只有有意识的实践活动，才能促进自己提高和发展。宾雨老师的《学习、研思、成长——科学教学专业成长感悟》，让我们明确小学科学教师专业成长的六支点：听课是成长的"起跑点"、模课是成长的"充气点"、备课是成长的"入门点"、磨课是成长的"支撑点"、悟课是成长的"着力点"、品课是成长的"发展点"。陈双老师的《我的专业成长三部曲》，向我们介绍了她从一位兼职科学老师到科学骨干教师，再到科学教研员的历程。让我们明白只要你勤奋、肯学习、肯钻研，就一定能获得成功。何利老师的《基于科学素养的小学科学期末检测题的设计》，通过一个个具体的试题，介绍我们测试时应注重检测科学观念的理解和运用、注重检测科学思维、态度责任、注重检测探究实践能力、注重真实情境再现、注重检测在真实情境中解决真实问题的能力。欧阳海晏老师的《聚焦科学课程标准，精研单元作业设计》，告诉我们如何去设计学生作业。通过本地老师的讲座，一方面让讲座老师自己能提炼出成果，另一方面大家也看到了本地老师们的成长，这些快速成长的老师也成为大家学习的标杆。

此时株洲科学教师网络成长共同体成员也达到了三百余人，株洲科学老师在网络成长共同体中也快速成长。2015年10月19—22日在云南省昆明市举行的"中国教育学会2015年度课堂教学展示与观摩（培训）系列活动·中小学科学课堂教学研究与优质课展示"中的"中小学科学优质课展示"活动中，宾雨老师执教的《沉与浮》获得一等奖。

四、优质资源分享，推动成长共同体

株洲科学教师网络成长共同体成员增加，为使大家都能快速成长，我们除做好本地的网络研修外，还分享一些培训信息，例如每月15日小学科学教学网组织的每月研修活动、"馨火学堂"桂馨科学网络研修、湖南省科学名师志愿公益网络研修等。株洲科学教师网络成长共同体成员非常注重在反思中成长，所有成员都养成及时反思、经常反思的习惯，大家参加活动后都会结合自己的教学分享自己的心得与感悟。一是让自己形成随时记录、总结的习惯，二是让共同体成员相互学习。株洲科学教师在网络成长共同体中快速成长，孙江波、龙洁、宾雨三位老师先后被评为湖南省小学科学特级教师，何利、周海兵、欧阳海晏、洪献珍、杨琪、陈双、李静、曾红梅、黄雪群、代娜、程帅淳子、宋莹等老师先后被评为株洲市小学科学学科带头人。2022年2月21日在云南大理举行的2022年美丽中国·桂馨"走向探究的科学课"系列培训（第一期）活动中，孙江波作了《小学科学课程标准》解读，欧阳海晏结合实际教学案例进一步解读了"走向探究"的科学课的主要特征，并分享了小学科学课堂观察、课堂组织实施的基本方法和技巧，宾雨、尹冰带领老师们进行了太阳系、轮轴的课程体验。2022年9月14—16日湖南永顺桂馨科学课项目科学教师一期培训活动中，欧阳海晏、孙江波分别对永顺县科学教师彭小慧、龚小玉执教的《月球——地球的卫星》《神奇的纸》两节课进行了同课异构，宾雨、尹冰两位老师分别围绕《小学科学实验器材的使用与改进》《小学科学探究实践活动的设计与实施》两个主题，带领老师们动手操作，为大家讲解了许多教学实例。

　　管理株洲科学教师网络成长共同体，辛劳自是必然，但看到共同体的各项研修活动顺利开展，成效显著；看到株洲小学科学教师在共同体中成长迅速、成绩斐然，感受到回报的丰厚。愿株洲科学教师网络成长共同体越来越壮大、愿株洲科学老师成长得越来越快、愿株洲的科学教育更上一个新台阶！

心有所向,行以致远

——荷塘区科学教师"抱团成长",踏上成长"快车道"

◎株洲市实验小学 欧阳海晏 邱狄

如何把每一寸
玲珑的晨光
变做七彩的跳跃
嚼成诱人的果香
让你我分享
……
荷塘科学,交出了一份答卷
一份装饰了荷塘教育成长路的答卷……

在株洲,提到小学科学,必会让人马上想到荷塘区;说到荷塘科学,孙江波、宾雨、黄战东、何利、管志勇、邱狄、欧阳海晏、尹冰、程帅淳子、田菁、邹瑶遥、周柳、彭婉笛……许许多多名字便会不由跳入脑海;想到这些名字,"松鼠社""实验科学团队""文小科学团队"等许多自组织自动映入眼帘。

时间，给了荷塘科学太多馈赠。

这些年，荷塘科学经历了"单打独斗"到"抱团发展"的转变、实现了"边缘学科"到"核心地位"的突破、完成了"用力跟跑"到"保持领跑"的翻转。一批又一批德才兼备的特级教师、正高级教师、学科带头人、全国"桂馨·南怀瑾乡村教师"获得者、"四名两基地"主持人、市区级骨干教师相继涌现……

一、固本强师，根基夯实，攻坚克难勇担当

百年大计，教育为本；教育大计，教师为本。荷塘科学教师并不是生而优秀，而是"一棵树摇动另一棵树，一朵云推动另一朵云，一个灵魂唤醒另一个灵魂"。

蔡建平，正高级教授，原荷塘区教育教学研究指导中心科学教研员，一位德高望重的学科引路人、一个被科学老师们亲切称呼为"松鼠妈妈"的学科开拓者。在小学科学被大家认定为"小学科"、被学校和老师"边缘化"的情况下，她选择担任小学科学教研员。在她的组织与培养下，荷塘区科学"松鼠社"因时而立、因势而为："松鼠社"统筹全区科学活动、"松鼠社"成员带领全区科学老师集体教研，正式开启了"抱团成长"的序幕。实验教学"四步法"、集体备课"标、本、案、课、思"五步流程、教师成长"入格—升格—破格"培养路径……小学科学学科从边缘走到

了中心，所有科学活动有章可循、所有科学老师有样可学、所有评价环节有据可依。

袁辉，原株洲市教育科学研究院小学科学教研员。"我希望做好全市科学老师成长的助推手"，这是袁辉老师最爱说的一句话，话里话外传达的是他愿为他人作嫁衣的无我情怀。在他的心里，教师的成长就是他的成功，教师的进步就是他最大的快慰。他默默无闻地、不断地忘我付出，为全市小学科学老师的成长倾注所有的心血和智慧，为荷塘科学教育搭建了各种研究展示平台，助推小学科学老师在专业发展的大道上大步前行。

孙江波，湖南省小学科学教师群体中的佼佼者，2005年被评为湖南省特级教师，成为当时全省最年轻的科学特级教师。孙老师现为中国教育学会科学分会理事、湘科版《科学》教科书编者、湖南省小学科学名师网络工作室主持人……一位有着诸多荣誉与头衔的三湘科学教育带头人。十年前，在醴陵市实验小学担任校长的他收到长沙、深圳等地名校抛出的橄榄枝，而他终究还是在"松鼠社"的满眼期待中选择了坚守荷塘科学教育事业，并成为"松鼠社"首席专家。自此，荷塘科学教师成长更具专业、学生发展更有保障，荷塘科学教育有了更强的支撑与动力。

二、搭建平台，项目推进，拧绳聚力谋发展

荷塘科学老师"身在福中很惜福"。

在蔡建平、袁辉、孙江波三位导师的带领下，荷塘科学老师在"松鼠社"的团结下，结合各学校特色、各科学老师的特点，搭建多样平台，开启了教师专业成长的四项行动（课堂、阅读、科研、写作）和"我和……"系列的学生四季活动（春季，我和花儿齐开放；夏季，我和爸妈去科考；秋天，我和风筝的童话；冬季，我和冬天的约会）。

每项活动、每项行动，均以项目推进，确定项目负责人，全区科学老师全部参与项目之中。如学生四季活动中，"种植"活动由黄战东、程帅淳子两位老师负责，"科考"活动由邱狄、尹冰两位老师统筹，"风筝"活动由管志勇、邱瑶遥两位老师策划，"冬季"展汇由宾雨、何利、欧阳海晏三位老师安排。在各项活动开展中，负责人会充分顾及和考虑到每一所学校、每一位老师，大家齐心协力，拧成一股绳，聚成一股劲，成功举办了各项活动，在活动中大家参与了、收获了，也成长了。

欲无杂草，必须种上庄稼。荷塘科学教育在每位科学老师心中种上了庄稼。

有了强而有力的学科"领头羊"，需要的是好的学习平

台和成长方向，在不断推进下，激发每一位年轻老师前进的动力。

2011年，株洲市启动"四名两基地"项目，在全市遴选名师工作室主持人和学科基地主持人，依托名师工作室和学科基地培养名师和学科骨干教师，实验小学成为首届科学学科基地校，欧阳海晏老师被遴选为基地主持人。十余年来，为荷塘区共计培养出市级骨干教师三十余名。

2014年7月，为了集中全区科学教师的力量，改善科学教师成长的环境，让科学教师有地位、有存在感和归属感，区科学教研员蔡建平老师组织宾雨、何利、欧阳海晏、管志勇共同策划，"荷塘区科学松鼠社"正式创立，这是株洲市区（县）级第一个自组织成长共同体。社团聘请了市小学科学教研员袁辉老师、株洲市小学科学名师工作室主持人孙江波为顾问，制订了社团管理制度，定期开展社团活动，每次活动由松鼠社成员轮流负责，全员参与。松鼠社不断吸纳区内优秀科学教师加入，队伍逐年扩大，成了荷塘区小学科学教师最向往的组织。

2016年底，北京桂馨慈善基金会的科学课项目落户株洲，开展第一次集中培训，以全国著名科学特级教师章鼎儿老师领衔的来自全国的小学科学特级教师团队持续为株洲科学教师搭建了不同层次的发展平台，如科学教师的普及培训、科学骨干教师培训、浙江跟岗特级教师学习、桂馨科学教研员培训、桂馨科学教师培训者培训、走向探究的科学课课堂展示等。桂馨科学课项目、名师工作室、学科基地、特级教师工作站、未来教育家成长工程的实施过程中，在专家的组织与带动下，荷塘区五十余名科学教师参与其中，得到了更多机会与平台。

2017年，由孙江波担任主持人的湖南省小学科学网络工作室成立，2022年，湖南省小学科学名师网络工作室成立，孙江波再次被遴选为主持人。从成立至今，湖南省小学科学名师网络工作室成员共计84名，服务于全市百余所学校的近十万名学生。

2018年，株洲市教师培训中心在"四名两基地"项目基础上，搭建"特级教师工作站"平台，荷塘区孙江波、宾雨两名特级教师成功组建了科学学科特级教师工作站。荷塘区在充分依托桂馨基金会平台的同时，在全区全面启动"未来教育家成长工程"，在区委、区政府的领导下整体推进，初步形成了政策推动、行政主导、学校跟进的良好氛围。

随着新一轮国家基础教育课程改革的不断深入，"教师成为研究者"的观念逐渐深入人心。开展和参与课题研究也是教师获得自我持续发展能力的最佳途径。

老师们边学习边做课题，边研究边实践，逐渐成为研究型的教师不乏其人。自2010年至今，荷塘区各校科学老师共进行科学相关课题研究18项，其中省级课题12项，市级课题6项，已结题13项，正在进行的课题5项。通过课题研究进一步提升了全区科学教师的教学能力及专业素养，从而也激发各校科学教师前进的动力。

为更有效落实课堂教学，荷塘区科学教师已坚持多年每周利用周四上午的时间扎实开展集体备课，并组织全区科学老师基于学生学情及学科特点，进行"折子课程"以及"我和……系列课程"的开发与应用。这些丰富多彩的科学活动为科学教学注入了活力，也带来了动力，充实、丰富、提升了荷塘科学教师团体的专业素养格局。荷塘区的"小学科学创新教育折子课程"开发与实践案例获得株洲市2021—2022学年度优秀教育改革创新案例一等奖。

以上平台让许许多多优秀的一线科学教师可以获得进一步学习、成长的机会。有了好的平台，小学科学教师更乐意苦练基本功，研究常规课，争当教育家。各成长共同体常态教研稳步跟进，行走教研、联片教研、同课异构、主题教研等有序进行，"教师社团成长方略""专业统筹培训方略""联片推进评价方略"等措施也相继出台。从校到区县、到全市，荷塘区小学科学教师梯队发展平台成功搭建，优势明显。

三、以点带面，百花齐放，实干为要敏于行

"一个人可以走得很快，一群人可以走得很远"，荷塘区科学教师团队汇聚成一股强大的力量，把先进的教育理念、精湛的教学艺术、独特的教学风格、实用的教研成果，

通过引领示范、协同发展，辐射带动每位老师，以老带新的集体备课、以优促新的骨干名师示范课、以熟带生的年轻老师践行课、互学共进的外出学习观摩与分享，专业阅读写作的集中交流、实验操作技能的训练、种植养殖科考的指导、科技创新专题展示，通过各种形式的活动使本区科学教师在螺旋式上升的学习、研究、实践中得到锤炼，具有厚实专业素养、扎实教学科研能力的青年教师纷纷脱颖而出。

青年教师尹冰、邹瑶遥极富思辨能力，创意层出不穷，快速成长为团队的中坚力量并成为新一代松鼠社社长，在2021年、2022年教育部主办的精品课大赛中，两位老师设计、执教的精品课一举获得部优奖励。

青年教师曾梦捷，肯学习、肯钻研，在区、市、省实验教学说课比赛中一路过关斩将，通过层层选拔，于2023年10月作为湖南省小学学段参赛选手唯一代表参加全国第九届中小学实验教学说课活动现场展示，并荣获"2023年度全国中小学实验教学能手"称号及"人气之星"奖励，她的绽放同样得益于团队的引领和培养。

所有科学教师心往一处想，劲往一处使，人人追求专业上的发展，人人为科学团队奉献力量，人人享受团队带来的幸福，无论是个人，还是团队，均得到了快速的、优质的成长。

四、深化发展，展望未来，携手奋进谱新篇

工匠精神，薪火相传，于坚守中引领创新。荷塘区小学科学教师经历了十几年磨砺，形成了具备面向未来的引领性和前瞻性的团体。但在取得进步和成功的同时，也需要静心反思，荷塘科学未来的发展之路还可以如何优化与创新？

2018年中共中央、国务院发布《中共中央、国务院关于全面深化新时代教师队伍建设改革的意见》。新时代下的小学教师不仅要具备专业的知识，职业道德素养、心理健康素养等方面都需要得到提升，能够与时俱进，适应新时代人才培养的需要。

未来我们将把工作重心放在科学教师的成长上，通过提供各种支持性条件和学习资源来支持教师学习，为教师之间的合作和教师的自主发展提供更丰富的发展机遇，让教师可以相互影响、相互鼓励，实现不断成长。

心就像一块田，种什么进去，都会播下种子，或早或晚，在条件成熟时种出果实，或甜或苦，或绿树成荫，或芒刺满地，心念一动，即如撒种，有时连有了收成也毫无知觉。

荷塘科学教师的成长亦如此。

梦想有光 成长有伴

——攸县"小蚂蚁"科学共同体成长案例

◎攸县联星街道东北街小学　刘新平

今天，我们株洲市小学科学自组织共同体又聚集在一起，共同交流成长历程、成长思索。下面我从"迈开共同体脚步""开展共同体活动""反思共同体成长"三个方面与大家分享攸县"小蚂蚁"科学教育共同体的成长历程，希望大家能取它山之石攻己之玉。

一、快速迈开共同体脚步

（一）一个人可能走得很快，一支队方能走得更远

科学技术是第一生产力，小学科学课程是基础性课程，我一直认为小学科学课程非常重要，小学科学教师也非常重要。因此，我要努力研究科学教材，研究课程标准，研究课堂，研究学生，做一些下水实验，乐意参加培训。于是我自己一个人就有点收获，而且迅速成长。但有时候想与他人交流，有时候碰到科学教学中的问题想找人互助，

共同探讨都不方便。另外，现在我们小学科学专职教师很少。就拿我们攸县来说，我估算了需要科学专职教师六十余人，而实际上我们除了6个担任了学校行政的科学教师，勉强算科学专职教师外，其他都为兼职科学教师，数量达500人以上（兼一个班的、两个班的、三个班的）。所以我们科学教师的素养参差不齐。甚至很多教科学的兼职老师，自己对新科学教材中的基本知识都不了解，更不理解；除了认识教材中的文字，其他基本不知，更谈不上对科学课程标准的了解、研究，对教材中的探究活动进行下水尝试，器材的准备等等。这些兼职科学教师，我想他们也需要大家一起来研讨，在相互协助下共同提升、成长。我相信，只有每个人走得很快，一支队伍方能走得更远。

（二）再长的路只要迈开双脚就能到达，再短的路不迈开双脚永远走不到

要想组织一个团队，也不是件容易的事。但我想起"再长的路只要迈开双脚就能到达，再短的路不迈开双脚永远走不到"这句话，信心就来了。2020年刚好有个契机，我们攸县开始进行国培小学科学送教培训活动，我担任此项活动的项目组织实施人。我想，从这里开始迈开共同体的双脚。于是，我和我们县小学科学教研员刘东华主任，交流了想法。把我们经常在一起研课、指导科学课的4位老师（刘东华、刘新平、张英慧、符振宇）默认为先遣队。2021年3月，孙特——孙江波老师来攸县，刚好要与我来谈株洲市小学科学自组织共同体这件事。我内心非常欣喜。第二天，我的小学科学名师工作室成员与先前4人组成了"攸县小学科学学习型自组织共同体"，共9人（刘东华、刘新平、符振宇、张英慧、易和平、刘平谊、易文虎、黄蓉、扶晓旦）。并把我的科学名师工作室微信群，直接改为"攸县小学科学学习型自组织群"。攸县小学科学共同体终于起航了。这是攸县小学科学教育的一件喜事。7月份，我又加进了谢志玲、宋莹、皮高波等3位科学教师，并把共同体群名改为"攸县小蚂蚁科学工作室自组织群"。至今，我们攸县小学科学共同体已经有19人。今年3月，增加了刘艳、阳慧、邓佩君、谭玲、刘依彬、何华伟、彭茜等7位科学老师。值得庆幸的是阳慧、邓佩君、谭玲等3位老师都是湖南第一师范学院小学科学教育本科毕业的，科学教学的素养扎实。

二、积极开展共同体活动

活动是共同体成长的载体。攸县小蚂蚁科学自组织共同体围绕自身组织原则和共同愿景开展了丰富的活动。

（一）共同体的自组织原则与共同愿景

1. 组织原则：任教小学科学课，愿意共同研究小学科学教育、教学问题，经费自筹、能自主发展。（加入自组织的原则，以自己主动发展为原则，强调自驱力）

2. 共同愿景：愿意共同研究小学科学教育、教学问题，自主发展，共同研讨，让自己的科学专业素养不断提升，让攸县小学科学教师团队整体专业素养有所提升，能热爱科学教育事业。团队能容纳不同个性、性格的老师，成员在团队中有乐趣、有兴趣、更有自我完善的动力。（强调乐趣、兴趣和自我完善）

3. 组织策略

（1）善于学习、不断学习。强调终身学习、全员学习、全程学习、团体学习。

（2）自主管理、实践运用。成员一边工作、一边学习、实践运用、科研创新。

（3）自我超越，引领他人。在科学教育方面超越自我，同时引领身边科学教师。

（二）攸县共同体主要开展4类活动

第一是召开会议研讨类：共有4次。主要内容有自组织成立大会，商定共同体的组织原则、商议共同任务，总结各项活动，提升认识，拟定后面的计划等等。

第二是听课评课类：在举行各项赛课活动时，共同体召集大家一起来听课评课，指导修正。2021年到6所学校，共有8位老师的课。

第三是辅导培训类，在全县的国培等各项活动中组织、指导全县参培的科学教师。共同体成员开展组织观课、磨课议课，主题讲座，总结提升等活动，组织了6次。

第四是课题研究类。去年攸县小蚂蚁自组织共同体申报了一项株洲市"十四五规划"课题《双减背景下小学科学课堂教学策略研究》。大家分工合作，既为攸县共同体成长提升素养，也为整个株洲市科学共同体创造成果。

三、自我剖析共同体成长

（一）荣誉是共同体成长的鞭策

攸县小学科学教师中坚团队，一直比较团结协作。现在成立小蚂蚁科学自组织共同体既有原则，又有共同愿景，还得到了北京桂馨慈善基金会的鼎力资助（包括经费和培训），因此整个共同体凝聚力很强，成长也很快。2020—2021年，共同体的成员荣获了不少荣誉。其中省级荣誉有4项，赛课方面1项：皮高波执教的《安装照明电路》一课获省一等奖，论文方面2项：刘新平撰写的论文《三"范"引领，创科学教师培训模式》获省一等奖，培训方面：刘新平获"2020年国培省级优秀培训师荣誉称号"，参与省级课题结题1项、市级荣誉多项。

我想无论我们获得多少荣誉，它既是共同体所有成员共同合作，一起努力的成果，更是是对我们共同成长的鞭策。

（二）反思是共同体成长的良药

从上级或单位组织科学教研活动，形成一个攸县自由的科学教学小团队，到正式创立"攸县小蚂蚁科学自组织"，有较稳定队伍大概有8年，自组织又成立一年多了。我作为其中参与的一人，时间也算较长的，现在又是自组织的召集人。因此，我和自组织成员经常反思。我觉得反思是一味良药，既是个人的，也是共同体成长的良药。虽然这个团队，成立有一年多了，也取得了许多荣誉，但有许多值得反思，值得改善。一是让自组织能长期发展下去要靠什么呢？靠共同愿景、靠召集人，还是靠经费支撑；二是自组织的任务是不是完成与上级任务一致的事情还是可以独立完成自己需要做的科学教学、教研事情；三是自组织共同体，首先要发展什么；四是作为科学自组织成果应该追求什么。这些问题，一直在我脑海里思考、在反思。

为了解决上面这些问题，自从建立"攸县小学科学学习型自组织共同体"开始，我就买了3本关于学习型自组织的书。两本是学习型自组织创始人——[美]彼得·圣洁著《第五项修炼——学习型组织的艺术与实践》和《变革之舞——学习型组织持续发展面临的挑战》。另一本是我国学者撰写、介绍《第五项修炼》的《学习型组织》。通过这些书籍的引导，渐渐理解让自组织能长期发展下去要靠什么呢？原来的传统模型组要强调计划，强调组织计划，按计划实施，按计划执行。但彼得·圣洁认为要让学习型自组织长期发展，必须进行五项修炼。第一项，自我超越。他认为，要让自组织的成员共同学习来不断理清加深个人的真正远景，集中精力，培养耐心，并客观地观察现实，把组织建立在每个成员意愿和能力之上，实现每个成员的自我超越；第二项，改善心智模式。彼得·圣洁这一项修炼需要成员充分表达自己的想法，并以开放地心灵容纳别人的想法；第三项，建立共同愿景。圣洁认为，一个缺少全体成员衷心共有的目标、价值观和信念的组织，必定难成大器。第四项，团体学习。这一项修炼要求组织成员能超越自我，克服防备心理，学会如何相互学习和工作，形成共同的思维；第五项，系统思考。它要求成员能纵观全局，形成系统模式，关注内部整体关系，而不是把他们分裂开来。圣洁把这一项修炼视为核心技能，组织能长期发展这一项修炼是关键。因此，圣洁把他这部叙述自组织理论的专著命名为《第五项修炼》。我想我们这个小学科学自组织共同体，除了共同愿景，还必须有一个系统思考。对我们自己这个组织的结构、目标、价值观、实施原则要有一个整体把握。解决了这问题，我们的共同体就不只有计划和执行了，而是更有前景，更有动力地持续发展下去。

（本文为株洲市科学教师网络研修分享内容）

凝心聚力 共建"绿森林"

——茶陵县小学科学教师共同体成长案例

◎茶陵县芙蓉学校 杨琪

很高兴和大家在这个美好的夏日共同探讨"新时代小学科学教师成长共同体"的话题。下面我就以《凝心聚力,共建"绿森林"》为题,与大家分享茶陵县小学科学教师"自组织"共同体成长的历程。我将从背景、初心、共同成长、共同发展四个方面进行阐述。

一、背景

(一)现状

2021年3月,株洲市教科院袁辉老师和株洲科学名师工作室主持人孙江波老师来到茶陵县视导乡村科学教育工作,与我谈起召集科学教师组建"自组织"的事情。当时我对教师"自组织"不太了解,感觉要成立自组织肯定是一件很难的事情。那时茶陵县小学科学教育的状况并不乐观,乡村学校的科学课教学尤其薄弱,科学成为边缘科目,不像语文、数学科目被学校重视；科学课被其他科目挤占，甚至有的学校没有开设科学课，更不要说学生动手实验；实验室成为摆设，实验桌上灰尘堆积；乡村学校专职科学教师队伍缺失，科学教学多由语文、数学教师或年纪大的其他科目老师兼任；科学教师专业素养存在普遍较低等情况。现有的少数科学教师感觉独木难支，迫切希望有志同道合的伙伴相伴而行。

（二）需求

我国提出深入实施科教兴国战略。学生的科学素养决定着国家科技发展和未来，科学教育质量的好坏直接影响到学生科学素养的高低，良好的科学教育有利于培养学生的创新能力。鉴于此，提高茶陵县科学教师队伍的专业素养，发挥科学教师团队力量，发展县域乡村科学教育已经迫在眉睫，成为急需解决的一道难题。

回想自身的成长经历，我从最初的乡村学校兼职科学教师到现在的县城专职科学教师，从名不见经传的一般科学教师到株洲市小学科学学科带头人、湖南省科学骨干教师，一路走来，我能坚守科学教学讲台，除自身的努力外，更多的力量来自以袁老师、孙老师为带头人的株洲科学教师团队老师们对我持之以恒的帮助和鼓励，同时也离不开近几年来"桂馨"对我们科学教师的学习发展提供的平台和支持。饮水思源，推己及人，成长的历程虽艰辛但愉悦。我想是时候为自己喜欢的科学教育事业另辟一条道路。所以，我开始认真思考科学教师"自组织"的事情。

二、初心

心动不如行动。第二天，我即决定成立茶陵县域的科学教师"自组织"。当时教研室谭小毛老师和兼职科学教研员宫小丽老师积极向我推荐各乡镇优秀科学教师，不到一周时间我召集并迅速组建了茶陵县小学科学教师自组织，即"绿森林"科学教师团队。我们邀请到小学科学全国优秀展示课一等奖获得者、株洲市小学科学学科带头人、株洲市实验小学欧阳海晏老师，茶陵县教育局教研室谭小毛老师为"绿森林"自组织的顾问，成员有茶陵县解放学校杨琪、谭力老师，城西小学宫小丽老师，芙蓉学校陈碧玉老师，枣市镇中心小学谭美琴老师，桃坑小学罗文慧老师。9月，又有解放学校陈梦玲和芙蓉学校雷璐茜两位老师加入。

"绿森林"寓意：茶陵县小学科学教师自组织共同体这一颗小小的种子从生根，发芽，到长大，长成整片森林，这是一个由少到多，由城镇到乡村不断"绿化"壮大的过程。我们每一位科学老师心怀对科学教育的一片热忱，大家共同学习，互相帮助，不断完善自我，提升科学素养，愿意为振兴茶陵乡村科学教育奉献自己的全部热情和力量。

就是这样一群有着共同愿景，热爱小学科学教育的，充满青春活力的老师们共同组建了以"绿森林"为名的茶陵县小学科学教师成长共同体，我们一起手挽手，肩并肩走在了促进学生全面发展，提高学生科学素养，振兴茶陵科学教育的路上。四年来，绿森林队伍由最初的6位老师到现在的16位老师，队伍在壮大，能力在提升。

三、凝心聚力　共同成长

（一）打磨课堂，各显其能

"绿森林"以2021年株洲市小学科学乡村教师赛课为契机，从罗文慧老师参赛磨课开始我们的探寻科学教学之旅，经过我们绿森林团队的共同努力，成员罗文慧老师执教的《生生不息的动物》一课，在2021年株洲市"桂馨杯"乡村科学教师课堂教学竞赛活动中荣获一等奖。

"绿森林"科学团队在召集人杨琪老师的带领下从4月9日第一次集体听课、磨课活动到赛课前，所有成员都尽心尽力给予我指导和帮助。从教学环节的设计，到PPT的美化，每一个细节大家都倾囊相授、精益求精。如阅读资料的选择上，百度百科搜索出的相关信息中名词太过专业化，阅读起来有难度，不太适合。"绿森林"科学小队的成员们，逐字逐句帮我修改阅读资料中的语言，使内容不再晦涩难懂，而是富有趣味性……在此尤其要感谢欧阳海晏老师多次线上指导，给我们的课理清了思路，指明了方法。

——2021年罗文慧参赛有感

对我来说，今年桂馨杯和往年比起来有些不同。罗文慧老师这堂《生生不息的动物》是我们茶陵县"绿森林"科学团队创立之后打磨的第一堂课，几个人来自不同学校，身兼数职，但每一次磨课都到场听课、评课，出主意、想对策。记得最后一次磨课时，为了帮罗老师把好课堂表现和课件的关，晚上11点多我们还在通过微信进行交流、修改课件。通过我们所有人的努力，罗老师这堂课取得开门红。作为团队的一员，我感到十分开心，我们的努力没有白费，团队的价值也得以体现。让我不禁感叹，如果每一次的展示课都能有这样齐心协力的团队互相帮助，我们茶陵县科学教育的春天必将来临。　　　　　　——2021年陈碧玉活动心得

这是茶陵县"绿森林"科学教师共同体的第一次主题教研活动。第一次活动就取得了市一等奖的好成绩让团队成员备受鼓舞，既是对我们团队每一位成员辛勤付出的肯定，也是我们茶陵科学教师自组织开展后续工作的动力。2022—2024年的株洲市优质课、录像课竞赛活动，陈碧玉、陈梦玲、陈好老师代表茶陵县参赛，我们依旧是团队齐努力，共同磨课研课。功夫不服有心人，我们绿森林团队屡获一等奖。

（二）搭建平台，研讨交流

为明确"双减"政策下低学段科学课堂教学及作业设计目标，提高青年科学教师的课堂教学质量，促进绿森林

科学教师自组织的团队建设，2021年11月20日上午，绿森林科学团队在解放学校桂馨小科学家实验室开展了"双减"政策下低学段课堂视频课集体研课活动。首先，集体观看陈梦玲老师执教的视频课《纸》和雷璐茜老师执教的视频课《观察蜗牛的反应》，原科学兼职教研员宫小丽老师主持评课议课环节。听课老师们积极发言，将自己的所思所想一一道来，大家肯定了两位年轻教师的努力，同时也提出在课后作业设计中需多加思索。下午，由谭美琴老师主持开展了以"双减"背景下科学作业的布置为主题的沙龙活动。老师们共同学习了相关政策内容解读，并对"双减"之下家庭教育新模式对科学课后作业的影响进行了讨论，低年段的课后作业可以合理利用这种新模式，布置一些亲子实践作业，如解放学校开展的"美丽大自然"艺术手工贴画比赛。

2023—2024年，"绿森林"科学团队借株洲市小学科学视导、县科学教师培训等活动，组织全县专兼职科学老师参与听课研课，"绿森林"成员陈梦玲、罗文慧、谭莲、邓港会等老师主动要求上研讨课，宫小丽、陈碧玉、谭美琴、陈标等老师自主评课，绿森林的影响力步步扩大，团队整体素养得到提升。

（三）竞相展示，磨炼真功

绿森林团队成员积极参与各级各类科学展示活动。2021年5月19日，"桂馨小科学家实验室"落户茶陵县解放学校，当时趁着袁老师和孙老师参加实验室揭牌仪式的大好机会，我们"绿森林"成员谭力老师主动请缨承担研讨课，为全县的科学老师们呈现了一堂精彩的展示课《生生不息的动物》，得到了袁老师和孙老师的肯定和赞赏。同月，杨琪老师跟随解放学校特级教师工作站赴舲舫乡中心小学送教下乡，并就科学课如何开展实验教学及应对和解决实验教学中遇到的困难与当地科学老师们进行了交流和分享。城西小学宫小丽老师参加茶陵县"名师带名徒""城乡结对"送教下乡活动，到秩堂乡列宁学校送教《折纸飞机》一课，获得了在场听课老师的一致好评。

同年 6 月，宫小丽老师在株洲市小学科学优秀骨干教师集中培训活动中作《一路成长，一路绽放》汇报分享；7 月，杨琪老师在株洲市暑期科学教师提升培训中执教《制作桃罐头》展示课。9 月，以陈碧玉老师为首的茶陵县芙蓉学校科学工作室团队创作的教学设计和公开课《让我们发现更多》在湖南省中小学教师信息技术与学科教学融合创新应用集体在线备课比赛中获得省级二等奖；12 月，陈碧玉老师的这一课在全国湘科版小学科学教材"微课堂"视频评选活动中获二等奖；她个人在株洲市在线优课大赛中获三等奖；陈碧玉老师报送的课例《各种各样的天气》和宫小丽老师报送的课例《动物的繁殖》均获株洲市基础教育"市级精品课"；同时，杨琪、宫小丽、陈碧玉等三位老师的科学作业与评价设计分获市一、二等奖。宫小丽老师和杨琪老师被评为"网络研修先进个人"。

2022年12月，陈梦玲老师执教《做尺子》在茶陵县网络研讨共同体小学科学竞赛活动中获一等奖；2023年，陈标老师执教《混合与分离》在茶陵县"茶乡风采杯"小学科学竞赛中获一等奖，龙娟娟老师执教《认识岩石》、曾趣峰老师执教《点亮小灯泡》获二等奖；2024年3月，陈标老师执教的《学会使用显微镜》、谭莲老师执教的《食物链》、曾趣峰老师执教的《传染病的防控》在茶陵县小学科学教师课堂教学竞赛中获县二等奖；陈妤老师执教《恐龙的故事》获一等奖，4月，此课例推荐参加株洲市比赛获市一等奖。罗文慧、宫小丽、陈碧玉、杨琪老师获优秀指导老师奖。

（四）实践活动，服务学生

2021年、2022年和2024年5月，茶陵县芙蓉学校先后举办了以"活力绽放芙蓉园，科技点亮未来梦"为主题的首届科技节，"科学在心中、创新在手中、未来在眼中"为主题的第二届"科技节"暨科普进校园以及第三届"科创筑梦"嘉年华游园活动，科技节活动由陈碧玉和陈妤老师为主要策划，学校领导大力支持，师生共同参与。每年科技节活动时间持续一个月，得到了学生、家长、社会的一片赞誉。 2021年7月下旬，杨琪老师带领"绿森林"团队陈碧玉、罗文慧和谭美琴老师来到株洲，有幸与浙派名师志愿者团队，株洲科学教师志愿者团队共同参加在渌口区育红小学举行的株洲·桂馨科学夏令营，和渌口区一百余名小营员共度了七天美好的夏令营时光，给孩子们留下了难忘的回忆，也给我们的科学教学生涯留下了精彩的瞬间。同时也让我们有机会与浙江名师和株洲优秀教师近距离交谈和学习，可谓收获满满。2024年7月上旬，绿森林成员宫小丽、陈碧玉、陈标、龙娟娟、陈妤、曾趣峰等老师主动申请参加了在茶陵县芙蓉学校举办的茶陵·桂馨科学夏令营，他们分别担任分营长和辅导员工作，参与上课和管理，杨琪老师则担任总营长职务，统筹管理夏令营的各项事务。此次科学夏令营100名营员来自茶陵城区七所不同的学校，孩子们在亲历贴近生活实际和需求的科学体验中拓展了科学思维，在活动中获得快乐、锻炼和成长。2024年茶陵·桂馨科学夏令营得到了社会及家长的高度赞誉。

在经过每个小组成员的讨论、设计、合作制作出的火箭由飞不上老师设置的空中铁板到粘住甚至超越设定的高度，孩子们脸上的笑容、成功的欢呼声、自信的身姿一一呈现，太赞了！ ——谭美琴参加2021年科学夏令营活动有感

"科学实验"对于孩子来讲，是神奇的未知领域，好玩的科学实验会深深地吸引他们，所以孩子不仅不会感到丝毫的压力，更最大限度满足他们好奇、贪玩的天性。与其让学生不甚规律的探索毫无目的地进行，还不如让学生参与有目的的"科学试验活动"有意义。本次造火箭科学实验活动不仅满足青少年的好奇心和求知欲，增加他们学习科学知识的兴趣，还提高了他们的动手能力与思维能力，

让夏令营的孩子们感受到科学的魅力。锻炼了孩子们动手与人际沟通能力，培养了孩子们相互配合的团队协作精神，孩子们从中感受到科学的奥秘，树立了勇敢自立、乐观向上的生活态度。我才真正体会到夏令营的本质：探究、快乐、成长。　　　　——龙娟娟参加2024年科学夏令营活动有感

2021年下期，茶陵县全面铺开"双减"背景下的课后服务教学，绿森林科学教师自组织的老师们当仁不让也开始在各校有序组织和进行科学社团活动。大家闲暇时互相交流社团课怎么上，上什么，材料怎么准备。这对茶陵县的教师来说，是一个新鲜事物。记得当时我还请教过荷塘区文化路小学孙老师，尹冰老师，实验小学欧阳海晏老师，天元区天台小学的洪献珍书记，白鹤小学的卢淼鸿老师，他们给了我很多实用的建议。芙蓉学校陈碧玉老师带的无人机社团、罗文慧老师带的创意搭建社团都开展得有声有色。正如解放学校校长当时说的那样"先做起来，再做精彩"，相信只要我们用心去做，没有什么事情能难倒我们。金秋十月，老师们带领孩子走出教室，走进校园的各个角落，鼓励家长周末带着孩子们亲近大自然，利用大自然中的一枝一叶、一花一石精心制作手工贴画，最后收到的作业大大出乎我们的意料，学生的动手能力和想象空间超乎老师们的想象。

（五）不断学习，力求成长
1. 积极参加培训学习

"绿森林"科学团队的老师们积极参加各级各类的科学培训：有教材培训，有专业提升培训，有网络研讨，有夏令营实践活动，有课例研讨活动，有作业设计研讨沙龙活动，有课标培训等，每一次大家都能认真学习，总结提高。每次活动之后，我们的老师都会自觉地将自己的活动感受记录下来，或反思，或心得体会，我们不在乎字数有多长，但一定是真实的感受。

关于作业布置问题，"双减"政策取消了一二年级学生的书面作业，要求减量不减质，这也意味着老师在布置作业的时候要偏向实践活动类作业。在布置科学作业时可以单元为主题布置，也可以每一课为主题布置。但还是以单元作业设计为主，要有分层作业，一般是分二层或二层以上。第一层是"必做"作业，第二层是"选做"作业，要有评价方法和评价标准。要写出设计意图或考查要点。这也是后续教学中我需要细细琢磨的方面。

——雷璐茜 作业研讨活动心得

"兴趣是最好的老师。"真正的学习并不是老师教授给学生的，而是由学生自发地、主动地学习，从而得到感性和理性辩证统一的结论。反观我们布置作业的目的是什么？能否激起学生的好学？能够引导学生学会学习？科学活动作业的答案是未知的，这种神秘感能最大限度激起人的好奇，可学生通常是按照要求一步一步完成，把作业当成任务自然缺少了发展的欲望，这也违背了我们布置作业的初衷。但如果我们能把条条框框的实验需求转换成神秘探究的线索，是否能更好地激发学生的求知欲，以达到促进课堂知识外拓的目的？
——陈梦玲 作业研讨活动心得

2. 阅读专业书籍

通过阅读《小学科学课程标准》《教师的挑战》《"探究—研讨"教学法》《像科学家一样思考》《小学科学教学入门十课》等专业书籍，从理论到实践，提升团队教师专业素养。每个学期开展读书交流会等团建活动，促进团队成员之间的交流，提升团队凝聚力。

3. 加强相互间交流，共同成长。

2022年12月—2023年5月，茶陵县"茶乡风采杯"科学教学比武活动从片赛到复赛，再到决赛，活动持续半年时间。为更好地交流，提升竞争力，大家走出去参与听课和磨课，互相学习，共同提高。在这个过程中，我们也认识和发掘到更多优秀科学教师，把他们吸收为绿森林自组织成员，借比赛创造和提供交流平台，继续壮大绿森林队伍，扩大"绿森林"的影响力，将"绿森林"的初心理念影响到身边的每一位科学老师，以此达到提升自我，促进学生发展的目的。

四、由内到外　共同发展

四年来，"绿森林"团队的每一位老师本着初心和热情，积极地投入每一项科学活动，谁也不愿意走在谁的后头，总是铆足了劲往前冲，生怕走慢了，耽误了大家前进的步伐。

正因如此，作为召集人的我更加不敢懈怠，努力做好穿针引线的排头兵，创造机会带领着我们绿森林的伙伴们一起学习。大家很珍惜好不容易才聚在一起的时光，我们总是有商有量，统筹兼顾，集思广益，取众家之长，补自家之短。比如2022年4月，中国小学科学教育学会发起的全国小学科学优质展示课在长沙举行。由于新冠疫情，我们不能亲赴现场，但是大家通过网络在线分散学习的方式，不仅自己学习，还带动身边的科学老师一起向全国各地优秀科学教师近距离观摩和学习。2023年4月，株洲市小学科学"新课标"培训活动在茶陵县城西小学举行，"绿森林"团队顾问欧阳海晏老师送教《光的反射》，荷塘区科学教研员孙江波老师以此课例做小学科学"新课标"分析解读，"绿森林"团队所有成员参与活动，认真学习，充实自我。2023年10月，茶陵县科学教师专业培训活动在云阳小学举行，团队邀请株洲市名师孙江波老师作题为《素养立意背景下的科学教学》的讲座，特级教师宾雨老师、优秀科学教师尹冰老师以及"绿森林"优秀成员教师陈梦玲老师给全县的科学老师们上示范课，老师们积极参与评课议课，现场讨论热烈。2024年3月在城北小学举行茶陵县科学教师课堂教学竞赛活动，"绿森林"团队成员或选手，或评委、或策划，大家以不同身份参与其中，每个人积极准备，在活动中锻炼自我，提升自我、展示自我。

一分耕耘，一分收获。踏实奋进、守望相助是我们"绿森林"科学教师共同体迅速成长的法宝。2022年，团队在湖南省在线集体备课大赛中荣获一等奖；三年里，团队6位老师设计作业获市一、二等奖；8位老师撰写科学教学论文获市一、二等奖；十余人次参与县市级科学教学竞赛课、精品课获一二等奖；不论是科技节、社团活动，还是科学夏令营，团队科学老师们始终默默地工作，换来学生的喜欢和尊重。学生科学素养提高了，创新能力发展了，这是老师们最大的收获。

聚是一团火，散作满天星；星星之火，可以燎原。团队的力量来自所有的个体，个体的努力成就了共同体的发展。"绿森林"科学教师团队老师将再接再厉，不忘初心，砥砺前行，继续为振兴茶陵乃至株洲科学教育事业贡献自己的光和热。

（本文为株洲市科学教师网络研修分享内容）

仰望星空，脚踏实地

——渌口区北极星小学科学工作室成长掠影

◎株洲市渌口区青龙湾小学　陈双

为充分发挥渌口区科学骨干教师的引领、示范、辐射和指导作用，培养一支科学教育教学骨干团队，2019年10月，渌口区小学科学名师工作室成立。当时的工作室只有五位成员，陈双、汪建萍、刘术恒三位老师为专业指导教师，凌畅、龙若景为培养对象。2021年，工作室成员扩充到十人。2022年5月，渌口区北极星小学科学工作室正式成立，中心工作站设在青龙湾小学。

工作室坚持草根化研究、行动研究，从教育教学实践中发现问题，扎实、踏实、务实、真实地开展案例分析、专题研究等活动，及时在教育教学行动中检验、实践，推广研究成果，引领教学改革，服务教师成长。

自工作室成立以来，渌口区北极星小学科学工作室全体教师认真贯彻落实立德树人根本任务，充分利用区域特色教育资源，努力构建理想教育生态，做好课程建设，抓实教学教研质量，教师专业成长有了新的突破。

一、学、考、评新课标，把握教研新航向

2022年4月21日，教育部颁布了新课程方案和课程标准。为全面领会、准确把握新课标的实质和主要变化，切实把新方案、新课标的教育理念和基本要求落实到课堂教学中，工作室利用当年暑假组织全体科学教师认真学习《义务教育课程方案》和《义务教育科学课程标准》，并组织了新课标考试。

网络研修活动中，工作室主持人陈双老师通过对比2017版课标，在变和不变中引导老师们感知2022版课标倡导的新理念、新方法，明晰教学方向。同时，陈老师对新课标考试进行了详细、专业的命题解读和试卷分析，旨在通过学、考、评活动提升老师们的学科专业素养，围绕核心素养内涵设计和实施教学活动，以此培养学生的核心素养。

二、"科学+"跨学科融合，培养教师科研意识

（一）主题探讨，试点研究

跨学科主题学习、项目化学习是新课标的高频词。工作室首先以青龙湾小学为试点学校。2022年8月24日下午，

陈双老师以《基于新课标跨学科理念对项目化学习设计与实施的思考》为题进行了专题培训，用具体的案例解释概念，鼓励老师们将跨学科理念带入校园、融入课堂，实现强师、优课、育人的目的。此后，科学组全体教师将跨学科主题教学作为教学研究的主题，深耕课堂，主动形成跨学科经验，培养学生的综合素养。

（二）共读研修，结对成长

工作室的老师们一如既往开展业务学习，征订了共读书目，老师们利用业余时间继续开展整本书阅读指导活动。2022年，老师们聚焦"新课标"和"项目化"这两个关键词，共读书本包括《义务教育科学课程标准（2022版）》《基于课程标准的STEM教学设计》《STEM教育这样做》《PBL项目化学习设计》。

工作室中，老师以校或镇为共读研讨单位，两两结队，在相互交流切磋中资源共享、彼此支持、共同提高，形成互助团队的局面。

（三）以赛促研，展示风采

北极星工作室丰富的科学教研活动也为全体教师搭建起相互交流、展示自我的平台，老师们在团队中快速成长。

2022年10月底，渌口区组织小学科学课堂教学竞赛。区教研室以"跨学科学习在小学科学中的融合与创新"为研究主题引领全区科学教师开展教学研究活动，通过深耕课堂，现已初见成效。育红小学的闫海龙老师在执教《保持生态平衡》一课中设计"你能用语文中学习的方法解释一下什么是'栖息地'吗"的问题。南洲镇红军小学田甜老师在执教《保护土壤》一课时,以"土"字的象形特征导入新课,激起学生浓厚的探究兴趣;青龙湾小学潘彬彬老师在执教《小苏打与白醋》一课时,引导学生利用科学概念进行技术工程学研究,研究制作一个灭火器。可见,大部分科学教师已初步理解并逐步建构了跨学科融合概念。

工作室的核心成员积极参加省、市组织的教学竞赛活动,通过团队合作,群策群力,取得了优异成绩。我们有幸见证了各科学骨干精益求精的工作作风和躬耕细致的专业思维;我们欣喜地看到一个个年轻的身影更加自信地走上讲台。刘术恒、潘彬彬、欧阳懿、文雅等骨干教师从各级大赛中脱颖而出;在STEM校本课程开发与实施的研究中,在项目化解读大赛的舞台上,在"桂馨杯"科学优秀课竞赛活动中,工作室老师们乐于奉献的教育情怀、集思广益的团队精神、不断生长的教研智慧闪烁着明亮、耀眼的光芒……

(四)校本课程,拓展研修

工作室的老师们并不满足于此,在课堂教学的基础上,把学生科学素养培养延伸至课外,根植于日常教育教学活动,开展了"科学+"跨学科融合教育研究,为全面提高学生的科学素养进行了积极的探索。

青龙湾小学自2月起成立了STEM科创社团,通过开设

STEM社团活动激发学生对科学的学习兴趣，提高学生学习的集中力、观察力和分析力，培养学生的动手操作能力和思维创造能力。陈双老师和潘彬彬老师结合学校自然环境和本土教育教学资源，进行项目化学习校本课程研究，开展并实施了制作日晷、设计塔吊、鸡蛋撞地球、我学孵小鸡、制作蜂蜜柚子茶、制作红绿灯、自制温度计等项目活动，学生的实操能力、团队合作精神等得到了很大提升。朱亭镇中心学校刘术恒老师开垦了学校植物园，明德小学陈冬云老师带领科学组在学校"沛园"中大展拳脚，他们将科学与劳动教育巧妙融合，带领学生在劳动中学会观察，在感悟中获得成长。

2022年11月，受新冠疫情影响，很多学生和老师不能正常返校。在陈双老师的指导下，经过精心研讨，周密部署，青龙湾小学线上线下结合，开展了科学、劳动、数学、语文四大学科融合的跨学科主题项目化学习直播教学活动，这次活动得到了湖南省教科院董仲文教授的高度评价，也标志着渌口区小学科学项目化学习研究走上了新的台阶。

三、加强活动组织，打造学科文化特色

工作室通过作业设计、集体备课、科普教育等多种方式扎实开展学科活动，着力提升教师专业水平，教师成长迅速。

(一)多元设计,落实"双减"

如何落实"双减"政策,更科学有效地布置书面作业?一年来,北极星工作室的老师们在总结经验的基础上对这个问题有了更多的思考,有了更丰富灵动的表达。陈双老师设计的单元作业《四季(二年级)》获2022年株洲市小学科学单元作业设计一等奖,潘彬彬老师设计的单元作业《认识天气(一年级)》获2022年株洲市小学科学单元作业设计二等奖。陈双老师设计的单元作业《地球与月球》获湖南省单元作业设计一等奖。

根据《教育部办公厅关于加强义务教育学校考试管理的通知》(教基厅函〔2021〕34号)"小学一二年级不进行纸笔考试"的要求,进一步落实"双减"政策,促进学生学科核心素养的提升,顺利推进渌口区2022年低学段无纸笔测试工作,工作室组织开展了无纸笔科学测评方案征集活动。

(二)集体备课,扎实教研

渌口区南北跨度较大,交通不便。为充分发挥工作室核心成员的辐射、引导和示范作用,北极星工作室坚持以点带面,以线带片,开展集体备课活动。渌口区明德小学、青龙湾小学、淦田梓湖小学、育红小学、龙船镇王十万中学(小学部)等学校坚持开展每周一次的学科组"圆桌式"集体备课活动。老师们按时、按质扎实开展集体备课活动,共同研讨。

9月20日，湖南省2022年集体备课大赛启动，11月21日结束。渌口区通过学校组队和跨校组队，共组建了4支科学备课团队。在疫情防控期间，各备课团队克服困难，提前完成了研讨交流、资料上传等工作。最后，龙船镇王十万中学（小学部）易阳老师、青龙湾小学陈双老师为主备人的集体备课团队荣获省级三等奖。

为帮助年轻教师快速成长，工作室核心成员开展"一对一"精准教研指导活动。汪建萍老师指导淦田梓湖小学欧阳懿老师执教《火山》一课荣获株洲市小学科学教师录像课二等奖，陈双老师指导青龙湾小学潘彬彬老师执教的《多样的天气（一年级）》获2022年株洲市小学科学教师录像课教学竞赛一等奖。

（三）科技创新，成绩斐然

科技创新教育是区域发展的一大特色和亮点。鸿仙中学、南洲镇中心学校、松西子学校、明德小学、青龙湾小学等开展了丰富多彩科技创新教育活动，引导学生在活动中亲历探究、体验快乐。由株洲市科学技术协会、市教育局、市生态环境局联合主办的第42届株洲市科技创新大赛在株洲市芦淞区枫溪学校小学部举行，在工作室的组织下，多所学校参加了科幻画、科学DV、科学探究实践和科技创新作品四项大赛，共荣获8个一等奖，8个二等奖，10个三等奖。

（四）科普教育，筑梦未来

为了进一步丰富校园文化生活，传播科学思想，弘扬科学精神，进一步拓展小学生的科普知识，培养学生爱科学、学科学、用科学的好习惯，2022年6月，株洲市二中青龙湾小学、育红小学科学学科团队充分利用学校科普教育资源，围绕"走进科技，你我同行"这一主题，组织开展科学普及活动。

本次活动得到了渌口区科协的大力支持，科普大篷车、AR科普展为孩子们带来全新的体验和感受。此外，还有科学嘉年华、参与式主题讲座、科普知识竞赛等，内容丰富，形式多样。科技创新、科学普及是实现教育创新发展的两翼。期待通过科普教育活动的实施与推广，让孩子们体验科学的魅力，增长新的科学知识，进一步点燃他们心中的梦想，激发他们的学习热情。

四、未来设想

（一）完善资源建设，打造优质科学课堂

继续完善工作室各项研修管理制度，加强集体备课，落实教案设计工作，强化教学设计意识，完善资源建设。强化课堂提效工作，加强组织教学，精心设计学习活动，着重落实信息技术与科学教育深度融合的教学策略，全面推行分层教学策略，打造优质课堂。

（二）拓展活动形式，促进城乡均衡发展

充分发挥城市地区优质教育资源的辐射和带动作用，

支援和帮助乡村学校提升办学水平，充分发挥核心教师、骨干教师的引领和示范作用，培养和提升老师们的科研意识、创新精神，扎实开展课题研究、跨学科项目化学习研究、学科教研等教育科研工作，进一步缩小城乡学校科学教育的差距，推进渌口区科学教育教学改革。

（三）扩大研究领域，深度开发校本课程

根据学校实际，继续开发并实施校本课程的开发与实施项目，把跨学科项目化学习融入科学教育教学研究，形成可操作性更强的课程体系，形成具有学校特色的实施性强的整套教学设计。

多元一体，成就渌口科研；璀璨星斗，点亮无垠苍穹。如今，站在梦想集结起航的新起点，我们该以怎样的姿态跨越新课程改革这片沧海？我们仰望星空，是那颗最亮的星，一直为我们指引方向。在以后的工作中，哪怕山高水长，我们也将踮起脚尖，努力追光前行。

炎陵科学教师成长共同体发展侧记

——教师自组织建设

◎ 炎陵县明德小学　吴小源

一、我的"蝶变"

事情得追溯到2015年，其时株洲市教科院牵手桂馨基金会，开展了每年一度的科学教师赛课活动，刚好那一年本人被炎陵县教研室任命为"炎陵县小学科学基地主持人"，也是这一年，懵懵懂懂中我竟然代表炎陵县去参加了赛课。临阵磨枪，仓促上阵，其结果惨不忍睹已成定局。想来这也是必然，如果以前的自然课也算科学课的话，我至少20年没有上过科学课了，没有正经上过科学课，不知道课程标准，没有指导教师，没有团队，没有磨课，有的只是无知者无畏。也就这一次活动，给予了我很大的震撼，震撼于外界早已把科学课堂形成了模式，震撼于株洲市区的学校把科学课堂研究得如此熟稔，也震撼于为了一堂参赛课，绝大多数学校倾注了一校甚至是一区（县）的力量进行团队打磨。

　　差距摆在面前，痛定思痛，从头再来。机遇来得非常快，株洲市三县一区在桂馨基金会的支持下开办了第一期乡村教师培训，我忝列其中。这次活动有浙江名师课堂，有同课异构，有前沿科技展示与体验，也有科学沙龙。精彩纷呈的培训活动再次让我开了眼界，触动不少。暗忖，与大城市的差距不止十年！桂馨基金会支持下的第二期培训如期在荷塘区文化路小学开展，我再次参加本次的同课异构课堂竞赛与培训，再一次站在了城市学校的讲台上，上自己设计的科学课。虽然自己觉得已经努力了，同行们也不吝表扬我的课进步不小，可与其他优秀课例比较，仍然缺少些什么。缺少什么呢？章鼎儿老师的点评与分析可谓字字珠玑、犀利见血，如醍醐灌顶。在努力中自信，在打击中思考，我还能成为一名合格的科学教师吗？我怀疑！

　　即便如此，株洲市小学科学教研室没有抛弃我，株洲桂馨团队没有抛弃我，炎陵县教研室的领导、同行鼓励我，2018年冬我被遴选为参加东部发达地区的科学教师第三期跟班培训人员。40天，不长不短的时间，要经历些什么，初来乍到，满是好奇与期待。在浙江绍兴柯桥的中国轻纺城二小，刘晋斌校长的话让我记忆犹新："来到这里先要清空自己头脑里的一切，全身心去感受、学习""每天撰写500字的日记"……感恩遇见，刘老师给了我们跟岗学习的指导思想。这40天我忠实地执行了刘老师的建议。汇报课总结的时候，刘老师另一句话再次激励了我们：这一期的跟岗培训是组织得最好的一次，没有之一！这是多么高的评价，这是对柯桥、上虞区教研室、轻纺二小学校、柯桥实验小学、上虞东城区小学领导、老师的高度赞誉，也是对我们株洲一行六人学习效果的高度肯定。

此时此刻，脑海中依然清晰地浮现出指导老师们对我们的耐心指导，一遍又一遍，依然记得他们自驾车载着我们到各个学校参加活动，依然记得金伟平老师、丁建国老师组织我们两次到杭州观摩学习，依然记得他们迎接与欢送我们的丰盛晚宴。

这一次的培训，因有了集中的时间，特别好的空间，更有专业导师的指导，我对科学课有了更深切的理解，对发达地区的科学教学研究现状有了更深的了解。从此时起，我在设计一堂有科学味的课时少了些迷茫，少了些弯路。更有幸的是耳闻目染了绍兴科学老师的工作状态后除了敬畏更有一种紧迫感，这种感觉一直影响到我的处事与工作专注力，也促使我一直努力地畅想着炎陵科学教育的未来。

2019年在桂馨基金会支持下，绍兴导师亲临炎陵县明德小学回访，检查本人学习巩固情况，而且带来了一堂指导课，再次聆听了浙江名师王建军、李清、高淼老师的指导，其时全县科学老师均参与并受教。同年10月，本人第三次站在了株洲市文化路小学的报告厅上课，是作为株洲市参加东部发达地区跟岗培训人员的成果汇报。自我感觉与第一次在株洲实验小学上课的情形大有不同。

蜀中无大将，廖化打先锋，本人有幸两次参加桂馨基金会组织的教研员培训学习，多次聆听章鼎儿老师的指导与教诲，多次感受桂馨人的执着与谦逊好学，可以说这既是专业的成长也是人生的成熟。

时至今日，个人继续成长力有不逮，唯愿将近几年的学习与感受分享给炎陵更多的志同道合的教师。2020年始，我们成立了炎陵县科学教师发展共同体组织，希望以此为平台带动一批老师继续为本县的科学教育教学尽力。

二、我们的"演变"

2012年炎陵县教研室为了加强教研工作的实效性，调动全体老师的积极性，更是为了让分散在各个乡村的教师有一个共同研讨的平台，也为了让研室人员从彼于应付的状态中走出来，县局领导打算成立以学科为单位的组织，当时叫"学科基地"，这个"基地"由一名县域内能力较强的学科教师担任组者，称之为"学科基地主持人"。主持人与教研室共同商议推荐3—5名该学科教师为核心成员。在主持人的主持下主要开展网络教研活动，当时网络研修平台主要是依靠QQ群。最初学科基地只有中学语、数、外、政、史、地、生、化，以及小学语、数、外等几个科目。2015年增加了中小学音乐、美术、体育、科学、思品。整个架构起来了，也开展很多的工作，取得了较好的效果。这是在炎陵县教研室领导下的教学研讨组织。成立之初，吴小源是为"科学学科基地主持人"核心成员5人（后来因教师任课有变便随时有调整）。但凡科学这一块的学习培训、参赛、网络研讨，均在教研室指导下由"学科基地"成员组织实施。因各种原因，自2018年起，"基地"的工作主要靠自发去做，靠教育情怀去做。

2020年，炎陵县教研室主导下的"学科基地组织"解散，为了不让原本好不容易聚在一起的科学教师分散失群，炎陵县有必要成立一个服务科学教学的团队。

2021年，孙江波、袁辉老师深入炎陵调研科学教育教学现状，本人有幸陪同。期间孙校分享了他打算申报一个关于自组织成长共同体研究课题的构想，希望我能参加。我很受鼓舞，欣然承应。既然是这个方向的研究，肯定得有个"试验田"于是，成立自组织意向逐渐形成。

经与炎陵县多名教师沟通，我们决定将自组织命名为"桂馨炎陵县科学教师成长共同体"，希望共同体内成员能秉承桂馨基金会的精神。

共同体最初的成员只有四五人，刘发玉老师、吴小源老师都是桂馨基金会支持的参加过三期培训的70后教师，从事科学教学时间较长，有着从《自然》教学转入《科学》教学的经历。邓琳老师，炎陵县原化学学科基地主持人，2021年调入县城内的芙蓉学校任教了科学，2021年代表炎陵县参加市赛课活动；李丰琳、罗淑，唐佳都是湖南一师科学教育专业毕业的免费师范生，90后新生力量；邓红梅，一位在科技创新中非常热心，非常优秀的指导老师，调炎陵县城南小学任教。其中李丰琳和邓红梅也多次参加过省市组织的科学培训、赛课活动。

应该说，共同体的成员在科学教育教学上是炎陵县的核心力量，把这些人聚在一起能讲专业的话，做专业的事。如果这个组织成长顺利的话，那炎陵县新老接替就会顺利很多。

孙江波校长很关心我们组织的成长，学特别安排了名师工作室的何利老师为我们组织的指导老师。桂馨基金会给予了我们大力的支持不仅有活动指导上也有资金和物力上。

自组织成立时间不久，所有工作都在摸索中前行，但毕竟有了一个组织，她的存在至少目前有很积极的意义。一是把县域内有经验，有共同愿景的一批老师组织起来，让大家有一种"家的感觉"，二是自组织形成的合力能为全县科学教师提供及时且较为专业的服务，能很好地组织全县教师的学习培训活动；三是自组织成员能在其中主动学习成长。

我们的设想：1. 构建一个稳固的学习团队，积极参与官方或民间的各种有关科学学科的学习、培训活动。2. 在合适的时候与炎陵县教研室、桂馨基金会、兄弟县区配合，做好活动的组织、筹备、管理、参与工作；3. 独立组织有利于提高学生、教师科学素养的宣传、培训、研讨、学习活动。4. 每位进入自组织的成员均能在职业素养与专业素养中获得较明显的成长。5. 通过成员的主动奉献与服务，影响更多的教师加入自组织中，并以此壮大炎陵县的科学队伍。

为实现自我在科学教育教学上的成长，帮助提高区域内师生科学素养，保障我们的团队能够快速、有效地成长，能够顺利开展活动，还制订了《桂馨炎陵科学教师成长共同体章程》。

相信，我的"蝶变"和炎陵科学教师成长共同体的"演变"将为炎陵乃至整个株洲的科学教育带来质的改变。

遇见光，追逐光，成为光

——文化路小学科学教研组成长路径分析

◎株洲市荷塘区文化路小学　彭佳宁

株洲市荷塘区文化路小学自2015年建校以来，科学教研组实现从无到有，从有到优的转变，是教师个人及团队成员共同努力、齐头并进的卓越成效。短短几年间，文化路小学科学教研组已实现自身飞速成长，现已成为具有较高教学水平、研究能力的团队，在区域内具有一定影响力。该校科学教研组也是株洲市小学科学教师成长共同体的重要一环，本文主要针对文化路小学科学教研组成长路径进行分析，为更多学校科学教研组建设、教师团队成长提供参考。

一、成长有背景支撑

文化路小学位于株洲市荷塘区石宋路，创办于1974年，原名渔场小学、石子头小学，2009年学校拆除重建。2015年9月新校建成开学。荷塘区政府将新建成的文化路小学定位为一所高起点、优环境、高标准的现代化优质品牌学校。

新建成的学校占地面积9126平方米，建筑面积6333平方米。实验室、科学探究室、报告厅等功能室设备一应俱全。为后续教师成长奠定物质基础。

学校秉承"以文化人，以礼育人"的办学理念，积极构建以"健康、文化、文明、科学、艺术、实践"六大核心素养为主题的课程特色，努力打造一所社会认可、家长放心、师生向往的株洲市现代化品牌学校。

在2015年新校建成开学时，除时任校长孙江波兼任科学教师外，学校无一名在职科学专职教师。班级科学课大多数由聘任教师执教，且所聘教师所学专业并非与科学相关，此时的师资配备无法满足学生学习的需要。教师配备不足、专职教师非科班出身、学科本身呈边缘化等问题，在其他学校也同样存在。随着《义务教育科学课程标准》（以下简称"课标"）在2017年、2022年两次修订、颁布，从国家层面明确科学课程是一门综合性基础课程，具有实践性。科学教师逐渐从可有可无的"副课教师"走向有存在必要的"专业教师"。文化路小学现有科学教师迫切需要实现专业成长，以适应课程发展、学生学习、自我实现的需要。

二、发展有内需愿望

（一）教师自身有强烈发展愿望

文化路小学教师平均年龄不到30岁，在这所学校，青年教师已成为一支不可忽视的力量。他们充满活力，富有创新精神，对教育事业充满热情和期待。该校的科学教师正是这样的青年教师。他们希望在工作中不断成长、进步，渴望为学校的发展和学生的成长贡献自己的力量。每位青年教师都有强烈的自我发展愿望，他们渴望通过学习和实践不断提升自己的教学水平。近几年，面对课标的修订、教材的调整和改革，科学教师需要不断更新教育理念，提升教学技能，以便更好地适应教育环境的变化。此外，科学这门课本身具有极强的探索性和实践性，需要教师不断探索新的教学方法和手段，以激发学生的学习兴趣和学习主动性。

与其他大学科教研组相比，科学教研组的教师人数是比较少的，这就让我们集中交流机会变得特别多，每周四我们参加区集体备课，在那里，我们可以与其他学校科学教师进行交流，汲取他们的经验，校际交流成为我们成长路上的重要一环。

（二）充分发挥"霸得蛮"精神

文化路小学科学教师充分发扬"吃得苦、霸得蛮、耐得烦"的湖湘精神，抓住一切有利时机和条件，锚定目标，坚定不移抓住一切可以学习、提升的机会，在校级、区级、市级、省级等多平台研训活动中积极参与听、评课活动，在湖南省特级教师孙江波的课堂里，时常看到前来听课的青年教师的身影，向身边的专家学习、取经成为文化路小学教师实现自我快速成长的有效途径。此外，科学教研组建构以听课、评课、议课为一体的校本教研体系，教师在教研中关注解决教学中的实际问题。实现从"胆怯"到"自信"的转变，站稳讲台实现成长的第一步。

建校初期，学生参加各级各类比赛、活动存在明显短板。学校生源以合泰片区外来务工人员子女为主，家长平日里忙于生计，对孩子学习上的关注度不够，对待科学这门学科的学习多数处在"不知情"状态，如何借助学科相关比赛等平台帮助学生提升课外科学实践能力、增长见识，同时提升教师的学科专业素养、扩大科学教师影响力成为摆在面前的又一大挑战。教师要培训学生参赛，首先自己要有专业知识储备。以荷塘区"我和花儿齐开放"活动为例，教师组织学生在学校开展种植活动，观察、记录植物的生长过程，文小科学教师均是自幼生活在城市里的独生子女，对于植物的生长自身也缺乏相关认识，属于种植"新手"。为解决此类问题，更好地带领学生开展活动，学校教师利用课余时间主动学习植物种植知识，在校内开辟种植园，与学生一起观察、研究植物的生长状态，合理规划种植区域，为不同植物提供它们需要的生长环境。并请来种植方面专家，从"选种""育苗""移栽"开始深入学习，夯实自身知识储备。为给学生"一滴水"，先装满自身"一桶水"。

在其他各级各类比赛、研训活动现场，也定能看到文小科学教师的身影。在学习的路上，他们从未缺席。同时，也收获了累累硕果。科学教研组长彭佳宁参加株洲市小学科学优质课竞赛获一等奖，参加湖南省实验教学创新大赛获一等奖；郭思函、马诗媛老师参加荷塘区科学现场课竞赛获一等奖等。

三、团队为帮扶抓手

（一）学校领导高度重视

自 2015 年建校至 2022 年，学校校长由科学特级教师孙江波担任，作为科学教育业内专家、荷塘区小学科学领军人物，孙校长对这门学科有独到的见解。担任校长的七年间，孙校长在关注学科发展的同时，更心系本校青年教师的专业成长。他始终认为，青年教师是等待开发的璞玉，稍加雕琢，便能展现他们自身独特的魅力。学校连续八年开展"璞玉杯"青年教师赛课便是对教师成长最好的见证。教师从学校出发，在省、市、区级现场教学活动中获奖无数，从"无名之辈"到株洲地区科学教育"种子选手"。

2022 年 9 月起，孙校长工作履新，正式接任荷塘区科学教研员工作，先后任校长的周慧珊、晏鹏对于学校科学课及科学教师的培养同样高度重视，全力支持科学教师外出学习、培训。校级领导的重视与帮助，使得文化路小学成为科学教师成长的"孵化器"。

（二）特级名师专业引领

任何人的成长都有一个过程，但过程的快慢与达到的高度却不尽相同，这一快慢与高度，取决于个人，更取决于团队。要想走得远，抱团式发展是文小科学教研组的必经之路。特级教师孙江波经常与科学教师共同探讨，研究每个人的特长和优势，帮助成员充分挖掘自己的潜力，找准自己努力的方向，制定个人3—5年成长规划，并督促老师持之以恒地坚持。在株洲市小学科学教师成长共同体内建立文化路小学科学教师成长共同体分支。

区教育局特聘督学何利、学校督导主任尹冰为学科建设助力。何利督学是株洲市小学科学学科带头人、全国科学教学竞赛一等奖获得者，尹冰为湖南省卓越教师培养对象、荷塘区科学松鼠社社长、精品课部优奖获得者。两位名师是株洲市小学科学教师成长共同体的核心成员，也是近十年来株洲市小学科学教师发展历程的见证者，他们在引领文小科学教师专业发展方面均发挥了巨大的作用。

专家的引领、团队的扶持、成绩的获得让青年教师们逐步看到自己的潜力与价值，迫切希望取得更大的进步。加入湖南省小学科学孙江波名师网络名师工作室，通过名师工作室网站获得更多的优质资源，使得碎片化时间得以高效利用，打破时间和空间的限制，更多一层展示的平台，成为文化路小学科学教研团队二次生长的有力助推手。

（三）学科融合建立同盟

在教育领域，教师之间的跨学科合作与交流在提升教师素养方面起重要作用。文化路小学科学教师与信息技术教师建立"科信教研组"，科学教师的成长不仅限于本学科范围内知识，同时关注其他学科领域，通过跨学科学习、跨学科教师的融合教研活动拓宽教师的视野，培养跨学科思维能力。文化路小学"科信教研组"教师间的同盟是一个开放、共享的交流平台，他们通过听课、研课、集中教研等方式彼此分享教学经验，讨论教学方法，通过跨学科的交流，教师可以获得更多的教学策略和方法，同时也激发团队的创新精神，促进团队的成长。定期开展跨学科教研活动，有助于教师们打破学科界限，共同探讨教学问题，提升教学效果。像这样的"学科融合同盟"不仅提高了教师的专业素养，也增强了团队的凝聚力。

专业是教师职业的核心竞争力。漫漫教育路，一路走来，我们都经历了"山重水复疑无路"的困惑，也收获了"柳暗花明又一村"的惊喜。深耕专业，学习并勇于实践。跃迁不可一蹴而就，与其焦虑未来，不如专注当下，着手眼前的小事。往前看，前路漫漫亦灿灿，我们一如既往，落落大方，带着执着信仰，扶摇直上，在专业领域闪闪发光。心存希冀，目有繁星；追光而遇，沐光而行。那些追光的人，终会光芒万丈。

个人成长案例

做最好的自己

◎株洲市荷塘区文化路小学　孙江波

十年前,《湖南教育》杂志"成长有约"栏目以《孙江波：做最好的自己》为题，对我进行了专访。回想三十余年的教育生涯，我确实一直在追求"做最好的自己"。在原文基础上，我进行适当的增删，延续我的成长印迹。

一、职业态度决定成长高度

我本是一名数学教师，从1990年师范毕业至1998年，在最初任教的醴陵市板杉乡中心小学里，一直兼职教科学。每周12节科学课（当时为自然课）。

那个年代，别说条件简陋的农村，就是城里的学校对科学课也不甚重视。我却是个例外。对于这份"兼着的"学科，付出的努力丝毫不逊色于"专着的"数学。

给农村孩子们上科学课，最愁的是实验材料。每次上课前，我都要在这方面花费大量时间。讲解弹性，苦于没有弹簧、海绵，我盯上了父亲特意请木匠师父制作的沙发，偷偷地"解剖"了沙发，得到二十余个弹簧和若干海绵；

聊起星空，苦于没有图片、模型，我盯上了教室的天花板，趁着周末，一个人剪出了北斗七星、北极星、天后座，然后又一个人晃晃悠悠地站在几张桌椅搭成的梯子上一番粘贴，一张纯手工的星空图就这么跃然"板"上。

1994年，22岁的我"摊"上了件大事。这一年，学校迎来了湖南省实验教学检查验收，没接受过专业学习和培训的我，对于仪器一不认识，二不会用，能拿什么去迎接验收？我急啊！一本《小学自然实验大全》解救了我。这本六百余页的工具书，我在一个星期内读完了三遍。就着书，我逐个认识和使用了实验室里的仪器；参照书本，我自己动手，用酒精喷灯制作玻璃弯管和滴管，制作植物标本和动物标本，摆弄所有的科学实验盒……四十余天的暑假，近40度的高温，我一直泡在实验室和仪器室里。等到验收时，各种仪器放在实验室的第几个柜子的第几层，每一个实验需要哪些材料该怎么用，我都了然于胸，对答如流。结果，学校以满分通过验收，被评为市"实验教学先进单位"，我则收获了"实验教学先进个人"的荣誉。

我收获的又何止一个称号？学到的专业技能让我受益至今。从那里起，我还养成了爱读书的习惯，找到了钻研的乐趣，更重要的是，对教师这一职业，我的态度有了根本变化：从前是干这行所以爱这行，现在是爱这行所以干这行。这种变化产生的直接后果是，我开始选择主动成长，并给自己定下目标：做最好的自己。

二、构建"读写思研"成长模式

记得在醴陵市实验小学担任校长期间,某天,在公交站,喧闹的人群中,我正低头看书,被同事荣志"惊鸿一瞥"看到了。他向老师们大肆宣扬:"我真是佩服孙校长,坐公交车看书就算了,连等公交车也看书,真是不浪费一分一秒!"

读书成了我的一个习惯。"当你读进去了就有乐趣,就停不下来,一旦停下来,就有空虚感。因此,随时随地有空闲就看书,对我来说再自然不过。"我对老师们分享时说出了我的真实感受。我读书有两个"三"。一是"三个"要求:阅读面要广,教育学、经济学、哲学、心理学……都可以读;读的书要精,尽量选择名家名作;读的意要深,读完后可以先模仿,但必须内化,不然永远无法成长。二是"三遍"读书法:每本书读三遍,第一遍粗读,做标记写批注;第二遍精读,反复研读做标记、批注的地方;第三遍,根据日常工作需要,有目的地读。

读书破万卷,下笔如有神。每年,我会给自己定下目标:看多少书,写多少文章,做多少研究。比如,每个星期,我会写上3—5篇日志,有的是对社会现象的反思,有的是课堂点评,有的则是记录下教育教学实践中的困惑。我花了很长的时间思考：科学课难道只是一门传授科学知识、培养科学技能的课？我将"什么是科学课更高的追求"作为我研究的重要课题。

《谁选择了它们》是一堂有关生物多样性内容的科学课，是我2007年送教下乡的一堂示范课，更是我研究"什么是科学课更高追求"的突破口。"怎样才能落实课程目标？怎样才能让学生更好地体会到适者生存的含义"，上课前，我一直在思考着这两个问题。电光火石间，"物竞天择，适者生存"八个字跃出脑海，百余年前的严复先生大概没有想到，他译文中的这八个字，居然使21世纪一位名叫孙江波的科学教师认识到，科学课也是一种文化，是一门科学与人文完美融合的文化课。自此以后，历时十余年，我一直寻找、验证科学课的更高追求：将科学教学与经典文化有机融合，让学生在探寻科学奥秘的过程中感受文化的博大和魅力，领略科学与文化精神融合的精妙境界。这些年来，我写下了数百万字的教学日志，发表了六十余篇文章，出版了专著《科学的文化过程与实践——孙江波科学教学的思与行》，主持和参与了十余个国家级、省级课题研究。

三、将爱融入课堂

从走上讲台的第一天开始，我便对学生有一种特别的喜爱。每当看到孩子们对上科学课的向往之情，我就会感到幸福无比。

当教师，必须爱学生。只是，爱的表达，一百位教师却可以有一百种方式。我的选择是，将三尺讲台当作"示爱"的最佳舞台，每一堂课，我都有着一种投入的冲动与激情；每一堂课，我都有着一种内在超越的渴念与瞻望。我渴望自己成为"科学"、成为"自由与诗"出现在孩子们面前，告诉他们，我爱他们。

因为爱学生，所以我无论在校长岗位，还是教研员岗位，我从未离开课堂。我要上课，要上好每一堂课，因此，我必须成长。我对我的课堂最基本的要求就是：一定要受孩子们的欢迎。

事实的确如此。孩子们很喜欢我的课，课堂气氛也很热闹。甚至下课铃响了很久，他们也仍然围在我身边，争先恐后地提着各种问题。孩子们享受我的科学课堂，我享受孩子们对科学的热爱与渴望。

我的科学课堂，也不局限在几十平米的科学教室之中。在醴陵板杉乡中心小学，我为学生开辟出一块一千余平方米的生物实验园。这园里，有我翻山越岭找来的水杉、银杏、苏铁等各种教材中涉及的植物；有我和老师们自己动手搭建的水池、温室、小动物栖息所；有各种用于小制作小发明的常用工具、材料。后来，进了城，先后在外国语石峰学校、荷塘区文化路小学任教科学，这里建不了大型实验园，我便在自己的工作室里腾出空间给孩子们做小手工小发明,在学校楼顶开辟种植养殖园,带着孩子们种豆子、大蒜、白菜、辣椒等,观察发芽、开花、结果等生长变化,研究植物的生长与根系、肥料等的关系。在养殖园里养蝴蝶,观察它们的生命周期等。在这个过程中,种植养殖不仅仅是科学学科的实践内容,更成了项目式跨学科主题活动,吸引了学校乃至全区更多老师和学科的参与。在荷塘区,"我和花儿齐开放"种植活动便是始于科学课的种植,辐射到全区小学各学科,其理念和做法在《湖南教育》杂志进行专题报道。

回顾在我担任科学教师的三十余年里,我的学生在参加全国科学探索小论文竞赛、湖南省科技创新大赛等活动中获奖数百人次。我的科学课也从学校,一步步上到了市里、省里,多次执教国家级、省级名师以及特级教师展示课。我的研究成果也曾获得湖南省创新教育成果一等奖、全国小学科学教育专业委员会成果一等奖等。我从一名乡村教师,逐步成长为特级教师、正高级教师,桂馨科学名师志愿者等等。甚是欣慰。

也许,这正是我"做最好的自己"的践行所得吧。

本文只是回顾了我个人学科专业成长路上的一些花絮,对于我在校长、教研员岗位的故事、我与北京桂馨基金会的结缘,以及我与团队的深厚情谊等,在此不做展开,均铭刻心中。

汲取智慧，历练成长
顿悟真谛，收获辉煌

——我的专业成长轨迹

◎株洲市荷塘区龙洲完全小学　宾雨

泰戈尔曾以他那温婉而深邃的笔触，描绘出生命之树的多彩篇章："花之绽放，绽放的是生命的甜蜜与希望；果之成熟，承载的是时间的沉淀与价值的珍贵。而我，甘愿选择成为那谦逊低垂的绿叶，默默地为过往的行人提供一片凉爽的绿荫。"正是这份对平凡中见伟大的深刻理解，引领我踏上了科学教育这条既平凡又非凡的道路。

1997年，怀揣着对教育事业的满腔热忱与无限憧憬，我步入了教书育人的殿堂。那时的我，只是众多科学教师中普通的一员，但心中却怀揣着将科学之光播撒到每一个孩子心田的梦想。我深知，教师的事业虽不总是轰轰烈烈，却能以润物细无声的方式，滋养着每一颗渴望知识、探索未知的心灵。

二十余载春秋更替，我见证了无数学子的成长与蜕变，也经历了自己从一名普通科学教师到科学特级教师的蜕变过程。这一路走来,我始终将教师视为一份神圣的职业,一项值得倾注心血的事业,更是一门需要不断研磨与创新的艺术。我不断地自我提升,深化专业知识,拓宽教育视野;我执着地自我追求,渴望在科学的海洋中引领学生们遨游,激发他们的好奇心与创造力;我勇敢地自我超越,面对挑战不退缩,勇于尝试新的教学方法与理念。

如今,回望来时路,我深感这段成长历程的宝贵与不易。它不仅是我个人职业生涯的见证,更是对教育初心与使命的坚守与传承。我希望通过分享这段经历,能够激励更多教育工作者在平凡的岗位上追求卓越,用爱与智慧点亮学生的未来之路。同时,我也期待每一位科学老师都能从中汲取力量与灵感,勇敢地追寻自己的梦想,不断书写属于自己的精彩篇章。

一、吸纳与沉淀:科学征途上的不懈探索

在科学的浩瀚星空中,我如同一颗不断追寻光亮的星辰,而培训与学习,便是那推动我前行的强劲风力。幸运的是,我置身于一个充满活力与创新的团队——科学松鼠社,以及一个汇聚精英的智慧殿堂——孙江波科学名师工作室。这两个平台如同双翼,不仅为我提供了丰富的教育资源,更通过"传、帮、带"的宝贵传统,助力我在教育的田野上深耕细作,从一名普通的科学教师,逐步向"科

研型"教师迈进。

培训,是我成长的催化剂。每一次参与,都是一次心灵的洗礼与专业的跃升。工作室精心策划的每一次活动,无论是专家讲座的深度剖析,还是合作研讨的思维碰撞,亦或是案例教学的实战演练,都如同春雨般润物无声,滋养着我的教育理念与教学方法。我深刻体会到,作为教师,不应仅仅满足于知识的传授,更应成为教育研究的探索者,用科研的光芒照亮教学的每一个角落。

学习,则是我前行的指明灯。我深知自己并非科班出身,但这并未成为我前进的阻碍,反而激发了我更加勤奋好学的动力。"学无止境",这句话不仅是我的座右铭,更是我行动的指南。我广泛涉猎,从同行身上汲取经验,从学生眼中寻找灵感,从书籍报刊中汲取智慧,不断充实自己的知识储备。我坚信,唯有不断学习,才能跟上时代的步伐,才能为学生的成长提供源源不断的动力。

在这个过程中,我逐渐形成了自己独特的学习策略:分阶段、有重点地深入学习,结合实践进行反思与总结。我珍惜每一次听专家报告的机会,让思想的火花在碰撞中绽放;我积极参与名师工作室的各项活动,通过言语交流、文本再现、视频回放等多种方式,捕捉并提炼教学经验的精华。我意识到,捕捉他人经验的影子,实际上是在激活并丰富自己的经验库。这种经验的共享与共生,不仅促进了我的个人成长,更为教育生态的繁荣贡献了力量。

二、磨砺与领悟——在实践的熔炉中铸就精彩

成长的道路上，汗水与泪水交织，挑战与机遇并存。2015年，我登上全国科学教学比武的舞台，开启一段紧张又满怀期待的历程。初次面对"国家级优质课"这一高规格的舞台，我心中充满了忐忑与不安。如何打造一堂既有特色又具深度的课，成了我日夜思索的难题。在科组老师的鼎力支持下，我们反复商讨、修改教学设计，每一次的试讲、每一次的反馈，都如同磨刀石般，让我的课堂逐渐锋利起来。

那段时间，我沉浸在课堂的海洋中，不断汲取他人的智慧，从优质课视频中寻找灵感，从同事的点评中提炼精华。袁辉老师、蔡建平主任、孙江波老师，他们的宝贵意见如同灯塔，照亮了我前行的道路。当比赛终于来临，尽管内心依旧惴惴不安，但当我站上讲台的那一刻，所有的紧张都化为对知识的渴望和对学生的热爱。我的"浮与沉"一课，最终荣获了全国科学优质课评比一等奖，这份荣誉不仅是对我努力的认可，更是激励我继续前行的动力。

从那次比赛开始，我深刻意识到开课的过程远比结果更为重要。它让我学会了如何在压力下保持冷静，如何在反复打磨中提升自我。如今，面对公开课，我已不再紧张，

取而代之的是一种坦然与从容。我深知，每一次上课都是一次自我挑战，每一次反思都是一次成长的机会。

课堂，是我专业生活的舞台，也是我展示知识能力、发挥专业影响力的阵地。我深信，只有在课堂上，教师的专业能力才能得到真正的检验和提升。因此，我致力于营造优质高效的科学课堂，不断探索动机激发、情境设置、师生关系、教学策略等各个方面的最佳实践。我认识到，课堂诊断不仅是发现问题、解决问题的过程，更是提升教学思维和判断能力的关键。在这个过程中，我逐渐形成了自己独特的教学风格，那是一种理智与技巧并存，自然与亲切共生的风格。

此外，参与课题研究也是我专业成长的重要途径。通过科研实践，我不断进行教学改革的思考与尝试，使我的教学艺术日益成熟。我深知，作为一名科学教师，只有不断学习、不断探索、不断反思，才能在这个充满挑战与机遇的时代中，保持自己的竞争力，为学生的成长贡献更大的力量。

三、勤于反思，攀登专业高峰

在教育的征途上，每一步探索都如同攀登险峻的山峰，那些看似微不足道的目标与策略，往往需要我们倾注大量的心血与智慧。正是这些"逆境"中的磨砺，让我深刻体会到反思的力量。每当我在教学设计中取得突破，成功打造一堂生动的课程，或是亲手制作一件富有创意的教具，乃至成功转化了一名后进生时，我都会及时记录下这份喜悦与成就，并深入反思其中的成功之道。这样的过程，不仅让我在未来的教学中能够驾轻就熟，更激发了我在继承中创新的勇气与决心。

然而，教育的道路并非总是一帆风顺。在探索教学模式的征途中，我也曾遭遇过失败，面对过课堂效果不佳的困境。但正是这些挫折，成了我成长的催化剂。我会静下心来，仔细分析失败的原因，寻找解决问题的策略与方法。我坚信，只要坚持不懈地尝试与改进，总有一天能够突破重围，迎来成功的曙光。而每一次的失败与反思，都化作了我宝贵的财富，为我未来的教学之路铺就了坚实的基石。

文字，是我记录这些思考与感悟的最佳载体。它们不仅见证了我的成长历程，更成了我不断前行的动力源泉。在书写中，我不断梳理自己的思路，深化对教育的理解；在探索中，我不断积累经验，提升自我。可以说，是不断的反思与探索，让我在教育这条道路上越走越远，越走越坚定。

回望过去，我深知自己的每一点进步都离不开团队与名师的悉心指导与无私帮助。是他们在我迷茫时为我指引方向，在我困惑时给予我鼓励与支持。在他们的陪伴下，我逐渐成长为一名成熟的教师，学会了与学生融洽相处，学会了在课堂上游刃有余地传授知识,更学会了如何构建和谐的师生关系。这一切的一切,都是我人生中最宝贵的财富。

四、结语:矢志不渝,迈向科学教育之巅

教师专业发展的道路,既闪耀着理念的光辉,又铺满了实践的汗水。它既是我们心中那份对教育事业的崇高追求,也是一场漫长而精彩的自我超越之旅。在这条路上,敬业、求知、实践、反思,如同四盏明灯,照亮了我们前行的方向,也铸就了我们成长的基石。

"路漫漫其修远兮",面对科学教育的广阔天地,我们深知前方还有无数的挑战与未知等待我们去探索。但正是这份未知,激发了我们无尽的好奇与渴望,驱使我们不断前行,不断攀登。我们相信,只要怀揣着对教育的热爱与敬畏,以敬业为舟,以求知为帆,以实践为桨,以反思为舵,就没有什么能够阻挡我们前进的脚步。

在成长的道路上,困难和挫折是不可避免的。它们或许曾让我们感到迷茫与无助,但正是这些经历,让我们学会了坚韧与不屈,让我们更加珍惜每一次成功的喜悦。我们学会了以良好的心态面对一切挑战,将每一次失败都视为成长的契机,将每一次挫折都转化为前进的动力。

如今,站在科学特级教师的崭新起点上,我深知这既

是对过去努力的肯定，也是对未来征程的期许。我将继续秉承敬业、求知、实践、反思的精神，不断探索科学教育的奥秘，努力成为学生心中那盏指引方向的明灯。我相信，只要我们坚持不懈地走在这条道路上，总有一天会迎来属于自己的辉煌时刻，成为科学教育领域中那颗璀璨的明星。

"小学科"透出大成长

——株洲市天元区隆兴小学洪献珍老师成长案例

洪献珍，中共党员，中小学正高级教师，株洲市天元区隆兴小学副书记。从教38年，从事小学科学（自然）教学34年。株洲市第四、第五届小学科学学科带头人，中小学教师资格面试考官，湖南省芙蓉教学名师孙江波科学工作室成员，湖南省孙江波小学科学教师网络工作室核心成员，株洲市小学科学孙江波名师工作室优秀骨干教师培训专家，株洲市新时代基础教育名师名校长培养对象工作室指导专家，两次入选株洲市特级教师工作站成员（获得四次考核优秀），连续四年担任天元区教师培训"星火计划"专业课授课讲师，天元区教育高层次人才考核四次被评为优秀。执教的三堂课获得国家级奖励，参加市级送课下乡活动21次，指导多名青年教师成长，辅导六十多名学生参赛获得省市区奖励，主持和参与省、国家级课题研究7个，撰写的论文有五十多篇获得奖励或发表，参加五部专著的编写，荣立二等功和三等功。

一、 仁心育人，爱生律己

教师想把学生培养成什么人，自己就应该是什么人。我希望自己的学生是有担当、爱学习、爱生活、全面发展的人，因此我就努力使自己先成为这样的人。守时、严谨——上课时的我是学生眼中的严师；温暖、细腻——课间的我是学生的知心朋友。"谁有困难，谁就需要特别的关爱"，对待学困生，我把更多更好的关爱倾注给他们，用爱去温暖、感化他们。

除了关心自己的学生，我还积极投身公益事业，成为幸福的志愿者，借此最大限度地把我的爱辐射到更多需要关爱的人。一直以来我都特别关注留守儿童，关爱乡村孩子。自2021年开始，积极组织和参加桂馨科学夏令营活动，惠及数百学生。我带头组织的党建品牌活动"幸福书屋"和"小皂角"国学读书会，已持续两年每周六走进社区为社区学生（居民）提供志愿服务。

二、凡心所向，素履以往

我从小便喜动手，爱钻研。对周围的一切都充满好奇心：手电筒是怎样发光的？闹钟是怎样工作的？鞭炮为什么会响？

也曾为本村和外地的老人修理手电筒，安装电灯，维修家电。

也许是从小对科学生出的喜爱，工作以后，在所有学科之中我最喜欢科学，更喜欢上科学课，期待着能成为一名出色的科学老师。要上好科学课，单凭喜欢还不够。"科学教师要博学多识、动手能力强、组织能力强、具有创新精神"。对比这些要求，我看到自己与理想之间巨大的差距。我没有过人的天分，但我知道勤能补拙的道理。于是，我化身一棵树，把根扎进学习中。在广泛阅读专业书籍中学习；在观看名师课堂教学实录中学习；在一次次课堂实践中学习。学习的同时，我也深深地思考着，思考着如何提高学生的探究兴趣；如何组织课堂教学；如何提高学生提问能力；如何指导学生做真探究；如何优化教学方法；如何打造有效课堂等。我每三年都会为自己制订一份成长规划，明确自己在阅读、写作、科研、课堂等方面的具体目标。要求自己每年至少上一节公开课，写一篇论文，参与一个课题研究，至少在区级层面做一次主题发言或专题讲座。凡心所向，素履以往。在大伙的帮助和监督下，这些目标逐一实现，它们也如同助我攀升的阶梯，使我逐步向着优秀迈进。

在教学上，我爱和自己较劲。记得那次上《冷水与热水》的赛课，为了找到合适的锯木屑，我和袁辉老师利用休息日跑遍了株洲城区周边的锯木场，经过对比研究，发现樟木屑作为实验材料最合适。我精心设计教学过程，同课异构，采用两种不同的教学方式，由同行们进行分析评价，选出一种最佳的方式。公开磨课十三次，到不同的学校，了解不同层次学生的学情，积累经验，制订应对策略。还采用小组的方法来试教，自己先录音，再反复听录音，自我反思改进。功夫不负有心人，《冷水与热水》一课终于获得了全国一等奖。

每当看到孩子们课堂上勇敢自信地展示自我，露出那一张张可爱的笑脸，我就感受到作为一名人民教师的那份快乐。听到孩子们独到而有创意发言，就激励着我更加喜欢科学和科学研究。想到孩子们一个个渴求知识的眼神，更让我多发现问题，多钻研为什么、虚心求教，自我充电、不断地提升自我。

天台小学同行、现任天元区语文教研员周静老师回忆说：洪老师是一个"特别"教育工作者，说他"特别"主要表现在他对学术钻研的痴迷。教学中，只要有一点收获、困惑，或遇到有价值的问题，他都会马上记下来写成案例或反思；一有时间，他就手不释卷研读教材，或一头扎进实验室。他常为了上好一节课用两倍、三倍甚至是十几倍的时间做准备："烧不死的鱼"是一节实验课上的教学内容，为了让实验现象更明显，洪老师硬是跑遍株洲大大小小的菜市场，精心为学生挑选了几十种不同类型的鱼……当课堂教学终于呈现出令他满意的效果，他就像一个孩子一样急于和大家分享他的成功和快乐！

在教学之余，我勤于总结和反思，二十年来，共撰写论文五十多篇，参与了五本专著的编写。

三、耕耘课堂，培根立本

课堂是教学的主阵地。提高学生的学习兴趣、培养良好的学习习惯是课堂教学的根本。在教学工作中，我以此为出发点，始终立足"学生核心素养发展"，牢记"研在课前，探在课中，思在课后"。课前深入钻研教材，精心设计教学；课中用心启发、巧妙引导，采取小组合作学习，重视"做中学""学中思"，率先在小学科学课堂教学中构建了"四疑四环"的教学模式，培养学生自主提问和解决问题的能力，并在全市推广。

为了提高学生探究科学知识的兴趣，培养学生的探究实践能力和创新能力，我想方设法开设实验课，甚至自己出钱采购材料，实验的开出率达100%。我将信息技术引入教学，利用录制实验教学微课、网络实验视频、现场多媒体技术直播演示实验等手段，既激发了学生参与实验的积极性也提高实验教学的课堂效率。我的课堂教学学生满意率达100%。如果哪一天因为特殊情况推迟上课，那孩子们没有一个不会嘟起小嘴闷闷不乐的，因为科学课是孩子们最喜爱的课！

在我的课堂上，常常可以看到这样的情景：孩子们训练有素、三五成群地分组实验，一个个那么认真投入，外界的任何干扰对他们都不会产生一丝一毫的影响；有时孩子们为了一个小小的成功而欢呼雀跃；有时孩子们为了一个实验结论而争得面红耳赤，有时甚至和我也辩个没完没了，直到下课铃响才极不情愿地离开教室……科学课是孩子们探索的乐园！

我执教的《植物怎样"喝水"和运输水》《冷水与热水》《电磁铁的磁极》获国家级奖，执教的《根与茎的奥秘》获市级奖，实验操作示范课获区一等奖。

科学课和其他学科不一样，不能仅仅局限在课堂的方寸之间，要培养学生的实践和探究精神，还要跳出课堂让学生在课外的广阔天地中"展翅高飞"。因此，我非常关注学生的课外实践活动，平时很注重与科学组的教师一道组织科技节，开展小论文、小发明、小制作、科幻画选优、宇宙探秘、环保知识竞赛、金点子征评等活动，激发学生学习科学的兴趣，丰富学生科学生活。课余时间，我还常指导学生进行课外研究：比如研究蚂蚁、自来水的净化过程、机器人的制作……辅导六十多名学生参加各项竞赛获得省市区奖励。

四、繁星点点，聚光行远

独行速，众行远。

历年来，行走在小学科学教育途中，我遇到了一群志同道合之人。我有幸加入了湖南省芙蓉教学名师孙江波科学工作室，成为株洲市新时代基础教育名师名校长培养对象工作室指导专家、株洲市特级教师工作站成员。因为团队，繁星相聚，大家携手走在科学教育的路上，在前行中感悟，在困惑中切磋，在研究中提升。

1. 专家指点明方向

在我的成长过程中，得到过很多专家领导的关心、支持、帮助和指导。株洲市小学科学教研员袁辉老师聪明智慧、科学严谨、耐心细致、平易近人、无私奉献的精神和优良作风一直感染着我。2004年，我刚来到市区任教，由农村初中语文教师转岗为市区小学科学教师，很不适应。习惯了在课堂上多讲、细讲、包讲。袁辉老师不厌其烦地指导我如何组织学生探究实践，如何在课堂教学中做到精讲多练，如何做到语言科学、严谨，如何做到材料具有结构性，如何避免假探究。特别是针对我拖堂的毛病，三番五次地修改我上课的教案，一个一个环节地抠，还特意为我购买录音笔、计时器。特级教师孙江波、刘柱石老师也常和袁老师一起，在我遇到困难时给予帮助，遇到挫折时给予鼓励，发展中遇到瓶颈时指点方向，当然在我取得成绩时也不会忘记送来祝贺。正是这些贵人的无私帮助，才成就了今天的我。

2. 团队共建提素养

我充分利用名师工作室团队建设中搭建的成长平台，

助力自身的成长。在团队中积极参加各项专题活动，在任务驱动中提升自己的科研素养。每年工作室都会组织专题研讨，如"湘科版小学科学教材'生命科学'领域专题研讨""小学生科学探究活动有效性研讨会"等，我都能认真准备，参与策划和组织，积极研讨，并作专题发言。

同时我也积极参加课题研究，在课题研究团队中将自己的研究做细做实。我主持和参加7个国家级（或省级）课题的研究。湖南省"十二五"规划课题《九年一贯制学校办学效益提升的长效机制建设与实践研究》结题并获优秀。湖南省教育学会"十三五"课题"互联网＋时代小学科学教师教研能力提升途径和策略的研究"获得省教育科研成果一等奖。主持省"十二五"教育学会课题《小学科学教学中提问能力培养的实践研究》，在研究中形成了"四疑四环"教学模式，探索出"三大策略"。"四疑四环"课堂教学模式在全市得到推广。

3. 反哺团队共成长

多年来，我无论是身为学科带头人还是特级教师工作站成员，都十分注重发挥对青年教师经常性的传、帮、带的作用。

首先，带好科学学科团队，积极参与指导科学备课组的集体备课，常态化进行跟踪听课，组织课例研讨和学科活动。我所到的每一所学校，在我的带动下全校教科研风气正、氛围浓。特别是让科学学科形成了比较浓厚的教研氛围，打下了坚实的科研基础。带领泰山学校创建了湖南省科技教育特色的示范学校，使其成为中国青少年创客奥林匹克系列活动实验基地。

与此同时，与青年教师结对，签订师徒协议，认真履行师父的职责，按计划培养青年教师，一批年轻教师快速成长。我指导的青年教师王绍华、刘桃梅、叶娟、曾梦涛、聂秋琳等执教的课堂教学获省市奖励。

最后，分享自己的教育教研成果。积极参加市级集体备课，连续六年撰写湘科版新教材的教学设计供全市科学教师共享。组织专题讲座和网络研讨。为市区小学科学老师作了专题讲座12次。多次组织主题网络研讨，受到市科学教研员和与会老师的高度评价，连续9年被评为小学科学网络教研优秀主持人。以示范课、辅导、共同研究、跟踪听课、专题讲座等多种形式，培养有潜力的教师多名。参与株洲市教育局组织的送教下乡14次、课堂教学工作视导8次，指导辐射城乡学校。

总之，作为一个科学教师，有明确的目标，带着兴趣，辛勤耕耘，在反思中扬长，在前瞻中创新，"小学科"也能透出大成长。今后，我将继续矢志不渝地坚守在科学教育岗位，续写着教育的幸福真谛。

热爱、坚持与奉献

◎株洲市荷塘区文化路小学　何利

回顾三十年教育历程，一直情有所属，心有所向。我常说，我是一个幸运的人。其实想想就是我的热爱与坚持，让我一路美好相伴。

一、与"科学"相遇

1994年，师范毕业分配到株洲市实验小学工作，我服从学校安排，执教语文，担任班主任，开启了教育生涯。2002年开学的一天，我偶然在教务处看到了《科学》教材，这也是我第一次知道"科学"这门课程（以前是"自然"），我翻了翻教材，好像它有股魔力，立马被一页一页的有趣活动吸引，内向寡言的我竟拿着教材第一次主动走进了校长办公室，大胆表达了我要转岗执教科学的想法，理由是"我喜欢"。我执拗地多次申请，2003年，执教9年语文学科的我如愿转岗成为一名科学老师。没有经验毫无关系，我总是思考，儿童喜欢怎样的学习？什么样的科学课堂会让儿童沉浸其中？我带领孩子们"玩科学"，课堂上看到孩子们眼里的光,课后孩子们围着我叽叽喳喳,我们享受着科学课带来的快乐。

二、"一堂课"的蜕变

执教科学后,我虚心学习,主动探索,不断追求"有趣的科学课"。先后参加市级、省级科学课赛课,获得一等奖。在成长瓶颈之时,幸运地得到了"高人"指点。2011年,株洲市教科院邀请了全国著名科学教育专家章鼎儿老师来株洲指导,平易近人的章老师直接来到株洲市实验小学走进了我的课堂。我上了一节《食物链》,这是一节没有实验操作的课,为了让课堂有趣,我特意设计了"吃与被吃""牵线成网""剪链网破"等游戏活动,让孩子们感受生物之间的食物联系和生态平衡的重要性。下课后,章老师直接针对这堂课给了我具体指导,去掉了有趣但无效的游戏活动,指导我如何充分挖掘这堂课蕴含的科学思维,在建构食物链概念上做足文章。一个多小时指导后,我走进另一个教学班,再次执教《食物链》。

课上,让每一个孩子用自己的方式记录"稻田"里动植物之间的食物联系,展示学生不同的记录方式,让学生在思考、分析、比较、研讨过程中不断建构、重组自己对食物能量传递的认识,这也是食物链的本质。稻田中有多少条食物链呢?让孩子静静思考,自己连画,又通过"食物网"的分析，了解生物之间相互依存、相互制约的关系。最后播放的视频让孩子们的眼光从稻田到更广阔的大自然。学生的认识由浅入深，从形象到抽象，我引导孩子们科学地去看待每一个生命，同时关注自然界关系。

两节不一样的《食物链》，引发了我对科学课本质的思考。原来科学课不能只追求有趣，科学探究不能只是动手做。"走向探究的科学课"成为我的课堂新追求。

三、"一群人"的共进

科学为人类认识和理解自然与社会提供了独特的思想方法、思维方式、精神力量和价值观念，这门学科深奥又具有魅力。在我国，科学教育越来越受重视，科学教师队伍的成长尤为重要。"一个人走得快，一群人走得远"，在科学教育的道路上我们还需要同行者的互助。2009年，我创建"株洲科学教师群"，开启线上的教学研讨。2014年，荷塘区成立自组织"科学教师松鼠社"，我和宾雨老师担任社长。我们持续开展了一系列接地气的教师活动及学生活动，促进了荷塘区科学教学及教研工作稳步推进，也帮助科学教师们扎实成长。松鼠社每周固定半天时间开展教师研训活动，每年开展"我和花儿齐开放""我和爸妈去科考""我和秋天的童话""我和冬天的展汇"等学生活动。在松鼠社中，科学老师们还成立了多个课题组，完成了省、市级课题研究十余个。

十年坚守、不断创新，携手共进、一路风景，我们收获了成长、友谊和幸福。

四、收获后的奉献

2016年，荷塘区成功申请成为北京桂馨慈善基金会科学课项目地区，章鼎儿老师带领江浙名师团队，对我们进行了长达三年的培训，使我们开阔视野、受益匪浅、成长迅速。我受助桂馨慈善基金会，也加入公益事业中来，2017—2024年，我参加桂馨公益志愿服务时长共计三百余小时。我加入支持改善中国乡村教育环境公益中，成为桂馨基金会科学课项目的培训师。近几年，先后到株洲攸县、茶陵县、湖南永顺、云南保山等地送教送培，帮助更多的乡村教师实施科学教育，帮助更多的农村孩子享受科学探究的乐趣。德行善举，在成人助人中达已，我的公益之路还将持续。

三十年，一路走来，感恩遇见、感恩同行、感恩奉献。让生命焕发成长气息，也许就是抵御衰老最好的方法，我愿意在科学教育的道路上继续成长。

教学是一场修炼

◎株洲市荷塘区星光小学　欧阳海晏

20年前,你多少岁、是个什么样子?你在哪儿?在做什么?

20年,生活可以有很多变化;一直在教学岗位上20年,真切感受到教学是一场修炼。

一、修行:从积累到沉淀

1. 教学,必须积累资源

20年前的教学设备、教学参考是没有现在这么丰富的。因为资源不多,反而更加珍惜,教学设计、评价语言、实验创新,我都会特别用心地去收集、积累,内化于心、外化于行,课堂教学也是从借鉴与模仿开始。

20年前的我,听得很多的一句话是:三年站稳讲台,五年站好讲台。其实于现在的老师而言,这样一个周期大大缩短了,只要肯学、用心学,一年半载或更短的时间就可以站稳讲台、两年或三年就可以成长为很好的老师。

2. 教学，偶尔用"骗"

工作第一年，教四、五、六年级。当时六年级有个学生叫李XX，那个时候他就已经染发了，印象最深的是他长得很黑、喜欢穿很亮的橙色背心、喜欢嚼槟榔。

刚从学校毕业的我，对他绝对是毫无杀伤力；每节课就是看他如何欺负女同学、与班上的男同学聊打，隔再远也可以闹起来。看多了他的所作所为，我都觉得我在师范学的"动之以情、晓之以理"完全没有用，所以在一次课堂中声嘶力竭地吼"请你出去"，然后他还很潇洒、扯着另一个同学、甩着肩膀，大摇大摆地走出了教室。两个人在教室外面继续闹。于是，我从三楼的那间教室冲到二楼，然后，再从二楼的另一边楼梯上三楼，很平静、很认真地说："我已经跟教导处说了，学校说再给你一次机会，看你能不能进教室老实地上课，唯一的一次机会"。这么一说，他可能也相信学校知道了他的表现，然后真的回教室上课了。虽然后面每次上课还是不认真，但至少没有那么明目张胆了。

3. 教学，可以用"哄"

教学20年，学生张XX也让我印象深刻。第一次上课，他就给我一个下马威：看中了同学的什么东西，直接拿；上课故意往同学桌上吐口水；可以从8小组第1个位置爬到第1小组最后一个位置，还捡地上的垃圾吃。

对这样一个学生，我上课时发现他有一丁点进步就赶紧表扬；下课后，还对他的课堂表现做小结。后面有一次，他上课也不打扰同学了,但自己又实在管不住自己,他就拿着剪刀开始给自己剪头发;一段时间后,他就开始玩一张餐巾纸,把水瓶里的水倒在餐巾纸上,把纸巾展开,然后把它贴在自己脸上,在纸上戳出眼睛、鼻子、嘴巴,那感觉就像在做面膜。下课后,我就问他,你是准备长大后开美容美发店吧?他说"我是在玩"。"玩,课上玩,太浪费时间了,你还是好好上课吧"。到后来,我就让他自己进行课堂小结,让他告诉我他这节课学了什么?

二、修心:从用心到养性

以前,在网上看到一个帖子:

"老师,您今天发火了吗?"到底什么是最让老师生气的呢?

你在讲课,班上就没几个学生跟着你走,没几个学生在听,一眼望去讲小话的一大片,站讲台上都绝望了。以为训他们一顿会好点,结果吼过骂过之后,依旧我行我素。

有段时间,我的教学就存在这样一种状态,本来觉得蛮有意义的一个教学环节,结果时间用来整顿纪律了,之前的预设环节全泡汤了,让我感到作为老师很失败。

静下心来,回顾课堂的整个教学过程,会发现:老师的状态决定了课堂的状态,自己不耐烦,觉得学生讨嫌的时候,这堂课肯定上得不好;相反,自己放松了,全身心地投入课堂中，往往有意想不到的效果。所以，我在课堂中生气、感到失败，其实不完全是学生的原因，更多的是我不知道如何应对，缺乏解决问题的办法。如果遇到一个问题，内心独白是"我有的是办法收拾你"，可能也就不会生气、也不会感到失败了。为了调整自己的状态，我就特意地买了张德芬、伍志红、周国平等名作家的书阅读，尝试学习管理自己的情绪，也就是进行心灵修炼。虽然书上的内容大多看过就忘、有些甚至不太理解，但对于缓解低落或暴躁的情绪，还真的很有效。

三、修省：从反思到省悟

教学常规要求：每上完一课，都要在教案后面写教学反思，更多时候是为了完成任务，往往是自己写了，过个几天，写了什么也记不起来了。

1. 别把孩子教傻了

"省"，应该是更深刻更深入的反思，是一直记得并不断完善的思考，是能内化、累积成自己教学经验和智慧的。

我的"省"，是源于全国科学教育的泰斗，从70年代至今一直从事小学科学教学与研究的章鼎儿老师。

当时，章老师问：大家看到这张图（扇闻）有什么感觉？

停顿了几秒后，章老师接着说：我们不要把孩子教傻了！

确实，什么时候'扇闻'，遇到未知的物体才'扇闻'。"当孩子不理解为什么要"扇闻"的时候，"扇闻"这一操作也就没有意义了。如果还遵照执行，无形中也就把听话的孩子教傻了！

2. 学生的倾听习惯还好吗？

课堂中，常有这种状态：一个学生在发言，只有老师听得最认真，其他学生基本上不听。

许多学生听老师讲课还好点，但听同学发言的习惯基本没有，大多不在乎同学的发言。怎么解决这个问题？

课堂上，学生的发言更多的是说给同学听的啊，说的人不看着听的人、听的人不看说的人，说的和听的都没劲。所以在课堂上，我们是不是可以提醒学生"谁发言，我们的眼睛就看着谁。"如果发言的学生坐第一排，让他转过身，面朝全班同学说；坐在最后一排的学生发言，可以跑到前面来面向全班同学说，如果留在位子上发言，全班同学转过身面向他。

修炼还在继续，如何修炼？还得继续努力向前，不忘初心、坚定不移、坚忍不拔、坚持不懈……

趁年轻，做一名勇敢的青年教师

◎株洲市荷塘区文化路小学　尹冰

1917年毛泽东在《新青年》发表《体育之研究》一文中提到"生而强者如果滥用其强，即使是至强者，最终也许会转为至弱；而弱者如果勤自锻炼，增益其所不能，久之也会变而为强"。这些年，在我的教师成长历程中经常用这句话来勉励自己。我是2014年非名校非师范专业毕业的一名普通大学生，毕业后走上教师岗位，在当时教师队伍中应该说是弱者。记得刚开始站在讲台上给学生上课，内心都是忐忑的，生怕误人子弟。那段时间只有埋头苦干，不断磨炼自己的教学技能，努力让自己至少成为一名合格的教师。时间匆匆而过，从走上教师岗位至今是第十个年头，也从一名菜鸟教师成长为市级教坛新秀、省级卓越教师培养对象，这期间付出了很多，也收获了很多，有成功的喜悦，也有失败的伤感。回顾这十年，有很多人的帮助，有很多学习机会，也有很多锻炼的机会。要说分享自己成功的案例，那也说不上。还是觉得自己不够成功，有很多不足。但是在这十年中，的确是在不断成长。可以分享一些自己在成长路上的感悟。

一、趁年轻，无畏于每一节公开课

我刚参加工作时完全是个新手，给予我成长最快的应该就是上公开课了。从一开始的校级公开课，区级公开课，到市级公开课。我从未抗拒过上公开课，虽然也的确忐忑过。我人生中第一次上公开课是区教育局教研室主任、小学科学教研员蔡建平带队来学校听课。那天早上，学校临时通知说要来听我的课，只有两节课的准备时间，准备很匆忙，作为刚走上教学岗位第一个学期的新手老师，内心的忐忑可想而知，至今我都记得当时上课的一些场景以及课题——《滑轮兄弟》。那次课上得很一般，但也算中规中矩的一节科学课，教研员给予我的评价不算太差，当然也说不上好。之后自己在各种级别的公开课中不断磨砺着，从未拒绝，甚至应该说主动要求承担。在一次次磨课中，自己获得飞跃式地成长。因为我不惧上砸课，同时保持钻研的心态，对于一节课会认真思考，不断总结与反思。到现在为止，我每年都会上几节公开课，而且每次公开课我都尽量不上一模一样的课，一定要在这节课上寻找一些新的尝试，哪怕失败也好。我所在地区使用的是湘科版科学教材，未改版以前的湘科版教材中没有技术与工程领域的课。当年我在浙江的科学教育专家面前上了一节技术与工程领域的课，在此之前我从未上过，也没听过这一领域的课，纯粹想尝试不同类型的科学课，想带领学生在课堂上进行设计与搭建一个模型。当时浙江地区对于技术与工程领域的课型研究已较为深入，我却自信满满，竟然勇于在他们面前去呈现这样一堂不够成熟的课，可想而知当时有专家给予我的评价不会很好，不过幸运的是也有专家给予了我一些肯定，给了我很大的信心。这些年来，通过上公开课收获很多，成长很多。一节课深入研究后，自己都会有非常多的收获。例如我参加市里竞赛上的一节课，先是获得市一等奖，之后将课例写成论文获省一等奖，录像课被送去省里参赛获省级一等奖，这节课里改进的一个实验后来又送去参加中小学实验说课赛获市级一等奖，最后自己撰写介绍这个实验创新之处的文章还在国家级刊物发表了。也是那节课让自己在全区乃至全市有所展示，那年赛课后自己有幸加入了株洲市小学科学名师工作室，借助一个新的平台让自己更加快速成长。

二、趁年轻，无畏于每一次失败

我们可能经常看到一些名师拿一节课到处上，不管是语文、数学、科学等学科都有这样的情况。因为名师他是有光环的，既受名利所迫，同时也希望所上的课能够让更多人从中学习，还真不能随便拿一节课去上，一般来说一节课上的次数越多,把握越大。当然,并不是说总上一节课不好,其实在不断钻研一节课的过程,也是对教学教法的钻研,悟透一节课往往比上很多节课而不反思更有用。如果一节课,自己再上已经不会有很多新的感悟后,建议趁年轻的时候多上不同类型的公开课,因为如果是一位年轻老师上砸了一节公开课,大家只会说一句的确是年轻老师。对于年轻老师,大家往往会有更大包容。如果自己上砸了一节课,证明自己对于这节课钻研还不够深入,自己的教学教法还有问题,如果是公开课就可以收集很多反馈与评价,甚至是一些专家点评,这样可以避免自己一直闭门造车。虚心接受各种批判与指导,然后进行内化,从而不断深入思考与研究一节课,当自己能上好这节课的时候,自然也就成长了。然后换一节课继续新的研究与挑战,趁着年轻,能够承受失败,在不断失败中快速成长。可能人到中年时,就没有失败的勇气了。现在的我执教十年,在各种大小平台有崭露头角,当我再去上一节公开课的时候,就有人和我说过,要开始爱惜羽毛,拿出手的课就应该是成功的样子。随着年纪的不断增长,无形中身上会套上一些的枷锁,当你到一定年纪,大家就开始慢慢不允许你失败了,所以趁年轻,多尝试,无畏于失败,多吸取失败中的宝贵经验。

三、趁年轻，无畏于多做一些事

刚参加工作的年轻老师，往往都是精力旺盛，又没有家庭的负担，是好做事的时候。所以很多单位、学校都喜欢每年招一些年轻人入职，既是保证人才能够"青黄相接"，也是看重年轻人的活力，能做事。我一直相信努力做过的事，总是有它的意义所在，不急于求成，慢慢积累，时间会证明一切付出都是值得的。在这十年的教师工作历程中，我做了很多事。举一个例子，当年考上编制后，我被分配到一所农村学校，刚到那所学校，我发现那里的科学学习氛围不够浓厚，学校不够重视科学，没有科学专职教师，也没有科学特色。于是我向校长申请成为学校专职科学教师，因为学校是农村学校，一个年级只有一个班，只有承担全校所有年级的科学课，校长才同意设专职科学教师，我毫不犹豫地答应了。那是我刚参加工作第三年。在此之前，我只教过两年科学，两个年级。在农村学校一年，我就把所有年级教了一遍，使我快速熟悉了所有年级的科学教材。虽然那个时候备课任务很重，我的每一节课都是新课，不会让你一节课到平行班再去上一遍。上过科学课的老师都知道，科学课的备课不仅需要准备好教案和课件，还有上课所需要的科学器材，每上完一节课，下课后甚至需要赶紧跑去仪器室更换新的实验器材为下节课做准备,而且还是不同年级,需要转换自己的教学方法,语态等。就这样,我在农村学校打磨了四年,这四年也是我快速成长的四年,至今仍难忘那段时光。在那四年里,我看到校园有一片荒地,主动着手开辟那片荒地,坚持改造了四年。农村小学经费紧张,每年争取学校投入一部分经费,让校园里最开始的一片荒地,变成株洲市第一个校园现代化种植基地,实现智能监测土壤的温湿度和肥效,实现自动浇水施肥。因那个种植基地,学校被评为市级信息化试点校,当时整个区仅有几所学校通过。市里的日报社、电视台,还有湖南《科教新报》、《中国食品安全报》等媒体都主动采访报道了学校校园种植事迹。学校也成功立项一个省级课题,并顺利研究结题。现在那所学校,校园种植成了学校的特色,校园种植活动至今仍在开展。在这个过程中,我的教育科研能力获得快速成长,作为核心研究人员承担了一项课题的研究,撰写的文章在省级刊物发表。

回顾自己这十年工作历程,得益于上过的每一节公开课,努力做过的每一件事。在工作中,不断打磨自己的专业技能总是不会错,在努力打磨的过程中慢慢就会有一些贵人扶持,虽然也会经历一些磨难与失落,总体是不会太差的。要说这十年,自己做得最不足的还是疏于写作与阅读,如果多阅读和写作,应该会让自己有更多收获。现如今,已经进入日新月异的AI时代,很多事情可以让AI

实现与完成，作为一名老师，更加需要沉下心学习，通过阅读专业书籍，努力思考与研究，将自己的所思所想进行记录并凝练成文，只有多学习，才不至于落后于时代。不落后于时代，才能更好地培育新时代少年，实现自己作为一名教师的职业使命。当然，学习也会更有利于自己的成长，有规划地看一些对自己现阶段有用的书，促进自己的成长。这也是我所欠缺的，勤看书，多写作，爱学习，我们共勉之。

一分耕耘，一分收获

◎株洲市荷塘小学　邹瑶遥

光阴似箭，岁月如梭，十二年前的我还是憧憬着教育事业的黄毛丫头，如今，自己已成了有着十多年教龄的"老教师"，在这十多年的教育教学中，也曾经无奈过，有过得过且过的失落，但"一分耕耘，一分收获"这句座右铭一直支撑着我的信念，让我一直坚持到现在。

一、个人：从困惑到蜕变

2015年，当我顺利通过教师招聘考试，怀揣着美好的理想和憧憬来到学校，却遭到当头一棒：因学校科学老师紧缺，我校科学专职的老师只有两人，全校的科学课几乎都被我俩包下，从三年级到六年级，我跨着几个年级，六七个班，上着14节科学课，彼时情景到现在还令我记忆犹新。那时科学学科不被重视，大部分科学课都由其他学科教师兼任，学生期末考试平均分只有可怜的四五十分，学生的科学基础可以说是非常差，甚至有的学生到了六年级还对三年级的内容一脸蒙。为了能把课上的更好，能让学生更喜欢我，让自己对学生负得起责任，我自费订购了一些科学实验器材，在课前先自己进行研究，在理论上不断丰富自己，渴望自己能快点成长、快点解决困惑。

一个人无头苍蝇似的钻研，导致课堂效率、学生的参与度都不高，且学习成效也难以显著提升。正当迷茫之际，一次偶然的教研机会，使我接触到了"教师成长共同体"的理念，这一新颖的教研模式像一束光，照亮了我前行的道路。我开始向专家、前辈学习，尝试将一些复杂的概念化内容融入生活实例，设计了一系列引人入胜的课前学习任务和课堂探究活动；利用各大网络平台的视频辅助讲解，让学生在家自主学习基础知识，课堂上则更多地进行小组探究、问题解决。这一转变不仅极大地提高了学生的学习兴趣和参与度，也让我深刻体会到了"以学生为中心"的教学魅力。通过几年坚持不懈的努力和团队中一些老教师指点及校内外资深教师的交流，我逐步走出困境，轻松驾驭课堂。

二、团队：共促专业成长

因为想要这种成功和收获的快乐，所以我更加积极参加一些教师教研的业务学习，近几年来区里、学校也更注重教师的业务提升，参加培训学习的机会越来越多，特别有幸的是近几年有多次机会去外地向全国优秀名师学习，在学习期间能得到许多专家、名师的指点，能与来自五湖四海的骨干教师一起交流，使我的教育教学理论得到了质的飞跃，专业知识得到了快速提升，也让我更清楚地认识到以下几点：

首先，教师一定要注重教育教学理论知识的学习，因为它能使我们了解现代教育观、教学观、学生观、评价观等基础教育课程改革的基本理念。时代在不断前进，社会从温饱到小康，再到更深层次的生活需求，给我们的教育也提出了更高的要求，所以教育教学需要改革，要改革首先要转变、更新观念，只有不断学习才能更新自己的教育教学观念，与时俱进。

其次，理论的学习必须和实践相结合，教师一定要认真审视自己的教育教学行为，认真地进行思考，然后带着这些问题进行学习，与别人一起交流，与别人一起碰撞。在"问题"的驱动下，你才会主动地去思考，主动地去学习，然后找到解决问题的办法。以前做教师时我只关心怎么上好这节课，甚至很害怕被听课，被别人"挑刺"，很少再回过头来审视、反思自己以前的教学，但现在观念完全转变了，我发现教师还得善于发现自己教学中的问题，然后分析问题，进而深入研究并设法解决，这样自己的专业上才能得到真正的发展。

第三，在教师的专业成长道路上，同伴互助和专业引领是非常重要的。"一个人能走得很快，但一群人才能走得更远""三人行,必有我师",在一个教师群体当中,能够有不同的思想、观念、教学模式、教学方法的交流与冲突,是非常宝贵的,只有充分发挥自我反思、同伴互助、专业引领各自的作用并注重相互间的整合,才能有效促进我们的专业成长。

近些年来,我区教育主管部门越来越重视小学科学,各个学校也在为提升科学教学水平绞尽脑汁,我校现有7名专职的科学老师,拥有了自己独立的科学教研组,现在的我们不再是一个个科学教育教学这条线上的孤勇者了。俗话说"众人拾柴火焰高",相信在团队的通力合作下,我的科学教学水平一定还会有质的飞跃!

此外,学生和家长也越来越重视科学这门学科,课堂上,学生比以前更积极举手发言,思维也越来越活跃;课外,学生也更乐于参与到学校或区里举办的各项科学活动中来,甚至很多学生在家还能够与家长一起利用身边的物品做实验,并自己拍摄剪辑制作成精美的视频……

"教师成长共同体"的理念和实践,激发了更多教师对教育创新的热情,推动了整个教育领域的变革。它让人们看到,教育不仅仅是知识的传授,更是能力的培养、情感的交流和心灵的启迪。通过信息技术的赋能,教育可以更加个性化、高效化、人性化,为每一个孩子的成长提供无限可能。在教育这片广袤的田野上,每一位教师都是播种希望、培育未来的园丁,而教师的成长,不仅是个人能力的提升,更是团队智慧的结晶,它如同春雨般润物细无声,滋养着学生的心田,也推动着教育事业的蓬勃发展。

十二年的教育教学生活,给了我经历,更让我成长,其中滋味值得我回味一生,这些都是我们心灵成长不可或缺的元素,相信我们在不断的超越过程中,必会化茧成蝶,去领略天空的美丽风光,接下来的教育教学,我也将会不忘初心,砥砺前行!

薪火相传 创新成长

◎株洲市天元区白鹤小学　卢淼鸿

还有一个月，学校科技节又将开幕，这可是全校师生和家长最喜欢的节日。怎么让孩子们玩转科学，体验科技的魅力，作为活动主创人员的我，在思索着，忙碌着……这就是我——卢淼鸿，中共党员，现任株洲市天元区白鹤小学科学教师、科学信息学科负责人，株洲市第四、五届小学科学学科带头人，湖南省教学竞赛一等奖获得者，第六届宋庆龄青少年发明奖园丁奖获得者。先后辅导百余名学生参加全国、省级科学小论文和科技创新比赛获奖，被评为全国优秀辅导教师，市优秀科技辅导教师。科学、科技教育伴随整个职业生涯，其事迹在红网媒体上报道。

一、薪火相传奠定终身志向

从小对科学一直有一种莫名的好奇和着迷，为什么一按开关，电灯就亮了？飞机为什么不会从天上掉下来？……儿时对事物的好奇心，也许就是我热爱科学的源泉。母亲是一名乡村教师，总是鼓励我自己从生活中探索奥秘，感受大自然的神奇，母亲的一言一行与甘于奉献的品德，无不影响着我。从小对教师职业就有一种向往，像母亲那样影响更多的孩子，这种志向早已经在我的心间生根发芽。从湖南第一师范学校毕业后，科班出身的我很快成了一名语文老师兼任班主任。当年，师资有限，一名小学教师往往要兼任多门学科，年轻的我因综合能力突出被推荐参加株洲市小学科学教学竞赛，就是在这次比赛中脱颖而出获得一等奖。这次"跨界"比赛改变了我的教学生涯，让我从语文教师成了一名专职科学教师。

二、专家引领提升专业素养

执教语文几年后跨入全新领域，我非常幸运地遇到了引领专业成长的优秀团队。株洲市小学科学教研员袁辉老师、湖南省特级教师孙江波老师等专家带领团队成员，以课题研究引领专业发展，定期开展教研活动，夯实课堂教学，深入老师的课堂开展观课议课，提出宝贵建议和意见，促进教师成长。怎样做课题，如何指导学生科技创新发明，培养学生科学素养……这些行动无一不激励着老师们奋发成长。我感受到自身的不足，深入研读科学课程标准，潜心学习专家名师的课堂，并琢磨自己上课怎样上出独特风格，发展孩子的创新意识。

我向同伴学习，在同伴互助中精心设计每一堂课，让孩子们在课堂中学会质疑，敢于创新，发展科学思维。我虚心请教，邀请专家、团队成员来诊断课堂，直面大家提出的意见，一遍又一遍地上课、磨课，精益求精，展示的课例获得湖南省科学教育专家王沛清教授和应飞教授的高度评价，并代表株洲市参加湖南省优秀课例展示活动获得省一等奖。正是在如此艰辛又充实的历练过程中，团队凝聚力不断增强，作为团队成员的我在专业素养方面也有了质的飞跃。

三、职业情怀决定梦想高度

我有一个追逐至今的梦想：要让每一个孩子都热爱科学，具备良好的科学素养。我坚信：只要努力，就一定能影响和带动更多人，实现科教兴国的教育梦想。在科技创新上，我引导孩子们多留心生活，观察自然事物和现象，提出问题，鼓励他们运用所学去解决问题，培养质疑精神和创造力。学生在玩中学，在学中思，涌现出许多创新小达人，其中一名小达人发现生活中常常有人遇到找不到身边物品的烦恼，发明了"智能防丢器"，还有孩子为家里耳背的奶奶排忧解难，发明了能辨明客人来意的门铃。这些稚嫩的作品无不闪现了孩子智慧的火花。在我的眼中，学生的潜能是无限的，只要给他们打开一扇窗，生活就有无限的可能。校园科技节创意十足，真正做成了孩子们最期待的节日；开展实地考察活动，走进动力谷，体验家乡科技魅力……乐在其中，这一坚持就是二十多年。组织学生积极参加科技创新和社会实践活动，辅导学生制作科技小创新、小发明作品，撰写科学小论文，取得了可喜的成绩，在第四届中国青少年创意大赛中荣获"创新型优秀教师奖"。学生的多件小制作小发明作品在市、省级比赛中获奖，撰写的科学小论文在全国"小探索者"科学小论文竞赛中有数十篇获奖。

四、示范引领促进团队发展

"每一堂课，我都有着一种内在超越自我的渴望。科学课不仅习得方法，提升技能，更是一种文化，对科学课深层把握应达到科学与文化交融层面。"在我的课堂中总能找到蕴含在科学教学中的人文气息，探索出自己独特的教学风格。为起到辐射、引领作用，我和同伴一起成立了天元区科学学科专委会，在区内学校多次开展科学研讨活动；为茶陵、炎陵两县的孩子们送教科学课，培训当地科学教师……哪里有需要，我一定会出现在哪里。我在教学之余不间断地坚持阅读、反思、写作，撰写的三十余篇科学教育教学论文获得国家级、省市级一、二等奖，其中有数篇文章发表在国家级核心期刊和杂志上，作为核心成员参与了湖南省教育科学规划一般资助课题《新时代小学科学教师成长共同体研究》和市级课题《基于"中国动力谷"资源的科技类校本课程建设研究》工作。作为全省骨干教师代表参加了湖南省小学学科资源开发工作,参加了《小学必做科学探究实践活动指导》专著的撰写。

五、担当铸就科学教育之梦

作为一名曾经在农村工作的教师,我深切感受到乡村孩子对科学的痴迷和喜爱,而缺乏实验材料,没有专职科学教师则成了发展乡村科学教育的瓶颈。了解到北京桂馨慈善基金会正在做乡村"科学课"公益慈善项目,株洲几个项目区县也在市科学教研员袁辉老师的全力争取下获得了这个难得的机会。我主动申请成为"桂馨科学课"(湖南株洲)项目的志愿者和辅导老师,这几年都和攸县、渌口区的乡村孩子一起开展科学夏令营,进行科学项目式探究活动,当孩子们因为深入探究发现了科学奥秘而激动、喜悦时,他们眼睛里有了星星,内心充满了梦想和希望,好奇心和探究欲被唤醒,在孩子们的心田种下了科学的种子……

近几年我担任天元区"星火计划"新教师培训的讲师,以全新的理念和科学素养辐射影响更多的青年教师,指导青年老师上课和专题研究,青蓝结对,推动更广阔地区的科学教育。作为市"四名"工作室小学科学名师工作室核心成员,悉心培训跟岗老师;担任国培计划市小学科学班辅导员，辅导学员各项学习，促进专业发展。在市农村骨干教师赴城区结对跟班学习活动中，承担了指导青年教师专业成长的任务。

为了适应日新月异的教育发展趋势，我在课余也会花许多精力思考如何创新改进教具学具，让学生乐学，也给其他老师的教学提供参考价值。我巧妙创新多件教具学具，创新作品"蜗牛观察探究盒"以创新性、实用性、综合性引发了大家的关注，获得湖南省中小学教师实验说课竞赛一等奖；"光传播方向的改变"获得市实验创新大赛特等奖，《观察蜗牛的反应》获得湖南省青少年科技创新大赛科技辅导员科技教育创新成果项目竞赛二等奖。

"做一个有温度的教师"，我在浩瀚的教师星海中或许不是最闪亮的那颗星，也闪烁着自己独特的光芒，这道光芒饱含热爱教育的定力、淡泊名利的坚守。培根铸魂，立德树人，执着于教书育人，我将用自己的思想、言行诠释着如何做有理想信念、有道德情操、有扎实学识、有仁爱之心的好老师，在小学科学教育的追梦路上，科教强国之梦正在实现。

做有科学情怀的乡村教师

◎株洲市荷塘区黄塘小学　黄战东

作为一名长期坚守在乡村的科学教师,"让乡村孩子受到良好的科学教育"是我奋力前行的责任和使命,用岁月和汗水为乡村孩子们播种科学的种子,点燃向往的信念,助力成长的梦想。而株洲科学教育团队正是我成长的沃土,专家和团队成员一直不遗余力地热情指导与鼓励,我逐渐成为全市有影响力的资深科学教师,曾荣获"第五届桂馨·南怀瑾乡村教师奖"。

一、恪尽职守,扎根乡村默默耕耘35载

黄塘小学是株洲市荷塘区最偏远的一所乡村小学,距离市区几十公里,很多新老师都不愿意到这所学校任教,而原来在这里任教的老师,大都想办法调去其他学校。而我始终是这座美丽校园的坚守者,真心热爱淳朴的乡村孩子,也割舍不掉专注于乡村科学教育的初心。

我忠于职守,扎实工作,潜心教学研究,全面培养学生健全的人格,发展乡村孩子的科学素养和科学实践能力,

使每届学生都接受系统而良好的科学基础教育。我努力带给乡村孩子丰富的科学探究和体验，让他们的童年萦绕着科学的趣味和快乐，而在这日复一日的教育岁月中，我也升腾着一种宁静的幸福。株洲科学教育团队对乡村科学教育的关注和用心，使我获得了更多锻炼和提升自己的机会，他们对我校科学教育的支持更加坚定了我致力于乡村科学教育的决心，并把从团队中感受到的"大爱"的温暖传递给身边的每个孩子……35年来，我见证了一批批孩子的成长和学校教育的蓬勃发展，也体验到了开拓乡村科学教育的价值和意义。在各级领导、专家的重视和指导下，我校的科学教育跃升为学校教育的特色名片和荷塘区科学教育的典型。株洲教育网、株洲晚报、株洲电视台、湖南教育、人民日报平台等媒体进行过报道。

二、呵护梦想，践行以生为本的"科学味"常态课堂

乡村孩子对科学世界的向往是灵活多样的，我把握一切契机，平等地同他们一起研究和探讨，勉励他们勇于探索，随时随地做一个真诚的科学传播者，呵护他们的科学梦想，发展他们的潜质，使他们在成长中不断完善，拥有不同寻常的科学情感和实践能力。

从《自然》到教科版《科学》再到湘教版《科学》，我

的教学历经了我国科学教育的改革、发展和变化,我不断学习新的教育理念并在基层岗位认真探索和实践。株洲科学教育团队共同成长的氛围和对科学教育进行卓越追求的精神,激励着我努力提升乡村科学教育品质,也使我的乡村科学教育情怀更加饱满。我力求把每一节课都上成精品课,让乡村孩子也享有高水准的科学课,让乡村小学的科学课堂也熠熠生辉。学生是课堂的主宰,是真正的发现和创造者,完全沉浸在自我升华的探究快乐中。领导和专家对我教学的评价是,"能突破乡村科学教育的局限,巧妙运用各种教学资源,别具匠心地整合和突破教材,让每一堂课都成为学生乐于自主探究科学的舞台,既开拓他们的科学视野,又充分发展他们的实践能力"。扎实的课堂教学奠定了乡村孩子的科学基础,他们能创造性的进行课外研究和实践,能在生活中发现更多的科学奥秘,科学思维不断提高。在参与荷塘区的各项大型科学活动中,黄塘小学都取得了优异的成绩,走在全区学校的前列。

三、创新实践,构建区域科学种植活动课程

为了创新乡村科学教育,在上级领导和学校的大力支持下,我于2016年开发了种植活动课程,开辟了荷塘区科学种植示范基地——百草园。从此,黄塘小学的孩子们就有了一个探究实践的乐园。我带领他们开展各种常规种植、

引种驯化栽培和特种实验栽培，尝试先进的育苗技术、扦插和各种无土栽培，园里一年四季花开不断，果蔬飘香。我将养殖与种植结合，让他们观察和体验动植物的生命过程，进行主题探究和小生态研究；同时建立学生进阶发展的长效机制，加深学生之间的种植交流。利用年级分区和小组责任管理来呵护种养的动植物，培养学生劳动意识，激发学生对生命的尊重和热爱，以及对自然之美的向往。我倡导学生的示范性栽培，以科技为指导，创新栽培方法和技术，呈现小规模化种植效果。并结合多种资源媒介传播和推广种植文化，加强园地的科普作用。我还联合城区小学开展"城乡孩子共种一块地"活动，采用"城区孩子种植、乡村孩子管理"的课程模式共同进行种植实践，增进了城乡孩子的科学交流。

将百草园的教育资源应用于科学教育，并在科学种植活动中延展科学教育，采用"科学+劳动"的课程形式，是最初的跨学科种植课程雏形。"如何有效地深度开展跨学科种植活动，建构区域性的跨学科种植课程体系，并与国家现代农业发展的战略思维相结合，启迪学生热爱现代农业科技，向往未来农业"的区域性跨学科种植课程构想在我脑海中日渐成熟。株洲科学教育团队为每个渴望成长的科学教师创造施展的平台，为了让更多的孩子热爱科学种植，在袁辉、蔡建平、孙江波等专家的指导和大力支持下，我与全区科学教师在荷塘区共同实施和推进区域性跨学科种植课程。

我主持了荷塘区"十三五"省级科学种植课题的研究，以"农村带动城区"的方式，统筹推进全区学生"我和花儿齐开放"的跨学科种植活动。各校纷纷因地制宜地开辟种植园地，建构和创新不同特色和教育内涵的跨学科种植课程。我热情为他们谋划和现场指导，时常解答他们有关种植课程的疑惑。我不但从区域角度设计了年度种植课程主题和方案，以"学生跨学科综合发展"为核心，倡导校园微农业，整体同步实施常态化发展的区域性跨学种植课程体系，还经常为全区科学教师进行分享和讲座，促进各校种植课程的发展和提升。全区每年还举行大型展汇活动，进行多元化的种植课程交流，展示学生在跨学科种植活动中不同领域、不同层面、不同环节的优秀作品，提高学生的各项能力与素养。经过全区科学教师近十年的努力，形成了以种植基地研究、数字化种植尝试、校园微农业探索、种植产品开发、现代农业，科技模拟等为特色的区域性跨学科种植课程体系，多次被各级媒体宣传和点赞。

四、感恩桂馨，做有科学情怀的乡村教师

株洲科学教育的蓬勃发展，得到了北京桂馨基金会的认可和支持，作为桂馨株洲项目区的一名乡村教师，深刻体会到了桂馨基金会对乡村教育的关爱和无私奉献。2016

年和2022年，北京桂馨基金会先后两次为黄塘小学捐赠了桂馨科学工具箱，解决了我校没有科学器材的难题；2021年桂馨基金会还捐赠了一批科学书籍，为孩子们开启了更广阔的科学世界；2024年，桂馨基金会又给我校捐赠了"桂馨书屋"，让乡村孩子也享受着阅读的幸福。我在桂馨科学教育支持项目中不断学习提升，成为株洲科学骨干教师，还在2020年参加了为期三年的省级科学名师培训。更重要的是我获得了先进的科学教育理念和实践探索，能够有机会向东部科学名师学习，能够参加桂馨基金会组织的高端培训交流活动。株洲科学教育团队因桂馨的支持在全省乃至全国的影响力不断增大，也催生了我的成长，团队给予我常在区、市各级平台进行教学示范和专题分享的机会，也有幸参加过《九年义务教育小学科学课程标准》访谈会议，深受老师们的肯定和厚爱。然而，桂馨对乡村科学教育的支持使我感受到乡村教师的责任重大，更应该通过充实提升自己去惠及更多的乡村孩子。2019年，我参与了腾讯和桂馨基金等联合推出的公益视频《向往的科学课》的拍摄，视频诠释了"让乡村孩子的科学学习不再残缺，乡村教师需要付出更多的努力"的志愿。从2021年起，我连续四年担任"桂馨株洲科学夏令营"志愿辅导员，为乡村孩子筑起科学的梦想。

我觉得一个好的乡村科学教师要不断提升教育品质，始终满足孩子对科学的向往和探索，用无形的感召力吸引他们沉浸在科学的海洋里。在漫长的教育经历中，我获取团队的精华，不断思考、提炼和升华自己的教育实践，创新和发展我校科学教育特色，增加乡村孩子学习科学的幸福感。因为热爱和坚守，我荣获荷塘区第一届和第八届园丁奖、荷塘区最美科技志愿者、株洲市乡村教师之星；特别是 2021 年获得第五届桂馨·南怀瑾乡村教师奖，让我认识了许多来自全国的优秀乡村教师，他们在乡村学校无私奉献、卓越奋斗的先进事迹极大地鼓舞着我，"做有科学情怀的乡村教师"是我不断追求的目标，我一直奋力前行。

对乡村科学教育的用心和执着，是乡村科学教师的职责所在，我努力追随株洲科学教育团队前进的步伐……

提升专业素养，树立科研自信

——我的专业成长之路

◎株洲市渌口区青龙湾小学　陈　双

有人说，成长是人生这棵大树上最青最苦的果子，只有吃下它，才能经得起风雨的侵蚀与考验。每个人的成长轨迹不一样，因此也有了不一样的成长故事。从事小学科学教育工作八年来，留下了许多难忘的回忆，也带给我许多思考与感悟。在此，请允许我分享科学教育、教研道路上自己的故事，在记忆的星河里一点一点收集成长的吉光片羽。

我原本是一位语文老师。与科学结缘，要从十年前说起。

一、第一次听说科学课

2011年暑假，松西子小学开办，需要从县区选调一批老师。入围的老师中，有一位科学老师。那是我第一次听说"科学课"。

2012年，我调入育红小学。第二年，教研组让我上一节思品与社会教研课，所有的语文老师集中到多媒体教室听课，校长也来了，学校科技专干袁兴台老师举着摄像机热心拍照……

暑假的一天下午，我路过家门口附近的打字社，袁兴台老师一边招手一边从屋子里走了出来，问道："你愿意教科学吗？"我没有拒绝。开学宣布工作量，除了二年级语文，还任教四年级一个班的科学。我成了一名兼职科学教师。

二、读不懂科学教材，寻求资源

没有课标，也没有教师用书，打开科学书，只有简单的几幅图、几句话，我茫然不知所措。开学没多久，县教育局领导来学校教学视导，点名要听科学课。怎么办？我从网上找到《信息的传递》这一课的教学设计，准备了一份实验器材，设计了两个教学活动：一个是让学生用淀粉写信，然后用碘酒"破秘"；另一个活动是让学生自己设计信息符号并展示作品、交流设计意图。

第一次上科学教研课，我的科学课堂上有了除学生以外的唯一听众。他没有表扬我，也没有批评我。

三、不知道上课模式，请教师父

2013年10月，师父袁兴台老师要我准备一节公开课，县里的科学老师都来听。他给我选了"摩擦力"这一教学内容。然后，拿着一张纸，在上面写了几个基本流程："上科学课就是这几个大环节，你就按这个去上吧。"

我把这张纸紧紧攥在手里，一回到家就开始备课。这次，我学会了先将一节课"切割"成几个大块，然后思考每一块要通过什么方式完成，中间怎样过渡和衔接。

科学课的准备工作实在是一个大工程！光准备实验器材就很麻烦。我把实验室里能用的全找来，不能直接用的就改装，手被尖嘴钳和金属片戳出了血。师父心疼我，帮我将大绒布裁剪成小方块。后来的好几次课，他都热心帮我制作教具和学具。

公开课上，每一个环节都比较自然地完成了，但学生的状态并不积极。我知道，这肯定是我的设计出了问题，我还是个门外汉。

四、突破不了难点，自学视频

2014年4月，学校通知我参加市科学课堂教学大赛。

教学内容还是"摩擦力",我稍稍调整了一下设计。第一次试教,学校两个经验较丰富的老师半天没说话,最后对我说:你自己去悟吧。

看来闭门造车是不行的。我试着从网上搜集同课题的教学案例。啊,还真找到了!我认真学习,这才明白,原来在科学课中,重要的环节不在科学结论本身,而在于引导学生经历寻找和得出结论的过程,在过程中掌握获取知识的方法,体验探究的乐趣。我一遍遍反复听,逐字逐句记录、整理、背诵,然后重新制作PPT。第二次试教,大家说:嗯,这才是科学课!

五、名师引领,重新拿起书本

第一次参加科学赛课,我紧张得吃不下饭。抽到最后一个执教,前面的九堂课,我一节也没听进去。带去的听课记录本,一个字也没写。比赛结果,只得了二等奖。但我有幸认识了袁辉老师和孙江波老师。

比赛结束第二天,我就进了医院。长时间的加班和巨大的精神压力,我的身体出现了状况。拿到检测报告的那天,我哭了。接下来的一年时间里,除了动手术、复查,我再也没上过教研课,直到2016年——

3月18日,株洲市教科院小学科学教研员袁辉老师、时任天元区泰山学校党总支书记洪献珍老师、荷塘区601

中英文小学副校长宾雨老师一行三人送教下乡到育红小学。洪书记执教《电磁铁的磁力》，宾雨老师研究《翩翩雌与雄》。我看到两位名师面对陌生的学生从容自若，看到孩子们眼里闪耀着快乐的光芒。原来科学课可以这样开放、自由、积极、和谐，犹如在暗夜里突然亮起了明灯，我心里燃起了点点微光。

四月初，主管教学的副校长找到我，问我是否愿意再次参加科学赛课。我答应了。学校太想拿到一等奖了，最后，终于得偿所愿。但我清楚地知道自己并没有放开手脚，上课前对学生有太多的不放心，上课时每一步都走得小心翼翼。我不开心，我还是怕上科学课！

十一月底，县里组织小学课堂教学大赛，学校派我参加科学赛课。比赛规定：用同课异构的方式，提前一个星期抽签定题。一个星期怎么够？市里的赛课我准备了一个月啊。

这次，网上没有同题材的课例视频，不能"依葫芦画瓢"，怎么办？我开始研究名师的课，思考他们怎样设计教学活动，学习如何有效进行课堂评价。怎样设计板书呢？我想起宾雨老师让学生一边观察鸡蛋一边用图画记录的情景。"看到的是什么样，就画成什么样"，于是，我也尝试让学生用画图记录的方法完善板书。终于在比赛前一天晚上，我完成了所有的准备工作。拿到第一名的获奖证书时，我开心了好久好久。

会上课，不一定会评课。跟谁学呢？桂馨科学课项目的首席专家章鼎儿老师。章老师常常能一针见血指出课堂的不足，从活动的设计到目标的达成，从材料的准备到活动的实施，从课堂的问题设计到学生的经验获得，从数据的收集到信息的分析处理等等，几乎面面俱到，他的每一次评析都给人拨云见日之感。在袁辉老师和孙江波老师的领导下，桂馨科学工作室的每一次培训，都有一个讨论交流环节。这时候，只要用心去聆听，仔细去辨析，也是会有收获的。

桂馨科学课项目入驻株洲近五年来，几十场大大小小的培训活动我一个也没错过。

六、潜心教研，爱上科学

2017年9月，区教育局教研室发布兼职科学教研员招聘通知。师父和学校领导亲自跑到教育局推荐我。当上渌口区科学教研员，我感受到了沉甸甸的责任和压力。

2018年，袁辉老师和孙特指导我备战省级赛课。时间紧迫，容不得我有半点松懈。我将每一步准备工作都写进计划表，严格按计划进行。不管什么时候，我向袁老师和孙特求教，他们都会及时、热心地帮助我。

经历了这一次磨炼，我开始学习指导年轻老师上科学课。袁辉老师叮嘱我说：做教研，其实就是服务老师的，不管怎样，我们都不能生气啊。我毫无保留地把自己的想法和建议与年轻老师们交流，也鼓励他们有自己的观点和创意。当老师们一次次捧回证书时，我比自己拿了奖还开心。

后来的一些经历，更是大大加快了我的成长速度。

2018年10月，和几个伙伴一起赴浙江学习，那是一段令人难忘的旅程。每周上三节课，整理一节课堂实录，然后就是跟着导师林建锋校长到区里各学校听他徒儿们的展示课。

汇报课前一周，我们去各学校试教。行车不便，加上大包小包的实验材料，我们常常匆匆忙忙，哪里可以有足够的时间和学生见面交流？可不可以省去见面环节或缩减见面时间呢？那些专家、名师上课时，不也是一到就开场吗？他们是怎么做到的？我仔细研究，终于总结出一个规律：所有专家的课都重视对学生思维的启发和引导，学生才是课堂真正的主人。只有尊重学生的成长，老师才能真正获得成长！心中豁然，我开始挑战自己。接下来的每一次课，我都严格要求自己：除了给学生分组、分工，不多说一句。结果，我成功了。

慢慢地，我爱上了科学课。

七、坚持学习，提升素养

为了进一步提升自己的专业素养，我还要求自己一定要坚持学习，做好三件日常研修工作。一是坚持课外阅读。教师应该是一本百科全书，因为学生想要知道的很多很多；二是坚持整理实录。每年有很多优秀的参赛案例，我都会用手机对案例进行录音，回家后，再一字不差地整理成手写稿或电子稿。这个过程，需要大量时间，但值得；第三，坚守教研阵地。每个学期，我都会至少上一节教研展示课，积累自己的实践经验。

八、尾声

以上这些，便是我近些年的学科专业成长历程。虽然，成长的道路上，每个人的故事都不一样，但我们又可以从这不一样中，找到相同点。因为，所有洒下的汗水，都是精彩奋斗的美好回忆；每一次成功的体验，都是勇敢前行的决心和力量。如今，在科学教研的路上，我唯有坚定前行的方向，不断成长。因为——

最值得欣赏的风景，是自己奋斗时留下的足迹！

组团成长，提升素养

——攸县小蚂蚁科学自组织个人成长案例

◎株洲市攸县联星街道东北街小学　刘新平

一、疯狂学习，自由成长

我是一个热爱学习的人。中师毕业后，我通过努力拿到了函授本科学历。自从 2008 年我开始执教小学科学课以来，对知识的热爱和对科学的追求越发不可收拾。为弄清知识的源头，探究科学的究竟，2011 年我考上了湖南师范大学中国哲学专业全日制研究生。在此期间，我多次到湖南师范大学化学实验室和生物实验室参观学习。2014 毕业后，我又重新执教小学科学。从此，我更爱小学科学教学，也在不断地研究小学科学课堂教学。但由于志同道合的人不多，科学素养的提升不是很见效。这是我科学专业素养的自由成长期。

二、桂馨助力，跟岗成长

2016年有个好机遇，北京桂馨慈善基金会在株洲开展科学教育项目，主要是培养株洲荷塘区、攸县等五县（区）农村的科学老师，并培养一批各县（区）的科学骨干教师。我有幸被桂馨项目组选上。我们攸县共有5人，其中1名是县科学教研员，4名是科学教师。在项目进行期间，桂馨项目部的志愿专家在株洲指导我上了2节科学课，进行了6场讲座，真正引导我走向科学探究的科学课堂之路。尤其是在2018年，在桂馨的助力和县教育局的支持下，我在浙江跟岗学习了45天。在此期间，我亲身领略了浙江小学科学教学教研团体的力量，感受了所到学校科学教研的研讨氛围，聆听了浙江科学教育专家、骨干对我科学教学的亲切教诲。我在期间，尽情地吸吮着浙江名校、名师的科学教学营养，学习他们的先进教学理念，理解并掌握他们的教学思路和教学方法。在桂馨助力下，我个人的科学教学专业素养得到显著提升。

三、组团磨砺，持续成长

如何继续和持续提升自己的科学专业素养？从浙江回来后，我就思考这个问题。说实话，我的内心迫切希望有一个团队，有一个组织，有一群志同道合爱好科学教学和研讨科学教学的老师，如果有可能我可以作为号召人或者组织人来组团。一方面，我可以继续探究科学教学，另一方面我还可以与一群人一起研究科学教学，甚至还可以作为科学教学的种子教师带动起或者引领着我们攸县小学科学教师这个队伍素养持续提升，共同提高攸县的小学科学教学质量。

（一）在名师工作室的活动中磨砺

2019年，攸县组建科学名师工作室，要求科学教师申报名师工作室主持人。我看这是一个好机遇。于是我报了名，并且成了攸县第一届小学科学名师工作室主持人。于是我带着自己名师工作室的成员开展科学教研学习、培训活动。在2020年我主要实施了2020攸县小学科学送教下乡活动。这个项目是国培计划，在县教育局的领导规划下开展。时间一年，活动开展较多，指导老师都是我们名师工作室的成员。在小学科学送教下乡的研课磨课、示范教学、观课评课、议课展课中，我们的学员、成员，以及我自己都在科学教学的主题引领下科学教学素养不断提升。可是问题又来了，国培只是针对部分人，而且我们的团队是由县教育组织考核的，人数只有7人，工作室三年一届。三年一过就要换人。虽然科学名师工作室开展的活动是对我小学科学教学素养的磨砺，但我想能不能让这种磨砺持续下去，并且让这个团队持续扩大。就像几年来，常在一起研讨科学教学的几个人自发地形成一个研学团队。这个团队没有周期时长，人数可以不断增加，每个成员都是主人，相互协作，共同持续提高。

（二）在小蚂蚁共同体的切磋中提升。

2021年3月，孙江波老师来攸县，恰好与我来谈株洲市小学科学自组织共同体这件事。要我作为号召人，组建攸县小学科学共同体，我觉得机遇又来了。第二天，我把小学科学工作室成员与先前4人组成了有9名成员的"攸县小学科学学习型自组织共同体"，后把共同体改名为"攸县小蚂蚁科学自组织。"7月10日，我们共同体就一起共同讨论，共同体如何组织，如何研讨，应该开展哪些活动，如何使自组织不断壮大，发挥引领作用，让自己科学教学专业素养提升，并提升科学教学质量。于是我们以切磋、展示形式，互帮互助、互相协作的方式开展科学教学教研活动。我在活动中感受了共同体成员之间的热情、主动、上进、活力。我对研究小学科学教学的研究动力更足。我一边利用国培工作坊的事项，让自组织共同参与，还自己研究自组织理论。我还在自组织和全县的科学教学研讨活动中举办讲座，指导身边的科学教师，带动全县科学教师提升科学教学素养。当然在小蚂蚁共同体的切磋中，我的科学教学专业素养不仅继续提升，而且还辐射了全县80多位科学教师。我的成长主要表现有以下4点变化。

变化之一：理念与时俱进。在教学理念方面能与时俱进，能及时学习当前的新理念，领悟新教法，学习新的组织教学形式。新《义务教育科学课程标准》在2022年4月

21日颁布，我在5月1日就组织全体共同体成员学习研讨，对其中科学核心素养的四个方面有较深的认识。

变化之二：创新时有发生。在小蚂蚁科学自组织共同体创建后，自己在教学方面也时有创新，包括教学方法，尤其在小学科学课堂走向探究的环节、策略方面。2021年，我被评为省优秀培训师，我的论文《三范引领创小学科学教师培训模式》获省一等奖，案例获省优秀案例，参与的省级课题《STEM教育在小学科学教育中的融合与创新研究》结题并被评为优秀课题。

变化之三：动力与日俱增。在共同体成员的相互影响，相互鼓励，相互展现，我自己教学、教研的动力更足。2021年10月，我主持的市级课题《双减背景下，小学科学有效策略研究》成功申报开题。

变化之四：成果不断丰硕。自己的教学朋友更多，自己获得的荣誉更多，让自己更有信心，更有成就感和幸福感。我指导的赛课获县一等奖第一名，在市县科技创新大赛县中荣获优秀指导老师，被评为2021年度攸县优秀教育工作者。

能作为攸县科学自组织共同体的召集人是我在科学教学中的一种荣耀，更是我自己成长的一次机会。我相信，科学教师在新时代自己所属的科学共同体中都能抓住机遇，提升各自的科学专业素养，为中国的科学教育事业贡献力量。

团队力量，助我前行

——攸县小蚂蚁科学自组织个人成长案例

◎株洲市攸县新市镇中心完小　宋莹

2019年暑假，在北京桂馨基金会的组织下，我和刘新平老师一起参加了在南京举办的行知实验室主持人的培训。短短7天的时间，内容很实，收获很满。培训中，我有幸结识了教育行业内不同领域的杰出人士，聆听了他们的深刻见解，内心深受震撼，并引发了我对于如何在当前时代成为陶行知先生那样的卓越教师的深思。杨瑞清校长的指导，顺人心，合师心。培训结束后，刘新平老师即向我提议，应集结攸县内真正热爱科学学科的教师，共同开展研讨与交流活动，旨在以这种纯粹的方式推动科学教育的发展。当时，我满怀期待，渴望能够加入刘老师的团队，致力于科学教育事业的进步。

自认为我是幸运的。起初，我对科学课程一无所知，上课时孩子们也缺乏兴趣。在参加了桂馨基金会在茶陵举办的学习培训后，我尝试将培训中学到的经验融入自己的教学实践中。渐渐的，孩子们的课堂积极性得到了显著提升。同时，我加入了攸县小学科学教学队伍，在前辈们的悉心指导下，我的科学课逐渐步入了正轨。这一经历也为后续加入攸县"小蚂蚁"科学自组织奠定了基础。

2021年，我参加了在荷塘区文化路小学举行的小学科学名师工作室骨干教师培训活动。其中，孙江波校长关于"自组织建设"的讲座引人深思，让我受益匪浅。尤其让我印象深刻的是自组织建设中的"雁阵游戏"。初次接触此游戏时，大家都颇感困惑。我们被分成了四个小组，每组七人，分别编号为A至G。游戏规则规定，成员间不得进行口头交流，仅能通过纸条传递信息。任务由A接收，A仅能与B交流，而B则能与所有人交流，直至任务完成。作为A角色，我在首次尝试中未能完成任务，但在第二次尝试中，总结经验教训后虽完成了任务，但仍存在诸多不足。通过这次活动，我们总结出了几点经验：传达信息和下达任务必须准确无误；信息（字迹）需清晰可辨；信息收集方法也有待改进等。这些经验与我们的教学实践紧密相关，提醒我们教学目标需明确，下达给学生的任务也需具体清晰。

"雁阵游戏"深刻揭示了课堂中师生关系的本质：师生之间的行为是相互影响和促进的，整堂课教学目标的达成离不开师生的紧密配合。就课堂上的学生而言，这要求他们在小组合作中展现出协作精神，通过明确的分工和整个小组的一致思考，来实现小组合作的目标。

此次培训之后，我加入了刘新平老师主持的攸县"小蚂蚁"科学自组织。正所谓"独行快，众行远"，攸县小学科学教育的道路因众人的携手同行而愈发宽广。恰如"雁阵游戏"所寓意的，团队的力量使得 1+1>2。春来秋去的大雁在飞行时总是结队为伴，队形时而呈"一"字，时而呈"人"字。编队飞行的大雁能够借助团队的力量飞得更远；大雁用叫声鼓励飞在前面的同伴，使团队保持前进的信心；当某只大雁脱队时，会感受到独自飞行的艰难迟缓，因此会迅速归队，继续借助前一只大雁产生的浮力飞行。自组织亦是如此，我们需要团结一心，共同前进。

2021年，我参加了攸县小学科学国培学习。培训要求录制精品课，这对我来说是一项挑战，无论是录制要求还是内容都让我感到困难重重。于是，我虚心向自组织里的老师请教，老师们纷纷慷慨相助，为我献计献策。最终，在团队的倾力帮助下，一堂微课精品课应运而生。

"小蚂蚁"科学自组织经常召集成员共同研讨。2021年7月的首次会议上，大家深入探讨了科学教学的困惑及对未来的规划。2022年5月，刘新平老师召集我们举行了"桂馨·攸县科学教育工作室2022小学科学课堂科学观念教学策略研讨活动"。此次活动让我深有感触："不要看别人现在做成了什么，而要相信自己现在做对了什么，并持之以恒，这就是信仰。"这是刘老师在5月1日的圆桌会议上对我们的首句寄语，这句话既激励了我，也让我感触颇深。我们都是平凡人，都在相似的生活和工作中默默努力着。我们所思考和追求的，在短时间内或许没有收获、没有肯定、没有鲜花，也没有掌声。但我坚信，只要我们持之以恒，终有一天，量变会引发质变。在这次活动中，刘老师从解析2022年的新课标，到讲解如何撰写关于"科学课堂教学策略"的论文，大家在轻松愉快的氛围中收获颇丰，这是一次非常愉快的学习经历。通过这次学习，我学会了撰写论文时应如何理清思路，以及上好一堂课的正确方法。

在"小蚂蚁"科学自组织的影响下，在我们学校也集结了一群志同道合的老师，共同创建了以科学社团为基础的"泥娃社团"。我校位于株洲市攸县新市镇，镇内拥有宋朝瓦窑遗址，现存多处瓦窑（且瓦窑内多富含黏土）。结合这一地方特色，我们开设了陶艺泥塑兴趣班。陶艺与泥塑在我国拥有悠久的历史，被誉为火与泥的艺术，同时也是火与泥的科学。对于小学生而言，泥塑兼具美术、科学、劳动三门学科的特点，能够更好地促进学生德、智、体、美、劳的全面发展。

加入"小蚂蚁"攸县小学科学自组织的这两年里，我深切体会到了团队的力量。攸县小学科学团队从最初的几人同行，到如今团队共行，越走越远。在头雁的带领下，我满怀期待，斗志昂扬。

组织指导，飞跃成长

——攸县小蚂蚁科学自组织个人成长案例

◎皇图岭镇中心小学第二完小　皮高波

转眼间，我在小学科学的教学道路上已走过六年有余。最开始我是以音乐教师的身份步入我的职业道路的，但在机缘巧合下，我接触了小学科学这一门学科，一下子激发了一个男生从小的科学梦，让我对小学科学这一学科的教学产生了浓厚的兴趣。下面我就简单总结一下，我这几年在科学教学中的成长吧。

2018年我来到皇图岭镇中心小学第二完小任教，当时我主要任教的科目还是数学和音乐。正好那一学期是我校被定为株洲市孙江波小学科学名师工作室打造乡村特色科学校园的项目校。我们学校指派我准备一堂科学课进行展示，那个时候，我对于科学这一学课还是似懂非懂，只能拿着教材仔细研读，不懂就在上网进行搜索，自己准备了一堂自认为不错的科学课——《地球的故事》。但是上完课后，专家、老师们却给出了负面的评价，我把一堂本来应该生动有趣，思维活跃的科学课，上成了一堂单方向输出的知识传授课。通过这次的经历，也让我对科学这一门学科产生了浓厚的兴趣，于是我又利用课余时间仔细研读教材，观看优质科学课视频，每年的株洲市小学科学教学竞赛，我都会去观摩学习。而在2019—2020年，我也多次主动要求上科学展示课，通过这样"以课促学"的方式，让自己不断成长，听课的专家和老师们也在这个过程中看到了我的成长和进步。

终于，在2021年上旬，株洲市举办2021年"桂馨杯"株洲市乡村科学教师课堂教学竞赛活动，我有幸代表攸县参赛。在收到这个消息的时候，我是既紧张又开心。开心的是我能够更好地提升我的教学能力，还可以去更大的舞台锻炼进步；紧张的是我能否真正承担、乃至于圆满地完成此项任务。于是，我在完成我的原本教学任务的同时，利用课余的时间不断地研究分析教材、新课标，并向我们学校的"市科学学科带头人"刘建华校长请教。刘校长也是不厌其烦地带领我这个科学新人，选取授课课题，准备实验材料，进行教学设计，并组织更多的老师对我的课堂进行打磨。也是在这样的研课磨课中，让我接触并认识了攸县一群热爱科学的老师和领导，后来我才知道这些老师和领导都是攸县科学"小蚂蚁"自组织的成员。这也让我毅然决然的申请加入了该组织，因为在教学道路中，能够遇到一群因为热爱而聚在一起的伙伴是多么的不容易啊。在刘校长和"小蚂蚁"自组织成员的帮助下，通过一次次的磨课、修改、再磨课、再修改。让我自己对于这堂课也有了更多的信心和底气。最后在这么多专家和老师们的指导下，我的科学公开课《安装房屋照明电路》获得2021年"桂馨杯"株洲市乡村科学教师课堂教学竞赛活动的一等奖。

通过这样的一次活动和历练，让我更加坚定了在科学教学道路上的信心和勇气。也让我有了更大的成长和进步，让我明白了，在科学课堂中，学生才是课堂的主体，而老师只是负责引导或者引领学生走向探究的道路。

有了这一次的成长，也让我更加自信、坚定在科学教学道路上奋勇向前。于是，2021年6月在株洲市优秀教学案例征集遴选活动中，我的科学教学案例《安装房屋照明电路》有幸入选，并被推荐到湖南省义务教育优秀教学案例遴选活动，被评为优秀教学案例。在2021年10月我的这堂《安装房屋照明电路》又被株洲市教育科学研究院推荐参加2021年湖南省小学科学"科学概念的自我重构"优质课远程教学观摩活动，这时的我已经成为"小蚂蚁"自组织的一分子了，收到这个消息后，"小蚂蚁"自组织的老师们亲自到我们学校，对我的这堂课进行更深层次的研讨、磨课、评课；市教科院袁辉老师还主动帮助我联系省教科院的专家给予我指导建议；最终，我的这堂科学课《安装房屋照明电路》在湖南省小学科学优质课远程教学观摩活动中，荣获远程教学展示一等奖。

回首这几年的成长，离不开学校老师们的帮助，离不开校领导的支持，离不开攸县教研室对我的培养，更离不开"小蚂蚁"自组织的成员们对我的指导和鼓励。虽然，如今的我距离目标还有很大一段距离，但是，我相信，只要通过不断的努力、学习、奋斗。在科学教育这条道路上，必会发挥我的光和热，让每一个孩子的心中都种下一颗科学的种子。

感恩遇见 相伴成长

◎茶陵县芙蓉学校 杨琪

一路走来，心存感激，是伙伴们无私地帮助和真诚的鼓励让我成长。我将自己这些年的学习历程、成长历程、心路历程总结为三个关键词：感恩、成长、传递。

一、感恩遇见

感恩在我的科学教学路上遇见桂馨，遇见所有。至善至诚，如桂斯馨。2016年12月15日，桂馨科学教师培训株洲项目第一站来到茶陵，我作为此次活动的主持人参与了培训的全过程，连续三天的活动安排得紧张又充实。年近八旬的章鼎儿老师语重心长地做了题为《小学科学课的科学探究活动与课堂教学改革》的讲座，那情景时隔多年仍历历在目，恍如昨日。浙江名师吴健伟老师、叶军老师、钱军红老师带来的精彩的有"探究味"的科学课，让我耳目一新，原来科学课还可以这样上。从此"科学探究活动"在我的头脑里生根发芽，激发我不断地思考：什么时候我也能上这样有探究味的课？

这些年，我要感恩在我的科学教学路上的引路人——袁辉老师，我的良师益友——孙江波老师，以及他们带领的株洲科学教师团队大家庭，是他们在我寻求科学教学成长的路上与我相知相伴，让我一路收获了真挚的友谊和温暖的幸福；他们的鼓励和陪伴是我迷茫时的指路明灯，让我信心满满，一路奔跑向前。

我还要感恩我的学校、领导、同事和家人，正是有了他们的支持，才让我放下包袱，轻装前行。

二、经历成长

1. 东行取经

2018年四月，我有幸被桂馨选派到美丽的浙江参加交流学习40天。在浙江，我以金华曙光小学为大本营，每周相约团队小伙伴奔赴杭州、宁波、义乌等地学习，参与听课研讨。在这个过程中，我有机会深入地接触走向探究的科学课。在曙光小学，不论是数学课，还是科学课，都会通过开展创造性的活动，让学生动手动脑，在活动中发现规律，领悟门道；然后通过研讨交流分享学习成果。他们把这样的课堂谓之"U型课堂"。课堂上，老师与学生、学生与学生之间平等交流，彼此间围绕共同的目标相互对话、交流、合作、协商。这就是"U型学习共同体"。学习共同体之间共享知识，共享经验，共享智慧，实现学习者与共同体成员的共同成长和发展。这样的课堂不是教师集权的个人舞台，而是向着以学生的个性化学习和互动交流为轴心的"活动、合作、反思"的学习方式。U型课堂的教学流程大致分为四步：一导入学习，二创造性活动，三交流研讨，四总结。其中导入活动就是在课开始的时候把学生的注意力引导至课的主要活动，知道接下来要做什么？以及怎么做？一般用3—5分钟时间完成；创造性活动是探究性课堂的主体之一，大约15—20分钟，在这段时间里，学生将开展小组内的活动；合作学习即交流研讨环节，是活动后的信息加工，是共享与分析整理探究活动中获得信息的过程，包括整理各种发现、想法和问题，大约10—15分钟；最后总结整理归纳结课，形成共识，为后续学习打好铺垫，这个过程大约需要3—5分钟。观察他们的科学课堂，我发现采用"活动、合作、反思"的学习方式，能充分发挥学生的主体作用，调动学生的学习积极性，学生通过互帮互助达成共识能够形成良好的合作品质，有利于提升孩子的综合素质。

40天的学习很短暂，我将自己的学习经历转化为文字记录在笔记本上。时不时翻出来看看，对照平常的教学，不断反思：自己距离真正的"U型课堂"还有多远？我的课是不是走向探究的科学课？

2. 尝试突破

去浙江学习之前，我是湖南省科学骨干教师，株洲市科学学科带头人，自认为自己的科学课上的还行，至少学生喜欢上我的科学课。但是到浙江学习以后，我发现自己与江浙先进的科学教育理念差距甚远，光学生喜欢上科学课还是不够的，学生在我的科学课上到底能学到什么？仅仅是知识吗？不！还有学习的方法，表达交流的方式，合作、分享的能力，科学思维的发展……于是，我开始转变观念，力求朝着"U型课堂"的要求来设计自己的科学课。每一次上课我都要思考：我的课堂上是否留有足够的时间让学生参与活动，他们是否在活动中积极的思考问题？活动的设计是否具有创造性？是否能快速吸引学生的注意力？活动材料的选择是否具有结构性、实用性？设计的问题是否有效？这节课学生的思维有没有得到发展？这些问题的解决需要在备课的时候就开动脑筋，只有打破常规，不断突破，课堂才能高效，学生能力才能得到发展。所以后面在上汇报课、展示课时我都反反复复不断地磨课，每次上课，我都要把课录下来，然后带着上面的问题来观课，反思和改进。期间，我也不忘向专家老师们请教，听取他们的建议。展示课《摆》就是这样一步一步打磨出来的。这节课在株洲市、湖南省获一等奖。虽然有我个人的地努力，但我更要感谢以刘晋斌老师为代表的浙江专家团队，以及袁老师，孙老师等株洲科学教师，还有很多听课老师给我宝贵意见和帮助。在此，我由衷地感谢大家给予我成长进步的机会，感谢每一个曾经指引和帮助过我的人。

三、快乐传递

这几年我们学校成立了科学信息备课组，组员中科学专职老师只有两位，其他人均为兼职科学教师。如何快速提升这些兼职教师的专业素养？我作为备课组组长，首当其冲上示范课，让老师们听课，评课。这节课好，好在哪？有什么值得借鉴的地方？还有哪些地方需要改进？通过评课交流，慢慢地让他们也试着这样去上科学课。然后依托学校每期的主题教研展示课活动，让年轻的老师上展示课。2019年我校新进数学教师李跃文老师加入科信组，但是他从来没上过科学课，怎样才能让他快速成长为合格的科学老师？李老师个人素养不错，他缺少的是科学教学理念和经验。整个科信组对他充满信心，我们先让他网上听优质科学课，然后自己设计课，上课，其他科信组成员听课，评课，一次不行再来一次，再不行我们就同课异构，让李老师自己发现自己的课与其他老师的课差距在哪儿，有哪些问题，该怎么解决。这样通过反复磨课，交流，评课，李老师进步很快。在后面的主题教研展示课上他的课赢得的在场老师的一致好评。

2021年3月，我召集茶陵县城乡优秀科学教师成立了茶陵县科学教师自组织——"绿森林"科学团队。老师们来自五个不同的城镇和乡村学校，除我是70后，有两位为

85后，还有五位为95后。他们的科学课教龄均不到五年，可以说都是很年轻的科学老师，但是他们有思想，有干劲，热爱科学教育。到2024年，"绿森林"团队成员已经增加到16位。我带领团队以参加一年一次的株洲市优质观摩竞赛课和湖南省中小学在线集体备课大赛为契机，打磨课堂，老师们跨校区听课磨课，在研课中提升科学课堂教学能力。团队成员罗文慧、陈碧玉、陈梦玲、陈妤四位老师分别代表茶陵县参加2021—2024年株洲市优质课、录像课比赛均获一等奖；2022年团队参加省在线集体备课大赛获一等奖。平时，老师们积极参加各级各类线上线下的科学教师培训，送教下乡，科学夏令营等活动，在学习中提升专业素养；"绿森林"自组织还通过开展视频课研讨交流，科学课堂教学竞赛、作业设计比赛、撰写论文、社团服务的形式让大家在科学教育教学实践中不断成长，团队不断壮大。每一次活动之后大家都要总结经验，交流心得，力求有收获。看到老师们在展示课上亮相拿奖，得知他们的论文、作业设计获奖，我比他们更高兴。我和老师们同欢笑，共成长。传递亦是一种快乐。

这些年，我与大家一起探究学习，共同进步成长。在今后的日子里，我愿继续参与学习，不断提升与突破，做一名有创造力，助学生发展的科学教师，同时积极助推年轻教师成长，为我校科学教育的发展尽最大的努力！成长是一种幸福！我骄傲，我是一名科学教师！

一路成长 一路绽放

◎株洲市茶陵县城西小学 宫小丽

不知不觉中我已经从教 9 年，刚参加工作时任语文老师，2015 年接触科学教学工作。一路走来，在领导和同事们的指导帮助下，我认真学习，虚心请教，汲取经验，努力提升，并在提升科学课教育教学水平方面收获了一些心得体会。

一、潜心钻研，切实提升自身知识水平

科学学科为我打开了一扇新的窗户。比如回答"世界上为什么会有花"这个问题，我看到一个由诗意语言和科学知识完美结合的答案。科学本身是美的，如果能把这些美呈现给孩子们，既是孩子们的幸运也是我的幸运，我庆幸自己能和孩子们一起成长，一起绽放。于是我不断学习，努力实现自我提升。

一是将"研究型"、"专家型"教师作为自己的奋斗目标，并一直坚持了近十年。

二是在课堂努力为学生创设学习情境，培养学生的科

学兴趣和素养。平时备课时把教材进行通读，仔细斟酌和掌握每句话、每个插图用意及作用。

三是对于掌握不好的问题，积极线上学习，线下主动向"孙江波名师工作室"的师父和同行老师请教。

二、勇于开拓，不断提高自身创新能力

当前，教育教学工作创新发展日新月异，学科教育进入标准化时代，在周海兵老师的帮助下，他送的那本《小学科学课程标准》成了我教学方面的"老师"和引路人。

一是我认真落实科学课程标准，将之融入科学课教学当中，不断提升科学教育规范化、标准化。

二是开展分角色表演活动，积极在科学教学上尝试创新，不断增强学生们的学习兴趣。比如，上三年级上册《身边的动植物》一课时，让学生走近相应的动物角色去思考动物的生存权利和应该受到保护的理由。在说一说、演一演系列活动中，同学们明白了自然界中所有动植物在食物链中紧密相连的关系，既理解了本单元的重难点，又增强了保护动植物的意识。在上三年级下册《植物的秘密和植物的一生》时，我提前让学生挑选喜欢的植物种子埋进土壤里，在科学记录本上记录种子发芽和植物生长需要的条件。再把学生的优秀作品带进教室里，大家一起观察植物的组成部分和花的构造。

三是提倡学生自带实验材料。比如：在三年级下册科学书上《材料的发展》的教学中，学生在家里很容易就可以找到相关材料，同时，学生收集材料的过程也是学习的过程。为了确保实验效果，科学教师还需要进行改进实验、备课、设计合适的课件等工作。

任教科学以来，我先后参加了株洲市赛课、一师一优课、展示课、示范课、送教下乡等活动，每一次选课，备课，磨课过程都是一次历练，虽然过程艰辛，但是从磨课的过程中也提升了自身的专业水平和创新能力。

三、加强学习，在提升教学成绩上体现作为

学无止境，做好老师这一职业，需要自身具备渊博的学识和职业素养。为此，我把学习当成做好工作的首要任务，常抓不懈。

一是我积极参加各类学习、培训活动，努力提升自身教学水平。

二是认真学习《小学科学课程标准》《教师的挑战》《"探究—研讨"教学法》等相关书籍。通过自身的学习和进取，2021年，我成功当选茶陵县教育局兼职科学教研员。这是既是对我的鼓励，也是一种鞭策，更是我进一步提升自身能力的契机。

三是积极参加茶陵县"名师带名徒""城乡结对"送

教下乡活动。作为茶陵县名师，我和列宁学校的李贤风老师，桃坑学校罗文慧老师结为师徒，一起努力，共同进步。2023年我在秩堂乡列宁学校送教《折纸飞机》一课，获得了在场听课老师的一致好评。我报送的课例《动物的繁殖》获株洲市基础教育"市级精品课"；我的科学作业与评价设计荣获市一等奖。同年还被评为"网络研修先进个人"。这些荣誉都是我成长的见证，为我的绽放积蓄能量。我取得的成绩离不开茶陵县教育局及学校领导的关怀指导，离不开袁辉老师搭建的好平台，也离不开孙江波师父的指导和帮助。

四、展望未来，在推进实践中体现担当

当前，株洲市小学科学教育发展趋势良好，"自组织"已经成为教师区域成长的共同体，为全县科学教师，特别是乡村科学教师提供了研讨、交流和展示平台。

一是在杨琪老师的召集下，茶陵县首次成立小学科学自组织小团队"绿森林"，在茶陵县建起"自组织"网络，大家朝着共同的愿景、目标而努力，真正形成从上而下灌溉、从下而上积累的良好势态，让更多的老师热爱科学，在"绿森林"中获得成长，更多的学生得到良好的科学教育。

二是作为茶陵县教育局兼职教研员，我以"绿森林"为平台，不断助力发展茶陵县科学教学。2021年，"绿森林"

以市级乡村小学科学教师赛课为契机，从罗文慧老师参赛磨课开始探寻科学教学之旅，经过共同努力，"绿森林"成员罗文慧老师执教的《生生不息的动物》一课，在2021年株洲市"桂馨杯"乡村科学教师课堂教学竞赛活动中荣获一等奖。"绿森林"成立后第一次活动就取得了良好成绩是对我们每一位成员的肯定，也是我们后续前进的动力。2022年，陈碧玉老师在株洲市科学赛课中再创佳绩，荣获一等奖。

　　一路走来，通过对科学这门学科的接触，使我明白了一个道理，不管做任何事，只要抱着认真的态度，虚心求教、认真钻研总会有意想不到的收获。在追梦的路上，我们并不孤独，这里有高瞻远瞩、运筹帷幄的领导，有经验丰富、热心助人的前辈，有朝气蓬勃、斗志昂扬的年轻教师，我们一起成长，共同绽放。在未来的日子里让我们继续携手并进，开拓创新，用满腔热忱和责任担当，描绘出株洲教育事业发展的新蓝图！

感恩遇见，感谢成长

◎株洲市实验小学　田菁

时光如白驹过隙般飞逝，还清楚地记得初登讲台为人师时的紧张与不安，一晃眼我也迎来了从教生涯的第十年。我从一开始执教音乐到后来转岗执教科学，经历了从青涩到自信的蜕变，做梦都没想到一个最初的科学小白，不但能自信满满地在省级平台上呈现科学课的魅力，更荣幸地获得了教育部基础教育精品课的一等奖，实现了我从音乐教师到科学教师的成功转型。回顾自己这十年的成长之路，哭过鼻子熬过大夜，有过彷徨也有过迷茫，但更多的是收获与憧憬，在爱与感恩中前行！

2013年，刚大学毕业、初出茅庐的我来到601小学代课，主教音乐兼一年级班主任，本就是音乐学专业的我每天带着一帮小娃娃唱唱跳跳像个孩子王一般无忧无虑，活力四射。然而，这段充满欢声笑语的旅程在两年后悄然转折，因学校内部的人事调整，我踏上了新的教学征程，转型为一名小学科学教师。在转岗初期，我面临着前所未有的挑战：对小学科学教育理念与课程特性的陌生感，让我时常忧虑于自身专业背景的差异，总担心自己专业不对口会误人子弟。当我面对图多字少又包罗万象的科学教材时常常无从下手，不知道在课堂上到底要讲什么，讲多少才合适。为了跨越这道难关，我开始在网上搜集并学习相关的教学案例，从模仿到借鉴，甚至尝试原封不动地采用那些吸引我的教学环节与创意设计。这样明确的、具体的、能"立竿见影"的依葫芦画瓢让我感觉自己似乎摸到了门道。直到我第一次走进宾雨师父的课堂，我才真正体会到了科学教学的魅力。他不用学生打开教材阅读，也没有华丽的辞藻和刻意的设计，仅仅几个提问就引得学生热烈讨论，碰撞出一朵朵思想火花。这一次听课打开了我的新世界，也在我心里埋下了一颗种子，我想教好科学这门课，成为一个真正的科学老师。跟着宾雨师父学习的这几年，我逐渐学会了用教材而不是教教材，体会到科学教学中为了促进学生的思维发展，引导学生进行有效探究学习要进行"简约而不简单"的设计。也逐渐领悟到科学教学不仅仅是传授知识的过程，更是激发学生探索欲、培养其批判性思维和创新能力的重要途径。

2018年，我如愿考上科学教师编制，来到实验小学，并在这里遇到了我的第二位师父——欧阳海晏。她是良师也是益友，她身上务实求真、严谨细致的工作态度引领着我在专业上快速成长，她的信任与肯定帮助我重建信心，跨越心理障碍。2022年5月，我有幸代表荷塘区参加了株洲市"桂馨杯"小学科学优质课竞赛活动。当我知道要去参加全市优质课评比活动的时候,内心有一点小波动,是开心也是忐忑的,从毕业从教到现在,这些年只参加过校级和区级的赛课,我渴望也需要一个更大的能够检测和展示自我的平台,我告诉自己要好好把握机会。可能是因为赛前压力大生怕辜负大家这段时间对我的期望和帮助,也可能是养育小孩这两年情绪被压抑的太久,让我陷入了前所未有的自我怀疑之中,导致我极度不自信,害怕在众人面前发言讲话,甚至在比赛前一天下午去看场地的路途中大哭了一场,还好我的师父欧阳老师一直在耐心地开导、鼓励我,坚定不移地信任我才让我最终有了放手一搏的勇气,创新折子课程《传统农耕工具——桔槔和辘轳》也得到了评委和听课老师们的认可和好评。

在持续不断的自我超越中,荷塘区的"松鼠社"宛如一座桥梁,引领我步入了更广阔的个人成长天地。这个充满活力和创新的团队,不仅促使我成功加入了"孙江波小学科学名师工作室"这一精英群体,更让我有幸跻身株洲市"十四五"规划下的骨干教师培育之列。2022年11月,我承载着株洲科学教育的荣誉,在湖南省小学科学优质课远程教学展示观摩活动中呈现了一堂展示课。这一荣耀时刻的铸就,离不开"松鼠社"内众多科学同仁的鼎力支持与无私奉献。从匠心独运的教学场景设计,到精心策划的体验活动引导;从教学难关的巧妙破解,到实验器材的创新改良,每一个细微之处都凝聚了团队成员的智慧与汗水。

我们共同对每一个教学环节精心雕琢，每一句讲解语反复推敲，乃至每一幅图片的遴选与每一个手势的斟酌，都力求完美无瑕。在这一过程中，我深刻体会到了团队合作的力量，以及专家指导的宝贵价值。正是这些不断的修正、深刻的反思与智慧的碰撞，让《地震》这一课例得以在省级平台上精彩呈现。

我是幸运的，在执教科学的这些年里，遇见了两位顶顶好的师父，遇见了一群志同道合的朋友，遇见了一个拥有大爱的团队，这无疑是我职业生涯中最宝贵的财富之一，我的每一步成长都深深烙印着集体的智慧与温暖，这条成长之路，有师父引路，有同伴并肩，是团队力量的见证，也是个人蜕变的轨迹。在这个温馨平等的共同体中，无论是教学中的困惑还是生活中的烦恼，总有那么一双手，或温柔地引导，或坚定地扶持，让我能够勇敢地跨越难关，不再孤立无援，那份力量与温暖，成了我最坚实的后盾。这个充满爱的集体里，我不仅找到了情感的归宿，更实现了自我价值的飞跃。

这十年，是我怀揣梦想、砥砺前行的十年，也是我历经磨砺、破茧成蝶的十年。我满怀感激，感恩每一位恩师的悉心栽培，感激每一段经历赋予我的宝贵财富，更感谢那个不断突破自我、日臻完善的自己。

用心教育 坚守初心

◎株洲市荷塘区美的学校 程帅淳子

回首自己的成长历程，十多年的时光里我不忘初心，砥砺前行，从一名害羞腼腆的新手教师，逐步成长为善于学习、勤于思考的研究型教师，不仅完全褪去了当年的青涩，敢于站在校内外讲台上自信地分享、交流，而且能勇担重任，组织开展各项教研活动，带领教师团队在专业的道路上共同成长进步。我的成长故事也和千千万万热爱教育事业的一线教师们一样，在迈向专业化的道路上，既有泪水、汗水，更有收获与憧憬！

一、青涩懵懂，踟蹰前行

还记得我第一次踏上讲台的那刻的激动的心情，还记得我第一次听到学生亲切地喊我"程老师"的满足感，一眨眼的时间，我便在教师这个岗位上坚守十六年。想到2006年参加工作时，我23岁，本以信息技术入门，结果进入新的岗位，被安排教小学科学，当时我还记得这门学科刚刚起步，在很多老师的眼中，还属于"杂科"，并且因为不需要考试，所以在家长的眼中，也是不被重视的学科，而当初我校的三位科学老师，便开启了我们的科学之路，也是我的教育之路。

我还记得为第一次公开课《我们的标志牌》做备课时的紧张与兴奋。从一开始对课堂管理的手足无措，到经过无数次的研讨、反复打磨课程设计，最终呈现出一堂内容丰富且逻辑清晰的科学课，这一过程不仅锻炼了我的能力，更凝聚了背后整个教研团队的心血。

那次公开课的展示，让我收获了满满的鼓励和肯定，无论成功失败与否，对于青春懵懂的我来说，是一次莫大的尝试。接下来的每一年，我陆陆续续参加过多次公开课、竞赛课的展示，在一路上赛课的过程中，回顾看看，发现自己在不经意间成长了不少，这十几年的教育之路，每一天我都遇到新的挑战，让我在反思中不断成长。

二、逢甘沐雨，坚守初心

最值得庆幸的是，我一进入荷塘区实验小学就遇到了一位优秀的领头人，她是我最尊敬的欧阳海晏老师。欧阳海晏老师是一位有着执着的专业追求的专家型、研究型科学坚守人，带领我们以教科研为引领，走内涵式发展道路。欧阳海晏老师有很深的文化素养，她无论从教学、教研上深深地影响着我，而且在为人处事上使我佩服万分。她总是非常有耐心地告诫我,"以学生为本的教育思想"不能只是一句动听的口号,要落到实处,用行动去实施。在她的指导下,我学会了将"以学生为本"的教育理念融入每天的教学实践中,始终把学生的需求和成长放在第一位,鞭策着我不断进步。

在漫长的职业生涯中,偶尔会感到疲惫和倦怠,但不要忘了当初为何而出发,是什么让你坚持到现在。是我每次带着学生做实验的过程中,孩子们的那喜悦的表情;是下了课之后还被好奇的学生追着问各种各样的"十万个为什么",孩子的那种求知欲;还是每次带学生比赛的时获取到那沉甸甸的荣誉,那份满足感……没错,这就是我坚守的意义所在,它能重新找到前行的动力,让我一直在坚守并热爱着我的这份职业。

同时,热情的投入与真诚的付出让我收获了诸多的荣誉,本人先后荣获"DI创新中国决赛优秀指导老师";株洲市"网络教研先进个人称号""科技创新优秀指导老师""机器人优秀指导老师";荷塘区"科技创新大赛优秀指导老师""第三届园丁奖""教研先进个人""最美科技志愿者";美的学校"美好教师""美的园丁""校感动校园""优秀主管"等等诸多荣誉,并在2020年度考核中,荣立"三等功"。这些荣誉不仅是对我工作的认可,更是对我的人生道路的鼓励。

三、带领团队、蜕变成长

随着经验的积累和角色的转变,我开始担任荷塘区科学学科的导师及学校科学学科主管,这一角色让我不仅仅局限于个人的成长,更要着眼于年轻教师的培养和团队的建设。近年来,在工作过的几所学校的师徒工程(青蓝工程)中,先后负责八位徒弟的业务指导和成长帮扶。通过结对帮扶和指导,我致力于帮助她们快速适应教师角色,掌握必要的教学技能,并鼓励她们发现自身的潜力,激发创造力。在学校和区域教研中心的大力支持下,我们的团队成员秉持高度的责任感和使命感,积极进取,紧密团结,以高度的责任心与使命感,出色地完成各项任务。

得益于学校提供的成长平台,我有机会主持湖南省教育科研"十四五"协会课题《城区小学植物种植课程建设与实践研究》,带领着课题组成员从制定研究计划,开展背景文献研究,利用双休日认真研读,刻苦钻研,坚持开展行动研究。通过三年的时间,开展课题研究,并在2024年5月顺利结题。这次课题研究不仅深化了我的专业知识,提升了我的教学能力,在与课题组成员的共同研究过程中,还锻炼了我的团队组织管理能力。这些年,我带领的团队参加湖南省在线集体备获省二等奖;指导本区黄珊、石珍、符申梅、滕小雨老师参加株洲市现场竞赛课、一师一优课、荷塘区实验操作比赛、荷塘区课程改革现场竞赛等比赛，均取得优异成绩。牵头组织并为学校争得荷塘区"我和花儿齐开放"活动的优秀组织单位，"折子课程开发"活动优秀组织单位和承办单位。本人带领的教研组多次被评为"荷塘区优秀教研组"。

尽管如此，我还是觉得自身的业务水平还远远不够，很多的时候，身边的优秀的科学老师都在不断地努力，不断地鞭策我前行。在这个过程中，我深刻体会到了"厚积薄发"的道理。正如竹子在前四年里悄无声息地在土壤中生长根系，最终在第五年开始迅速成长，短时间内达到惊人的高度。教师也需要在日复一日的教学中沉潜积累，扎根于坚实的教育实践之中，方能在关键时刻展现丰硕的成果。

我一直想，教育是什么？教育对我来说，不仅仅是一种职业，更是一种责任和使命。它超越了单纯的知识传递，触及学生灵魂的同时，挖掘和培养他们的潜能。带着对教育的热情和坚定信念，我踏实地走过每一条道路，积累了丰富的教学经验和教育智慧。前方的路还很长，我将持续用我的热情和专业知识，引导和激励身边的每一位教师和学生，共同追求知识、探索真理。

在这条充满挑战与希望的教育之路上，我始终坚信：只要有坚定的信念，并持之以恒，岁月绝不会辜负每一个怀揣梦想、充满热情的教育者。面对未来，我们应继续努力，不断前进，为了每一个孩子的美好明天而共同奋斗！加油，共勉，愿我们在教育的旅途中，收获更多的成功与喜悦。

守住心中的光

◎株洲市实验小学　黄珊

"老师,以后我们的科学课都是你上吗?""是的呀,怎么了?""为什么上个学期你没有来呢?我喜欢你,没想到科学课这么有趣。"这是我与一个三年级的孩子第一次科学课后的一段对话。孩子的话触动了我,科学学科的魅力是多么吸引人,让每一个孩子向往。从此我对自己的科学教学工作有了新的认识,我要对得起孩子们叫我一声"科学老师"。

点燃心中的光,才能追光前行。

感恩有你,点燃了我心中的光。那时是在荷塘区太阳小学执教3～6年级的科学,全校只有我一位科学老师,身边没有同伴、学习资源也非常的少。我们区的科学教研员蔡建平老师下校听课,当时我执教的是六年级的《物竞天择》,评课环中有太多的不足,让我羞愧不已。蔡老师说:"想要上好科学课,要多读课标、教材,多听优秀老师的课,多写教学反思。"从那以后我一直在想"如何让孩子爱上科学课",我积极参加每一次区教研活动,不断地学习、实践反思。蔡老师不断地鞭策我们,提出了每个学期每一位老师都要完成四项行动：阅读、写作、课堂、科研。也就是这每年的四项行动，逼着我像蜗牛一样一点点地往前爬行。不想读书为了完成任务也要每年读一本，不会写论文就先从教学反思、磨课案例开始，每个学期的区视导课总要被磨砺一次，不会做课题研究就先学习别人优秀课题案例。经历了好几年的磨砺，看着自己从课后反思、读书心得、培训心得再到《浅谈如何让孩子爱上科学课》《科学教学中合作学习的现状及对策》，每年总有自己想写的论文，在鞭策和不断的学习中渐渐地找到了心中所追寻的光。

优秀的团队是滋养我成长的沃土，让我脚下的路走得稳健而扎实。

都说心中有光路才会走得更加坚定，我成长的道路需要不断地汲取养分，实验小学就是一直滋养我的沃土。感谢命运，让我遇见了这样优秀的团队。亦师亦友的欧阳海晏老师，幽默风趣的邱狄老师，兰心蕙质的宾浩老师等等，团队的力量并不是简单的 1+1=2，而是一股战胜任何困难的磅礴力量！他们的人格魅力、专业魅力和创新精神影响着我。同伴如此优秀，我又怎敢落后呢。逼自己读书、写作、学习、思考、研究……积极迎接每一个挑战，努力征服遇到的每一个困难，虽然我走得有些步履蹒跚，但前方始终有指引我的明灯，身边总会有温暖的伙伴。2015年加入实验，和他们一起赴贵州梵净山考察。2016年学校送我去丽水松阳县学习，学习归来一直在想喻伯军老师提出的"课堂教学的三阶段"：1. 教师教正确，不错误；2. 学生学懂、学会；3. 学生学得好，教师有创新。对照着这个标准，发现自己还是处于第一个阶段，差距还非常大。都说要经历一次痛苦的磨课，才会蜕变。2017年学校给我这样一次蜕变的机会，参加株洲市优质课赛课，经历了这一次的磨砺让我对自己的课堂教学有了更多的思考。我将自己的感悟整理成了《利用有结构性的材料促进学生自主探究》的创新实验论文。

2017年我也迎来了新的工作岗位，科学教研组长。刚刚接任时，我焦头烂额，不知所措。是欧阳海晏老师的引领、信任和激励让我成功地完成了角色的转变。我在她的身上学到了很多，她对我说："教师教学主要是对课堂、学生的研究与思考，但是教研不仅限于此，你的研究高度要站得更高一些，需要从教材、课标、教师及学生的发展进行更深入的思考。"

2018年，我被学校推荐为荷塘区种子教师。作为培训对象，以区"我和系列"春季种植活动为依托，我们实验团队开发校园种植园、学校种植社团、种植校本课程。承办株洲市基地校骨干老师培训活动，跟着欧阳老师一起做培训、上展示课。2019年学校承办了全区"我和爸妈去科考"大型展汇活动。我也登上了学校实验大讲坛上做科学教学分享。从来没有想过自己可以从以前只是培训、优质课的参与者，变成现在是培训、优质课的展示者和分享者。

2020年的创新折子课程开发，2021年的科学嘉年华盛会，一个个大型科学活动，让我作为荷塘科学团队、实验科学团队的一分子，倍感骄傲、幸福。我就是在这样一片沃土上，给了我不同的平台、不同的尝试，在不同的锻炼中促进我不断地成长。

守住我们心中的光，努力让自己成为照亮他人的光。

教师专业成长的路上需要明灯的指引，需要沃土的滋养。那么老师的成长也必然会影响着孩子们的成长，这就是所谓的教学相长吧！

从一堂有趣的科学课，可以让孩子们爱上科学。丰富多彩的科学活动，可以让孩子们向往科学，有更多锻炼和展示平台。创新挑战的科学竞赛，让孩子接触更多优秀的学习资源。

作为一名科学老师，我想让孩子们通过我的科学课点燃心中的科学之光。在丰富多彩的科学活动中，和我一起得到锻炼有更多展示自己的机会。也许我现在想到的和能做到的还很少，但是当我看到孩子们的点滴成长时，我总想去做点什么，想要呵护好我们心中的光。我更想继续在荷塘科学这个优秀的团队中追光前行，希望有一天我也能成为照亮他人的一束光。

感恩遇见 不负遇见

——小学科学教师成长故事

◎株洲市荷塘区六〇一中英文小学　周柳

人生就像过山车，跌宕起伏，却一直向前。

有人说："一个人能走多远，看他与谁同行；一个人有多优秀，看他有什么人指点；一个人有多成功，看他与什么人相伴。"在教育的这条路上，最幸运的是遇见了一群可亲可爱的人。走上三尺讲台已十三个年头，仔细想来，从踏上讲台那一刻起，"教师"这个字眼便深深地融入了我的生命。

一、懵懂无知、心高自傲、俯身三尺讲台

刚毕业那一年，是一个心高气傲的人。作为大学期间每年获得国家奖学金、毕业获得"优秀实习生""优秀毕业生""优秀女生""优秀学生会干部"等一系列称号的人，谁愿意把自己的人生放在那小小的三尺讲台，甘当一个孩子王呢？刚开始，我不屑一顾、嗤之以鼻，不过是一名小

学教师罢了，我自信足够可以轻易胜任，不然，怎么对得起我寒窗苦读数十载？就是这样一个稚嫩、内心充满不屑，总是冷眼旁观的我，尽管有那么多的不甘心、不情愿，还是走上了已无法更改的人生轨迹——一名普通的小学老师。

二、勤学善思，扬帆起航，扎实基本功底

2011年，我像一叶扬帆的小舟，在漫长的教育教学征途上起航。我进入学校，临危受命进入了学生发展部，担任起了一名少先队大队辅导员，从此我的重心放在了行政管理方面。满以为曾拥有四年大学学生会干部经验的我，来到小学大队部定会游刃有余，可短短几个星期的经历，无情地将我从天真的幻想中打落下来：每天有一堆烦琐的事，每天有接不完的紧急活，每一件事都像一座大山一样，要把我压垮。面对这一切，我竟然像一个孩子不知所措，所幸的是我遇到了工作岗位中第一位导师，大气而睿智的小学数学老师兼德育主任——谭剑。在她的身上我看到了什么是严谨而有效的工作，什么是让学生又敬又爱的老师。近距离耳濡目染和来自师父的谆谆教诲，使我终于打开心扉接受了这一切，我深入学习了解了德育工作，并很快地适应了大队辅导员生活，更学会了如何思考、如何创新。我以"一勤天下无难事"的精神勉励自己，我每天来得最早，走得最晚，主张今日事今日毕，明日工作提前计划。从最

初的手足无措到后来的游刃有余，每一次尝试都是对自己的一次超越。因为执着和认真，工作得到了领导同事和学生的信任肯定，连续四年被评为区优秀大队辅导员，2016年被评为市优秀大队辅导员。

三、迷茫无助、焦虑徘徊，找寻人生意义

"衣带渐宽终不悔，为伊消得人憔悴。"也正是一份对工作认真的态度，也是对教育的一份热爱，我接受的任务越来越多，肩上的责任越来越大，除了任教体育，担任大队辅导员、还兼党建专干、创文专干。日复一日年复一年的我神经高度紧张，无形的压力压得我喘不过气，我的身体出现了很严重的问题。在边工作边屡屡受挫的求医路上，我得了抑郁症。我开始变得焦虑、变得爱胡思乱想，甚至开始自我怀疑，不断地问自己：人生活着的意义是什么？

四、邂逅良师，遇见智慧，拨云开见月明

但幸运的是，我邂逅了那位改变我人生轨迹的导师——湖南省小学科学特级教师宾雨。他是我的小学恩师，后来也成了我的同事和领导，他不仅学识渊博，更有一颗热爱学生、乐于传道授业的心，他给予了我莫大的鼓励和帮助。他轻描淡写地讲述了他曲折离奇的人生故事，让我顿悟：

世间疾苦千千万,我这根本算不上。有可能是从小的师徒缘分,在我心中种下了科学种子,也有可能是相似的经历感同身受,他不厌其烦地开导我,让我终于人间清醒,也让这颗早已种下的科学种子悄然萌芽。于是我开始了工作上新的方向和征途,拨得云开见月明。

五、坚定信念,勇往直前,逐渐茁壮成长

由于我之前的几年重心都在行政方面,教学相当于小白。有一天我突然想起了这颗萌芽的种子,我想尝试一下能否让它继续开花结果,我希望师父能再次为它浇水施肥,于是我对师父说:"师父,我想跟着您教科学行吗?"师父不假思索地答应了。这便踏上了我真正意义上的成长之路。第一次上公开课《物竞天择》时,为了上好第一课,我一遍遍地研读师父的教学设计,我一遍遍地试教,看到试教不满意,我灰心过,沮丧过,可心里仍然不愿意放弃,心里只有一个念头:不管结果怎样,只要自己努力地做就好。最终在展示中自信大方地上出了一堂科学活动课,得到了师父和科学教研员蔡书记的赞赏,我记得蔡书记说的一句话:"周柳,你的起点很高,你是站在巨人肩膀上,要好好珍惜机会。"从此,这便成为我教学成长的奠基石。一有时间就去听师父的课学习,留意着师父与学生的谈话,留心着师父每一个关于教学的话题,默默地提取着能为我所用

的信息并及时运用到自己的教育教学实践中。师父的言传身教，让我懂得了"学无止境"的真谛，也激发了我对学术研究的浓厚兴趣。

之后，小学科学课程改革，区里又有几次比赛活动，我以一颗最热情的心，百倍的信心，刻苦地钻研教材，反复地备课磨课，请教经验丰富的师父，虚心倾听其他同仁的建议，不断地改善课堂完善教学，不怕苦不怕累，心里只有一个信念：只能成功，不能失败。我印象中记忆深刻的有：一个学期参加了五次不同层面的赛课；为了录好精品课，曾连续挑灯夜战一个月；为了录好一节录像课，为了呈现最好的效果给导师们审核，我前后一共录制了十堂课。也正是因为有这样一次次锻炼学习的机会，让我在教学之路成长得更快——从一位小白老师慢慢变成了学科骨干教师。

六、结缘挚友，遇见陪伴，携手奋进同行

在成长的路上，我幸运地结识了一群志同道合的朋友。我们一起学习、一起奋斗、一起分享快乐与忧愁。忘不了2018年湖南省实验教学比赛系列活动中，湖南省特级教师孙江波、宾雨的亲临指导与鼓励；忘不了孙老师、宾老师在我那些挑灯夜战全力准备市赛和省赛的日子里，给了我无尽的鼓舞和支持；忘不了冒着酷暑一起参加暑期桂馨科学夏令营的小伙们；忘不了一群利用假期奋斗撰写实验操

作文稿和录制的朋友们；忘不了为了心中对教育热爱而精益求精反复修改设计熬到深夜的精品课录制的同仁们；忘不了为了心中的梦想参与走教活动的战友们；忘不了我的科学团队小伙伴们，忘不了我生命中的每一位贵人。在我迷茫困惑的时候，是他们陪我一起寻找答案。这份纯真的友谊，让我深刻体会到了"同舟共济"的力量。有了他们的陪伴，我不再孤单，前行的脚步也更加坚定。

七、感恩遇见，不负遇见，守初心展未来

如今，当我站在人生的又一个十字路口，回望过去，心中充满了感激。我感激那些挑战与困难，它们让我学会了坚持与勇敢；我感激那些导师们的悉心教导，他们让我领略了知识的魅力与智慧的光芒；我更感激那些陪伴我走过风雨的朋友，他们是我人生旅途中最亮丽的风景线。

"感恩遇见，不负遇见"。在未来的日子里，我将继续怀揣着这份感激之情，勇往直前，用实际行动去回报那些曾经给予我帮助和支持的人。我相信，只要我保持一颗感恩的心，不断努力、不断进步，就一定能够在人生的道路上绽放出更加耀眼的光芒。

汗水与热情铸就成长之路

◎株洲市炎陵县芙蓉学校 邓 琳

成长，是一场漫长而又充满挑战的旅程。对于教师而言，成长更是一个学习、煎熬和进步的过程。在这个过程中，我们不仅要传道授业，更要努力提高自身素养，用汗水和热情激励自我不断成长，用智慧和爱心引领学生走向未来。

一、因错爱入行，专注小学科学教研工作

今年是我参加工作的第 14 年，但任教科学的时间却只有 3 年。我的专业是初中化学教育，原本以为科学和化学都是理科，能有很多相通之处，然而，当我拿起科学教材时，才发现我太小瞧科学了，科学远比初中化学复杂得多，它包含的知识面更广，简直是上要知天文下要懂地理。

初涉小学科学领域，我深感压力巨大。我也想过退缩，想向领导申请去教数学。可是，冷静下来想，以前的老师语数外缺哪科就要教哪科呢，怎么样我还算年轻，有什么学不会的，科学就科学，怕什么。2021 年，我正式成为一名小学科学教师。从那一刻起，我就立下了一个目标：要

在这个岗位上有所作为。为了实现这个目标，我勤勤恳恳，认真工作。初登讲台，面临着诸多挑战。学校的科学实验设备简陋，学生对科学的兴趣不高，教学资源也相对匮乏。我没有被困难吓倒，反而凭借着一股韧劲儿，努力改善教学条件。为了让学生更好地理解科学知识，常常利用课余时间，自制教具，将抽象的科学概念转化为生动有趣的实验。还带着学生走进大自然，观察植物的生长、动物的习性，让孩子们在亲身实践中感受科学的魅力。

二、重实践创新，探索科学教学新方法

实践与理论是相互促进的，我在科学教学的实践中深知要加强学习。在教学过程中，我认真审视自己的教学行为，不断反思，带着问题去学习，与他人交流碰撞。记得在2021年上学期，我意外地获得了一次参加株洲市小学科学桂馨杯教学竞赛的机会。全县只有一个名额，这对于毫无经验的我来说，既是一次难得的机遇，也是一次巨大的挑战。我既兴奋又担心，兴奋的是终于可以通过比赛提升自己；担忧的是害怕自己不能取得好成绩。为了这次赛课，我认真备课，研读教材和课标，精心设计教学实验，创新教学环节。学校也非常支持我，组织了多次磨课、议课活动。那段时间很煎熬，上一次，改一次，调整了几次，上来上去，上得自己觉得哪里都不好，自己又回过头去研究教材，

研究课标，观看别人的科学课，首先确定这堂课到底要让学生了解什么，学到什么，再来修改自己的设计，取舍相应的教学环节。在同仁们的帮助下，我不断地改进自己的教学方法，提高教学水平。幸运的是，我的努力得到了回报，这节课取得了较好的效果。竞赛结果给了我莫大的鼓励，但过程中所收获的远远大于结果，这次比赛，让我清晰地了解了怎样上好一堂科学课，也更加坚定了我在科学教学道路上继续前行的信心。

除了参加教学竞赛，在校内，我们还积极开展了与科学相关的活动，如一二年级饲养小动物，三至六年级种植蔬菜。学校开辟了一个"耕读园"，每班分有三块土地种植蔬菜。我们指导学生认真填写观察记录，了解蔬菜的种植过程。在学校组建了科学兴趣小组，每周一下午定期开展活动，带领学生参加科技创新大赛，指导学生录制科学影像，多次获得奖励，有效提高学生的学习兴趣。通过这些科学实践活动，学生们不仅学到了科学知识，还培养了他们的观察能力、动手能力和团队合作精神，更可贵的是我觉得让农村孩子在主科之外可以习得点滴科学素养。

三、发挥引领力，推动全县科学教育进步

随着教学经验的不断积累，我的教学水平逐渐得到了认可。2023年，我被遴选为炎陵县小学科学兼职教研员。

这一角色的转变，让我感到责任重大。我深知，要提升全县的小学科学教育水平，不能仅靠个人的努力，还需要带动更多的教师共同成长。

于是，每学期我都主动向教育局请缨，定期组织科学教学研讨活动。每次活动中，我都会精心准备一个主题，分享自己的教学心得和经验。为了提升教师们的专业素养，还建立了一个线上交流群。分享教学资源，无论何时何地，只要老师们在教学中遇到问题，都能在群里得到及时的帮助和建议。不仅如此，我还积极争取各种培训机会，带着老师们一起参加。无论是省、市科学教育研讨会，还是专家讲座，我都鼓励大家抓住机会参加。在培训中，总是带头认真听讲、做笔记，回来后组织大家一起总结反思，将所学应用到教学实践中。在大家一起的努力下，越来越多的教师开始重视科学教育，教学方法也不断创新。炎陵县的小学生们对科学的兴趣日益浓厚，科学素养得到了显著提升。

回顾自己的成长历程，我深感教师的成长离不开学习、实践和反思。只有不断地学习，我们才能掌握先进的教育教学理念和方法；只有积极地实践，我们才能将理论知识转化为实际教学能力；只有不断地反思，我们才能发现自己的不足，不断地改进自己的教学。同时，教师的成长也离不开团队的支持和帮助。在我的成长过程中，我们科学教师团队给予了我很多帮助和指导，让我感受到了团队的力量。

一路汗水，一路收获，几多辛苦，几多欢乐。在科学教学中，我经历了许多挑战，也取得了一些成绩。作为新教师，我有足够的热情，虽然成长的历程是艰辛的，但收获的心情是喜悦的。在未来的教学中，我将继续努力，不断提升自己的教学水平，继续以饱满的热情努力进取，孜孜以求，为教育事业奉献我的绵薄之力。我相信，只要我们怀抱热情，就一定能够在成长的道路上不断前行，为孩子们的未来奠定坚实的基础。

人生在勤 不索何获

◎株洲市茶陵县芙蓉学校 陈碧玉

本学期最后一天已经结束,这也意味着我参加工作的第五年结束了。反思自己这五年来的教学生活,感触颇多,少了些许迷茫,多了几分从容,但更多的是坦然,是坚定。

一、初入科学,赶鸭上架

2017年的夏天,懵懂的我怀着满腔热情踏上了三尺讲台,在一个偏远的乡村开始了自己的教师生涯。因为铭记老师在课堂上说的那句话"大家出去一定要争当班主任,这样才会感受到当教师的幸福",于是原本不用当班主任的我成了学校里唯一教数学的班主任,那时的我是一名数学老师。

2017年9月,有幸被当时的校长派去长沙参加"复星·桂馨科学教育专业奖学金颁奖典礼暨未来科学教师成长论坛",当时培训地点是我的母校湖南第一师范学院,所以我非常期待。在这次活动中,我初步了解了北京桂馨慈善基金会,观摩了三节科学课发现原来科学课这么有趣,我当时就在想：我的数学课能不能朝这种课堂去走，毕竟数学与科学都是很讲究逻辑和严谨的。

如果说长沙学习之行让我认识了桂馨，那么同年11月在株洲文化路小学的"桂馨·株洲科学骨干教师培训活动"则是让我真正开始走进桂馨科学课。章鼎儿老师携浙江科学名师团队来到株洲，带领我们构建新的课堂研讨模式。他鼓励老师们采用"两备→三上→三评议→两反思"的教研程序。自备和集体备课相结合、学员与专家同课异构、小组学员和专家面对面探讨，任务驱动的方式激励着我和全体教师时时思考、不断进步，这样的研课方式也让我对科学课有了更全面的认识。

章鼎儿老师在评课中说到的关于课堂教学观察与评析的几个重点给我很多启发，在之后的课堂教学中我也围绕着这几点去思考、去设计。通过这次活动，让我开始思考是否可以走科学这条教学道路，于是，2018年我开始兼职教科学。

二、把握机遇，自我完善

2018年10月有幸赴浙江参加为期40天的桂馨·株洲科学骨干教师跟岗培训交流学习，这次学习过程中遇到的老师对待工作的态度极其认真，而且效率极高，我想这可能就是快节奏环境下工作的特点，我看到许多科学老师对这门课始终如初的热情与付出，这40天成为我在专业成长上、人生进阶上最为受益的时光。之后株洲桂馨科学工作室成立，我也得以加入这个优秀的团队，在成为株洲市科学骨干教师的路上不断努力，不断成长。

为了使自己能成为一名合格的科学教师，我通过各种途径努力地完善自身，提升自己在科学教学上的专业能力。2018年初，看到桂馨科学群里发来的"6+4+2"挑战活动让我找到了组织，一路看下来，我发现"桂馨科学课网络研修"简直是新手科学老师的上路指南，与小学科学各方面有关的内容基本都有老师分享，我将往期分享全部学习一遍，之后的也是准时守候，在这个过程中，我努力提升自己的专业素养，摸索适合本校学生的教学方式。也正是这份坚持，我获得了本次活动的一等奖，让桂馨科学课发现了我这个忠实的粉丝，邀请我在2020年3月这一期和其他两位获奖老师一起分享我们的研修"馨"路。同月，我应邀加入桂馨科学课网络研修工作团队，成为桂馨众多志愿者的一员，直到2022年7月，我作为团队志愿者参加赋能培训，才在杭州第一次与我们团队成员见面。

2019年4月，幸得渌口区小学科学教研员的赏识，将我推荐到孙江波名师工作室，自此，我对自己的成长规划与方向越来越清晰。2021年7月，第一次跟随茶陵绿森林科学团队参加桂馨株洲科学夏令营，志愿者们的汗水与孩子们的笑颜历历在目。2021年12月，成为桂馨科学课志愿者快两年的我受邀参加了桂馨志愿者线上年会闪电演讲。

一分耕耘，一分收获，不知不觉我原本空空如也的背包变得沉甸甸，从对科学课一无所知变得有了些许了解、些许自信，我的心更加安定。

三、历经磨砺，学会坚守

2019年年初时，我报名参加了北京华文时代出版社开展的"小小科学家养成计划"读书活动，赶在期末把出版社寄来的科普图书发给孩子们，让他们自由阅读并写好读书笔记，新学期开学后，我整理好读书笔记发给出版社。5月份时，收到了一些装有科普读物和青菜种子的奖品大礼包，这时班上炸开锅了。孩子们经过读书活动的影响，图书角的科普类读物被阅读的次数越来越多了，我也开始被各种奇怪的问题而围绕。

在2019年上半年我们学校开始社团建设，于是我就向学校申请带科学社团，考虑到实际情况，我是从简单、有趣的活动入手。就在这些简简单单的小活动中，学生慢慢对身边的科学知识感兴趣，对科学课也更加向往了。

2019年9月，我考入了县里的一所省级示范校，正式成为一名专职科学老师，我觉得可以更加大胆地尝试。我主动向学校提议举办科技节，并揽下首届科技节的方案设计与策划工作，整整一个半月忙得不可开交，晚上闭上眼睛脑袋里都是如何做好这次科技节，虽然过程中有许多困难、许多不被理解，但我未曾后悔做这件事。在科技节举办之后，全校多数师生对科学课的看法都有所改观，不再觉得科学课可有可无了。

2021年下半年，学校开始课后服务，我们学校有一间创客教室，里面有许多高端设备，我一直都想把它们带进学生的视野中，而这正是一个契机。我选择自己较为擅长的无人机来开设社团课程，这个社团也成为最受学生欢迎的社团之一。

我突然觉得自己还挺适合当科学老师的，如果让我再去教数学，还真有点舍不得，我想我应该让自己更专业一些。

四、敬业勤勉，上下求索

心怀感恩，幸福才会常在。这五年中，我遇到的每一位科学老师潜移默化中都对我产生了一定的影响，他们更像是我的一位位师者，不厌其烦地传道授业解惑。在株洲科学自组织建设的趋势下，茶陵县绿森林科学团队应运而生，我不再是一个"独行者"，而是雁群中的一员，我的工作也越来越顺。

在教学上我也日渐走向成熟：2017年在市骨干教师研讨活动中一堂同课异构课《纸》让我崭露头角；2018年首

次参加市级现场赛课获二等奖，同年在绍兴区90学时培训中执教《哪种材料硬》；2020年在全国湘科版小学科学教材"微课堂"视频评比活动中获二等奖；2021年获省在线备课大赛二等奖；2022年参加市级"桂馨杯"现场赛课获一等奖。在一次次的历练中我一发不可收，在县、市教师说课、在线优课、精品基础课、作业设计和论文评比中屡屡获奖；2019年在桂馨科学株洲项目中被评为先进个人；2021年被县里评为优秀科技工作者等。2024年，被授予"湖南省大科学家精神进校园宣传员"称号。

然而我始终坚信，只有不断求索，不断向前，才能使我的教学生涯充满惊喜，充满意义，在繁忙的工作之余我也积极参加县市科学教师成长共同体的各项活动与研究，投身于志愿者工作当中。我常听到一个词"能者多劳"，但我想说，正是因为热爱所以"能"，从而愿意"劳"。

有人问过"如果你拥有现在的知识，回到五年前，你会做什么改变？"我什么都不会改变，一直以来我所做的都是我想做的事情，每一次相遇、每一次尝试、每一次困难都充满意义。努力做好当下，足矣。

结缘"科学课"

◎株洲市炎陵县城南小学　邓红梅

记得刚进入教师这一行业，我分到了炎陵县一个偏远的山区学校——船形乡学校，到了学校，由于我是地理专业，学校初一初二各只有一个教学班，我就只能安排教两个班的地理，一周共四节课。为了合理安排工作量，学校给我搭配了四年级科学课。

这时候是真的体会到了什么是赶鸭子上架了，在备课时，我感到无从下手，由于没接触过专业的科学知识，不知道该如何备好一堂科学课。我感到特别惶恐，只能拿着科学教材看了一遍又一遍，有疑问的地方就去翻找教参。当时，由于偏远山区学校没有专业的科学老师，所以想请教前辈，听取他人经验也无从谈起。就这样我按照教材和下载来的PPT课件照本宣科的上了一个多月的科学课，学生们也只能学一点科学课本上的理论知识，在他们脸上自然看不到什么兴趣。

这样的科学课得到改变，源自2016年第一次到茶陵参加桂馨科学课（株洲项目）启动和第一轮培训活动。

那次培训，共有十来位来自浙江、株洲的优秀科学老师给我们带来了精彩的科学课堂，他们的课采用探究式学习、合作学习等模式，激发学生的主动性和创造力，这样的课学生兴趣高涨。在课堂上，学生在老师的引导下学会发现问题，思考问题，解决问题，最终有所收获。听完了这些精彩纷呈的课，以章鼎儿老师为首的专家团队提出了宝贵建议，我在其中也是受益匪浅，通过观摩优秀教师的课堂及听取专家的建议，我心里暗下决心，今后我的科学课堂，要从课堂提问、实验演示、引导技巧等方面来改进，以提升课堂的互动性和教学效果。

培训回来后，我的科学课跟之前的模式确实发生了很大的变化，基本能做到让学生自主探究式学习了，有时候是带着问题到校园内的各个角落寻找答案，有时候是小组合作完成实验，有时候是通过网络，书籍寻找答案，跟之前填鸭式灌输科学课本知识完全不一样。学生们的兴趣一下子上来了，经常在校园遇到我就问：老师，您什么时候来帮我们上科学课，或者是老师，我们今天的科学课是以什么活动为主呀？每当这时，我的幸福感一下就上来了，能如此受学生欢迎，在以前我是从来都不敢想的。

除了改变科学课堂模式，我也开始跟着学校罗新旭老师一起辅导学生搞科技创新。科技创新同学们刚开始接触，都觉得这是非常高大上的，毕竟爱迪生、牛顿等发明家是极少数，所以对它敬而远之。通过在科技社团活动中引导鼓励孩子们，科技小发明其实就在我们身边。例如平时生活学习当中遇到了不方便，你能想出用什么方法解决这个不方便，这样一点点去引导，孩子们慢慢地发现这确实不是什么很难的事。平时学生在学习生活当中就会去思考，因此每次上科技社团课，都能收到上百个科技创新方面的创意。课后我又跟同学们一起讨论哪些创意可行，哪些创意不可行，哪些创意可以做出实物。挑选可行的创新创意指导学生做出实物，每年在株洲市乃至湖南省科技创新大赛中我们的学生都能斩获较多的奖项。同学们在整个科技活动中也收获了满满的成就感。

2022年株洲市"桂馨杯"小学科学优质课竞赛活动中，我由之前的听众转变了身份，在全市的科学老师面前，也上了一堂公开课。这次公开课，虽说我没有获得很好的成绩，但我收获还是蛮大的。从选题到活动结束，帮助我的人很多，让我感觉到不是我一个人要上这堂公开课，而是一个团队。为了上好课，吴小源副校长和邓琳老师多次来帮我磨课，帮我找出课堂中的病症，给我提出中肯的修改意见。而后又请教何利老师，最终呈现的公开课课堂与我第一次上课的环节思路有了脱胎换骨的改变。难怪说要成为优秀教师上公开课是捷径，我算是体会到了这句话的真谛。

最后我要感谢我们株洲市教育局，感谢"桂馨"公益团队每年给我们组织科学培训，孙江波校长与袁辉老师更是一次次精心安排,让我一路成长起来,我知道自己只有不断学习、勇于实践、积极反思,才能在这条道路上越走越远,最终成为学生家长心目中的优秀科学教育工作者。

感谢桂馨 感恩有你

——一位乡村教师的成长之路

◎株洲市渌口区朱亭镇中心学校 刘术恒

我是偏远乡村的一位兼职科学老师。1998年从部队退役回来,成为一名初中政治老师。从未受过专业训练和学习的我,面对那一双双求知的眼睛,我很是迷茫和恐慌。以自己的学知能力和水平,很难胜任教学工作,为了对得起这份工作,我开始一边学一边教。当时刚开始实行素质教育,偏远山区没有现代教学设备和教学理论模式,老师们还是沿用古老的灌输式教学方法。我虽然谦虚地向老教师们学习,但在教育教学中,教学水平和教学方法不尽人意。十多年的初中教学生涯,没能让我在教研教改中有过什么起色,就连一年一度的教学大赛也从未获得过奖,更别说撰写论文。

2012年,我被学校安排到小学部当政教主任,专职科学教学。从此我开始从事小学科学教学。这是一门新的学科,对我来说又是一次新的尝试和新的挑战。我困惑、迷茫、摸索……孤军奋战,很是无奈。我以为,我这辈子就这样了。

山重水复，柳暗花明。2016年，北京桂馨基金会科学课项目在株洲落户。我有幸被教研员陈双老师吸收为桂馨科学骨干教师培训对象，从此与桂馨结下不解之缘。之后我经常参加桂馨在株洲举办的各种培训。通过培训聆听专家教授的讲座，观摩名师、优秀老师的优质课、展示课，我感触极深，信心倍增，产生了对科学的热爱，这种热爱让我茅塞顿开，信心百倍，干劲十足，激情无限。

2016年下学期我参加了本镇举行的学科课堂大赛，第一次获得了二等奖。同年本镇举办的教师课堂大赛中，又获一等奖。有了获奖经历，我更是信心满满，只要桂馨有科学培训，我都会克服种种困难，次次必往，认真学习，不断给自己充电，提升自己。2017年上学期本镇举办的青年教师新课程教学能手赛中，我又一次获得了一等奖。后来，科学教研员陈双老师给我打来电话，让我尝试写一些科学学科论文，总结自己的教学经验，提高自己的教学理论水平。她耐心地在电话里教我怎么选材，如何构思。我开始向新的领域前进。2018年9月，我的科学论文处女作《农村小学科学教学现状与对策》获得市级三等奖。虽是三等奖，但这是我从无到有，从无知到践行成功的初探，这无疑为我的成长增添了新的色彩。往后的五年里，我共发表获奖论文18篇，分别获得省、市、区级一、二、三等奖。

2018年10月至11月，株洲市科学教研员袁辉老师、孙江波老师和陈双老师一同推荐我去浙江绍兴参加北京桂馨基金会组织的为期40天的小学科学教师跟岗培训，机会难得，我高兴不已。但妻子不理解，死活不让我出门。陈双老师得知缘由，一次又一次打来电话细致地做思想工作，还和学校领导一起劝说妻子。终于，妻子同意了。40天的培训中，我先后去了杭州、宁波、上虞等地，听课上百节，聆听专家讲座十余场，仅是笔记和心得就写了六万多字，有幸得到了全国著名特级教师章鼎儿、刘晋斌、林建锋、王建军、金伟平、丁建国等诸位老师的亲自指导。当时陈双老师在上虞区城东小学跟岗，她在那里参与了很多的教育实践活动，甚是忙碌。虽然如此，她也坚持电话和我们交流学习的收获，关心我们的学习状态。临近结束，大家压力大起来了，因为每位参训老师都要上一节汇报课，我也开始紧张起来。陈双老师积极参与我的备课活动，肯定了我的成长和进步，也指出我的不足。更多的是开导我，要我放松心态，不要紧张，相信自己。终于，2018年11月23日，在浙江柯桥"走向探究的科学课"专题研训活动中，我执教的《滑动与滚动》获浙江绍兴教研室和与会老师的一致好评。

  跟岗培训后回校工作，我结合课程标准和教材，借鉴他人经验，融合自己的创意，整合了三至六年级八册科学教案、学案、多媒体课件和单元测试，形成了一整套小学科学教学资源。接下来的教学工作中，我积极参与各级组织的教学教研活动，也取得了一些成绩。2019年3月，我执教的《哪个容器里盛的水多》，在株洲市渌口区教学大赛中获得一等奖。同年12月，在桂馨科学三年成果展示活动中，我执教的《比较水的多少》受到与会者一致好评。2022年11月，我执教的《摆的研究》获得镇级、区级一等奖，2022年11月，我执教的《谁在运动》参加株洲市渌口区课堂教学竞赛（同课异构）中获小学科学学科二等奖。每一次上完课，我都会向陈双老师汇报我的收获与感受，看到我进步这么大，陈老师很为我开心，夸我创新意识不错，准备工作扎实，教具制作非常精美，学科活动设计也比较合理。但她也毫不掩饰地指出我的不足：你啊，还是科研自信不够。

2022年3月，陈双老师问我："这些年你的成长速度很快，在区级比赛中表现也很突出，你愿意参加株洲市科学优质课竞赛吗？"我欣喜万分，因为，这个机会对我来说太难得了！陈双老师和我一起确定了主题《自制杆秤》，这是一节技术工程学课，对我来说有挑战性。因为，我对技术工程学的研究不多，还从未上过这个领域的比赛课。陈双老师带着我一起研读课程标准，拟写教学目标，按"需求—设计—制作—评估—改进"的完整技术工程学过程设计教学活动。初案形成后，我便开始准备材料试教了。前后试了三次，都感觉无法完成教学任务。学校地处偏远乡村，离渌口上百里，我不好意思让陈老师亲自过来指导我。而且当时她还是学校的教研主任，期间正在带领学校的三位体育老师准备参加体育说课、上课和评课比赛，每天都忙得团团转。因为她不能前来帮我磨课，我就汇报磨课心得，她果断地说："设计没有大问题，应该是你的实施需要调整。试教的时候把课录好发给我吧！"以后我每上一次就录一次，学校没有班级可试教就去别的学校。第二天把录好的课发给她。很快我便能收到她发来的一段段长文字，每一次都有大大小小十多条建议。有时她怕我一时领悟不了，又给我打来电话详细地解说。告诉我哪些环节实施得不错，哪里还需要修改。接下来的十来天，陈老师就用这样的方式和我交流。如果白天抽不开身，晚上她也一定会给我回复。前前后后，四节录像视频，陈老师逐一进行评价和交流。比赛前三天，我将教案和课件都发给陈双老师，请她帮忙审核。那一天，一直都没有她的消息。直到第二天早上四点多，我的手机上收到了陈老师帮我精心修改的教学设计详案、课件。制作小杆秤的视频原本是我从网上截取的，时间短，也不清晰，陈老师帮我重新修改、加工，难点处还设定了慢放、放大效果。课件上的许多图片和文字都是她用心调整和修改的。更让我感动的是，陈老师在信息留言里告诉我说：希沃白板有手机同屏功能，有手写批注功能，你要学会使用希沃。她又担心我不会用希沃，于是又耐心地一边截图一边用文字说明方法。当妻子把我唤醒时，我才明白：陈老师为了帮我最后定稿，整整一个晚上没有休息……在两天后的株洲市"桂馨杯"小学科学优质课竞赛活动中，我终于不负众望，获得了一等奖！

2021年和2024年，株洲市小学科学夏令营在渌口区举办，在株洲市科学教研员袁辉老师、孙江波老师和陈双老师共同推荐下，我有幸成为夏令营辅导员，这不仅让我学到了很多的科学知识，丰富了我的阅历，收获了快乐、友谊、感动和成就。

一路走来，风风雨雨，获得的荣誉和掌声都离不开桂馨、离不开袁辉老师、孙江波老师和陈双老师。感谢桂馨，一直以慈爱之心帮助乡村教育改善乡村教育环境，促进教育公平和可持续发展；感恩陈双老师，多年来对我的指导、帮助与鼓励，给予我展示平台，让我有机会参与学习，使我的教学能力、专业素养得到不断磨炼和提升。

路漫漫其修远兮，吾将上下而求索。现在的成绩只能代表过去，前面的路还很远，今后我将更加严格要求自己，谦虚谨慎，不断学习，不遗余力，为乡村教育奉献自己的一切。

与桂馨结缘 享专业幸福

◎株洲市攸县江桥街道工业路小学　张英慧

我是一位从教 30 年的科学教师。因为自小爱上自然课，所以 1994 年攸县师范毕业分配到攸县菜花坪中心小学任教后就担任了自然课教学。那时，自然一直是杂科，上自然课的老师还得上语文或者数学课。而要上好自然课，老师得做很多准备工作，所以大多数老师都不愿意上这门课。然而，我是一个一直坚持教自然（后面改成科学了）的老师。因为我的坚持，所以资质不高的我有幸在 2006 年评为了株洲市第四届科学学科带头人。又因为我坚持在科学教学第一线，经常指导学生写科学小论文，自己也撰写了多篇科学教学论文，2016 年我有幸被评聘为小学科学高级教师。至此，年近半百的我感觉已经达到事业的顶峰了，说实话，感觉有点职业倦怠了。然而，在 2016 年下期，株洲市小学科学教研员袁辉老师引领我们与桂馨结缘，让我又一次享受了专业幸福。下面我将从以下五个方面谈谈我作为桂馨骨干教师的成长经历。

一、结识大咖，点燃教学激情

2016年的12月，就在北京桂馨科学教师培训（湖南株洲）项目茶陵站启动仪式上，我结识了桂馨基金会荣誉理事、科学课首席专家、科学教育"三剑客"之一，已年近八十的章鼎儿老师。他2003年已经退休，本来可以在家颐养天年，而他却在2008年参加桂馨科学公益项目，亲自参与科学教师线下培训。他听课时的全神贯注，讲座时的滔滔不绝，做实验时的精益求精，令人钦佩。总之，桂馨的章鼎儿、刘晋斌、阮翔、孙江波等这些大咖们对科学教育执着追求的精神，对教育事业的赤诚挚爱之情，对乡村教育的关注深深地触动着我。我深感一个在职的科学教师的我不能懈怠，可以说与桂馨科学教育界的大咖们结识，让我重新点燃了深钻科学教学的激情。

二、参与培训，享受专业指引

与桂馨结缘后，我几乎每年都可以参加桂馨基金会组织的培训，每次培训少则一天多则一个多月。每次培训均有开展理论学习、教学研讨、观摩活动、主题活动、专家引领等一系列桂馨科学课项目活动。特别是2018年10月

15—11月23日在浙江为期40天的跟岗培训，让我和浙江名师刘晋斌、林建锋、朱钻飚等专家跟岗学习，完全是一次浸润式的经历，学习江浙一带探究式的科学课上的大活动，有关STEM的项目化学习……一次次的桂馨基金会主持的培训确实让我受到了专业化的引领，为我的科学课堂注入了新的血液。

三、申报项目，享受桂馨福利

当我成为桂馨骨干教师后，我能积极申报项目，享受桂馨带给我们的福利。2018年，我以桂馨骨干教师的名义，为江桥小学申请到了一套价值近一万元的科学工具箱。2019年我向桂馨基金会申请到了举办校园科技节5000元的项目资金。2022年我和我校贺奕旎老师指导的科学实践活动"开启古树名木保护新旅程"申报了"桂馨科学教育支持计划"成果。通过申报这些项目，真正让我的教师团队和学生享受到了桂馨基金会带来的福利。

四、努力提升，享受专业幸福

在我心目中，桂馨，就是我教学生命中最美的相遇。我成为桂馨骨干教师之后，每年都在努力提升，享受到了专业幸福。例如我县从2016年至今每年都举行"青少年科技创新大赛"。而我几乎每年都作为学校此项活动的主要策划者，带头指导学生参赛。其中我指导的科技实践活动："湘阴花木基地考察活动""开启古树名木保护新旅程"在株洲市青少年科技创新大赛中获得市一等奖。本人科技创新项目"对湘教版四年级科学教材的改进"获得省三等奖。我校从2016年至今连续8年获得县科技节一等奖的好成绩。

本人撰写的《在科学防疫中进行生命健康与传统文化教育》获得省二等奖。执教的《不同材料的餐具》录像课，在桂馨科学课（株洲项目）三年成果展示活动中，被评为优质课。

我指导彭维老师执教的《光照在镜子上》在2018年湖南省小学科学"STEM"教育在小学科学教学中的融合与创新竞赛活动中，荣获省二等奖。指导何华伟老师执教的《电池》一课，在2020年度"桂馨杯"株洲市小学科学优质课竞赛中荣获一等奖。

同时，在2018年我加入了株洲市第三批特级教师服务站——荷塘区文化路小学站。在服务站不但努力提高自己的专业素养，同时也发挥了自己辐射引领的作用。2021年，我所参与的荷塘区文化路小学特级教师工作站荣获株洲市"优秀特级教师工作站"。平时积极参加网络研修，从2019年起，在株洲市小学科学网络研修活动中，连续三年荣获网络研修先进个人光荣称号。这些荣誉的获得，都是我与桂馨结缘后，努力提升自我获得的专业幸福。

五、搭建平台，成立"自组织"

2017年桂馨·株洲科学教育工作室成立以来，由全国知名特级教师、荷塘区文化路小学孙江波校长担任主持人。工作室一直秉持强烈的使命感、责任心和专业精神，认真组织开展理论学习、教学研讨、观摩活动、主题活动、专家引领等一系列桂馨科学课（湖南株洲）项目活动。通过这些活动，株洲市小学科学教育环境明显改观，科学教育质量不断提高，师生科学素养均稳步提升。2021年4月29日下午，孙江波校长在工作室会议上提出期待全体骨干教师以课堂教学为主阵地的同时坚持进行科学实践研究，搭建促进中青年教师专业成长以及骨干教师自我提升的发展平台，在一定区域内成立"桂馨·科学课自组织"。

在这样的背景下，我们19位志同道合的科学教师于2021年6月29日由东北街小学办公室主任兼科学老师刘新平发起，成立了攸县"小蚂蚁"科学工作室自组织。我们自组织的目标是：凝聚攸县小学科学教学的骨干力量，让攸县小学教师能自我提升，自我发展，并不断辐射。自组织成为我们探讨科学教学问题或交流经验的主阵地。在案例研讨中，我们往往能畅所欲言，在交流中碰撞，在碰撞中提升。可以说自组织成立以来，成效也很显著。我们推送的皮高波老师执教的"组装房屋电路"荣获省一等奖。我们成功申报了"在双减背景下,小学科学课堂教学策略研究"课题,并已成功立项。

我深信,心有所信,方能行远,自组织的成立,一定能坚定全体科学骨干教师的信念,矢志不渝,努力奋斗,一定能够走得更快,更远。

至善至诚,如桂斯馨,以上是我从桂馨骨干教师发展为"桂馨·科学课自组织"成员的成长经历,在此,我还要衷心感谢桂馨人让我与优秀的科学教育专家相遇,与先进的科学教育理念相约,让我成长,让我收获!我会把今天的终点当作明天的起点,继续砥砺前行……

"非专业"科学教师的"专业"之路

◎株洲市实验小学　宾浩

· 株洲市小学科学优质课竞赛一等奖
· 株洲市小学科学网络研修先进个人
· 荷塘区小学科学骨干教师
· 荷塘区"我和花儿齐开放"优秀指导老师
· 北京桂馨基金会优秀志愿者
······

我在心里历数着任教科学以来获得的一些奖项，有点自得。

其实，我是一个"出乎意料"走进科学教师队伍的"非专业"的"专职"科学教师。从小开始学画画，大学所学专业也与美术相关，从师范类院校毕业的我如愿成为人民教师。然而，学校紧缺科学教师的现状让我成了一名科学教师。

所幸，我加入的株洲市实验小学的科学团队很厉害。学校科学教研组曾被评为了"省优秀教研组"，株洲市"四名两基地"的科学学科基地就在我们学校。什么样的团队能够称得上省市级"优秀"，到底优秀在哪？新加入的我是这一"优秀"的极大受益者与真实见证者。

回顾自己近年来的科学教学历程，回想自己近年来的教学专业成长，"非专业"科学教师的我成为"专业"科学老师——是偶然，更是必然。

一、教学课例打磨，再难不觉慌

成为科学老师不久，我便接到了赛课任务。我觉得好难。但师父欧阳海晏老师一句"你选内容，我们团队一起研究"，使我有了信心。

《我像谁》是我成为科学老师后的第一节展示课例，从最开始的模仿试教，到后来的创新改进，整个科学团队陪着我将教学设计从"一稿"熬到了"八稿"，陪着我用三个月的时间从区一等奖走到了市一等奖，完成了别人用两三年时间才有可能实现的蜕变。

市赛课当天的情形，在我脑中依旧如新：因赛课场地在本校，所以赛课的导入环节我们全组科学老师一齐上台。"同学们，我们学校的科学老师，想必大家都认识吧。但他们的孩子，你们认识吗"，随后，我们出示几张萌娃的照片，让学生找出谁是谁的孩子，结果学生兴致盎然，连听课的老师也跃跃欲试。

有了第一个课例，也就有了更多课例。《声音的产生》《物体的运动》等等。校级、区级、市级赛课，到省级优秀课例，每一个课例的展现，是我成长的足迹，也是团队智慧的显现。

课例打磨，一个"磨"字道出了这一过程的不易，但因为有团队的支持与陪伴，在课例打磨的过程中，我从未慌过。

二、日常教研活动，再忙不觉累

科学老师的日常，除了备课、上课、改作业、准备实验器材、操作下水实验等，还有每周四上午的科学教研……活动真的很充实。在很多老师的眼中，科学老师是陀螺般的忙碌的。

对于"忙"，我特别有感受。除了上述的日常教学中的"忙"，在日常教研活动中，我们也是特别"忙"。其他学科的教研活动，老师们一支笔、两本书，围坐在一起就开始交流了。而科学老师的教研，除了书和笔，还有一堆堆、一盒盒、一箱箱的材料。如我们科学组进行《辘轳与桔槔》集体备课时，老师们自制的各种辘轳与桔槔模型摆了一大堆；研究《身边的动物》一单元的教学，草丛中抓的蚂蚁、菜市场买的鱼、家里饲养的鹦鹉等都搬了过来；研究《火山》《地震》教学时，模拟实验的材料准备了十多种……

所以，科学组每次教研，从来都是活动前大家一起搬运材料、活动后大家一起收拾材料。我和同伴们时而是搬运工,时而是收纳员,时而是主持人,时而是研究者……大家在一起,主动关照他人,也被他人主动关照。

有了彼此的关照,工作虽忙,但不觉得累。即使累,也是快乐的累!在这个"忙"的过程中,我学会了如何上好科学课,完成了小学所有科学实验的操作,参与了多项省市级科学课题的研究……我自己都感觉到专业成长得很快了。

三、学生活动开展,再繁不觉烦

科学是一门实践性的学科。

为此,我们荷塘区科学松鼠社因时而动、顺势而为,围绕"四季"设计、开展"我和四季"系列活动(即春夏之际"我和花儿齐开放"、夏秋之际"我和爸妈去科考"、秋冬之际"我和秋天的童话——风筝节",以及冬春之际"我和冬天的约会")。

四季活动,从年始到年终,活动方案从制定到落实,宣传并组织全校学生及家长参与其中,真的是一件很烦琐的事情。但因为组内老师彼此协作,哪怕是一份告家长书、一次活动反馈,大家也会相互交流、沟通,互通有无。事虽烦琐,可人心齐泰山移,学校的科学学科活动一直备受关注与褒奖。我们还有幸承办了2019年"我和爸妈去科考"全区展示活动,当时学校科学团队以科考主要出行方式"火车"为元素,从徽章设计到场地布置,从静态展示到动态体验、再到活动流程,组内教师共同努力让科考展示变成了一场科考之旅。作为一个从美术专业转行的科学专职教师,在活动策划、设计、美工等环节,我的综合优势得到了彰显,我将科学、美术融合进活动全程,获得了全区师生的高度赞誉。这也使我更坚定了往前走的信心和决心!

为进一步提升活动品质,我们开始了活动课程的开发,从最开始的校级课程《一起玩科学》,到后来区级折子课程的开发、实践与推广。多年来,我和我们一直一直执着地、细致地努力着,我也从边缘参与到核心主持,在工作中找到了自我、找到了乐趣。

独行快,众行远。

任何人的成长都有一个过程,但过程的快慢与达到的高度却不尽相同,这一快慢与高度,取决于个人,更取决于团队。团队中的每个个体,从最初的边缘观望,至后来的融入其中,再到接下来的主动作为,相互陪伴又相互支撑的多个个体彼此欣赏、彼此成就,便有了"我们"。

"非专业"科学老师的我,对科学这一学科,从了解到热爱,从热爱到坚守,就是最好的证明。

不忘初心 砥砺前行

◎株洲市荷塘小学 刘婷婷

时光如白驹过隙，转瞬即逝。我从事科学教学工作快十年了，回首这十年的科学教学，行走着、反思着、总结着、收获着，有苦有甜，阳光与风雨并行，成功与挫折同在。在此我要特别感谢我的师父孙江波先生和荷塘区松鼠社这个有爱的科学团队。作为非科学专业的老师，我遇到了许多困难和挫折，从初教科学时的懵懂，到如今能够从容应对教学中的各种挑战，这其中离不开师父和松鼠社前辈们的指导、学校的培养和同事们的帮助。在成长过程中，我认为以下几个方面非常重要。

一、以课堂为载体促教师成长

课堂是教学的主阵地。我认为作为一名合格的新时代科学教师，不仅能够上好每一节常态课，还要有上公开课或示范课的能力。为了具备以上的能力，在教学中，我是分三步走的。第一步，夯实自身科学基础知识。初教科学这门科目的我，其实已经有几年的教龄了，自认为教学能力和基础知识都很扎实，事实给我开了一个玩笑，站上讲台，我感觉底气不足。这时候，我用一年的时间把初中的物化生地知识重温了一遍。第二步，上好每一节常态课。我特别重视常态课，备课、磨课、反思以及调整，一个环节都不能少。备课是上好课的起点，一备往往是不够的，还需要多次备课。磨课能帮助教师及时发现和解决教学过程中遇到的问题。当遇到问题时，反思就显得尤为重要。我所在的荷塘小学，每个年级都有几个平行班，所以在第二次上课时，我会及时调整并完善教学设计，让教学内容和方法更科学。第三步，勇于上公开课和示范课。上不好公开课不可怕，可怕的是连上公开课的勇气都没有。我上的第一节公开课是《常见的动物》，老师们的点评让我都印象深刻，逻辑不清晰，没有科学味。这句话深深地打击了我，一段时间我都不敢站上讲台，但那股不服输的劲，让我重新反思我自己，我该如何上好一节科学课。我开始在网络上学习章鼎儿、喻伯军以及师父等多位名师的课堂，将他们的提问、学生的提问以及老师的回复做成详细的教学实录，然后再进行研究，模仿他们的教学设计，慢慢地掌握了上好一节科学课的方法。机会是留给有准备的人，我争取到了荷塘区上"践行课"的机会，我选择了《遗传与变异》这节课，并在原来的教学设计上进行创新，得到了蔡书记和师父的肯定，让我重新找回自信！国培展示课、送交下乡课以及大大小小的公开课让我快速地成长。2024年，我参加了小学科学教学竞赛，区赛、市赛，过五关斩六将进入省赛，获得省二等奖，在将近两个月的时间里反复磨课，在师父和松鼠社前辈们的指导下，反复修改，磨课的次数将近三十次！从最开始的备教材，到后来的备学生，成功没有捷径，唯有勤奋＋努力，这是个人成长的首要因素，我相信只要付出就会有回报。

二、以课题为抓手促教师提升

2023年初，我在荷塘区文化路小学聆听了湖南省教育科学"十四五"规划一般资助课题《新时代小学科学教师成长共同体研究》的课题成果汇报讲座，师父讲述了新时代小学科学教师成长共同体的"塔链－螺旋"成长模式。这让我明白，作为骨干教师需要借助课题进一步成长，这也是教师的二次成长。2023年的暑假，我和科学组的老师们便开始筹备课题、选题，大量阅读，反复斟酌，撰写开题报告，在师父的指导下反复修改。11月，由我主持的《基于核心素养的小学科学结构化作业设计的实践研究》课题立项为湖南省教育科学研究工作者协会课题，这让我不断突破自己的认知边界，拓宽自己的视野，研究能力得到提升。

三、借助集体智慧的力量

一个和谐的团队是战无不胜的。俗话说：千人同心，则得千人之力。一个人的力量毕竟是有限的，团队的力量才是无穷的，只有大家一起努力，才能取得最大的成功。因此，和谐的团队是教师成长的良田沃土，教师的成长离不开和谐团队的打造。

我们松鼠社就是这样一个和谐、向上、有爱的团队，在这个团队中，有孙师父的指引，宾特级的保驾护航，有何社，欧阳秘书、淳子姐等一批骨干教师的帮助和鼓励。听课，当仁不让；评课，知无不言，言无不尽，大家都把为参赛教师出谋划策视作己任。可以说，每一次比赛，参赛的不仅仅是某一位教师，而是我们这个团队的每一个人。有了集体智慧的力量做后盾，我们才能无往不胜。

四、抓住关键事件的契机

记得有位当代知名教育家曾经说过这样一段话：就教师成长而言，如果相对极端地说，有些优秀教师之所以成为优秀教师，也许并不是单纯师德教育的结果，也不是单纯培训的结果，重要的是某一个机遇降临在了他们身上，比如某一项荣誉的获得、某一个舞台的历练，这就是促进教师成长的关键事件。2019年的科考展，我们学校负责标本和风筝区，从一开始根据区里的方案制定本校方案，到暑假带领孩子制作标本、风筝和家长沟通制作视频，最后到区里布展,这个机会也是我成长的关键事件。让我敢于负责一个展览,也能做好这件事情。

"处处留心皆学问",要做个"有心人"。希望自己一年一变样,三年一大变,努力让自己成为更优秀的自己。感谢师父,感谢这个团队。